Hanna Jenni

Lehrbuch der klassisch-ägyptischen Sprache

Schwabe Verlag Basel

Gedruckt mit Unterstützung der Berta Hess-Cohn Stiftung, Basel

Layout und Satz: Hanna Jenni, Basel.
Umschlaggestaltung unter Verwendung von Photos von Ursula Schweitzer (1916–1960). Das Relief mit den vier Schreibern mit ihren Schreibpaletten und Binsen stammt aus einem Grab in Saqqara (späte 18. Dynastie, Museo Archeologico di Firenze, Inv.-Nr. 2566), das Hintergrundbild zeigt einen Ausschnitt aus der Biographie des Ahmose aus El-Kab (frühe 18. Dynastie).
Gesamtherstellung: Schwabe AG, Druckerei, Basel/Muttenz
Printed in Switzerland
ISBN 978-3-7965-2669-5

www.schwabe.ch

Inhalt

	Vorwort	11
	Einleitung	13
1	**Laute und Zeichen**	15
1.1	Ideogramme	15
1.2	Phonogramme	16
1.3	Determinative	22
1.4	Lese- und Transkriptionspraxis	23
1.5	Anhang zu Kapitel 1: Hieroglyphen leicht gemacht	29
2	**Schriftrichtung und Zeichenanordnung**	33
2.1	Links – rechts – oben – unten	33
2.2	Wort- und Zeichenumstellungen	37
2.3	Anhang zu Kapitel 2: Hieroglyphen leicht gemacht	40
3	**Ägyptisch: Verwandtschaft, Entwicklung, Schrift**	43
3.1	Ägyptisch und verwandte Sprachen	43
3.2	Sprachstufen und Schriften des Ägyptischen	44
3.3	Anhang zu Kapitel 3: Hieroglyphen leicht gemacht	52
4	**Die wichtigen Kleinen: Partikeln und Präpositionen**	55
4.1	Partikeln	55
4.2	Präpositionen	57
5	**Nomina**	65
5.1	Übersicht über die Bildungen	65
5.2	Formen und Schreibweisen	66
5.3	Determination	68
5.4	Apposition und attributives Adjektiv	69
5.5	Koordination und Disjunktion	70
5.6	Zum Ausdruck der Kasus. Genetivverbindung und Genetivadjektiv	71

5.7	Adverbiale Bestimmungen	73
5.8	Besondere Adjektive und Nisben	75
5.9	Ausdrücke des Vergleichs (Steigerung)	78
6	**Pronomina, Demonstrativa und Interrogativa**	81
6.1	Pronominalsuffixe (Suffixpronomina/Possessivsuffixe) am Nomen	81
6.2	Selbständige (unabhängige) Pronomina	84
6.3	Enklitische (abhängige) Pronomina	85
6.4	Zum Ausdruck des Reflexivverhältnisses	86
6.5	Demonstrativa	87
6.6	Interrogativa	88
7	**Einiges zur Syntax**	91
7.1	Unvollständige Sätze	91
7.2	Sätze mit nonverbalem Prädikat	92
7.3	Sätze mit verbalem Prädikat	94
7.4	Parataxe und Hypotaxe	97
8	**Sätze mit nonverbalem Prädikat I: Sätze mit nominalem Prädikat**	99
8.1	Einleitung	99
8.2	Ohne Pronomen/Demonstrativum/Fragewort	100
8.3	Mit Pronomen	103
8.4	Mit Demonstrativum	105
8.5	Mit Interrogativum	106
8.6	Dreigliedrige Schemata	107
8.7	*n(j) X* und *n X jmj* zum Ausdruck von Zugehörigkeit und Besitz	111
9	**Sätze mit nonverbalem Prädikat II: Sätze mit adverbialem Prädikat**	115
9.1	Mit nominalem Subjekt	115
9.2	Mit pronominalem Subjekt	116
9.3	Situationsgebundene Identifikation	117
9.4	Die Präposition *n* zum Ausdruck von Zugehörigkeit und Besitz	121
10	**Morphologie des Verbs**	123
10.1	Verbklassen	123

10.2 Tempus, Aspekt, Aktionsart und Modus 125
10.3 Die *s<u>d</u>m=f*-Form 130
10.4 Die markierte *s<u>d</u>m=f*-Form (*jrr=f*) 132

11 Die *s<u>d</u>m.n=f*-Form und Grundsätzliches zur Wortstellung 141
11.1 Die *s<u>d</u>m.n=f*-Form 141
11.2 Die Wortstellung im Satz mit einem Verb der Suffixkonjugation 144
11.3 Prolepse 145

12 Die prospektive und die subjunktive *s<u>d</u>m=f*-Form 151
12.1 Die prospektive *s<u>d</u>m=f*-Form 151
12.2 Die subjunktive *s<u>d</u>m=f*-Form 152

13 Die passiven Formen der Suffixkonjugation 155
13.1 Übersicht 155
13.2 Das *s<u>d</u>m.w=f*-Passiv 155
13.3 Die *-.tw*-Passive 156
13.4 Nichtnennung und Nennung des Agens 157
13.5 Nichtnennung des Patiens 159

14 Die Folgetempora *s<u>d</u>m.jn=f*, *s<u>d</u>m.ḫr=f* und *s<u>d</u>m.kꜣ=f* 161
14.1 Form und Funktion 161
14.2 Alternative Konstruktionen 163

15 Der Imperativ 165
15.1 Formen und Bedeutung des Imperativs 165
15.2 Pronominale Erweiterungen beim Imperativ 166
15.3 Besonderheiten 168

16 Der Infinitiv 171
16.1 Die Formen des Infinitivs 171
16.2 Eigenschaften des Infinitivs 172
16.3 Der Infinitiv als direktes Objekt und nach Präpositionen (Verwendungsweisen ausserhalb der pseudoverbalen Konstruktion) 176
16.4 Narrativer Gebrauch des Infinitivs 179
16.5 Präposition + Infinitiv als Prädikat (pseudoverbale Konstruktion I) 180

17 Das Pseudopartizip (Der Stativ) 183
17.1 Formen des Pseudopartizips 183
17.2 Bedeutung 184
17.3 Selbständiger Gebrauch der 1. Person 185
17.4 Selbständiger Gebrauch der 2. und 3. Person 186
17.5 Subjekt + Pseudopartizip (pseudoverbale Konstruktion II) 187
17.6 Das Pseudopartizip in der sog. Umstandssatzerweiterung 188
17.7 Übersicht 189

18 Die Partizipien 191
18.1 Formen 191
18.2 Bedeutung und Gebrauch 193
18.3 Das Partizip in der *jn*-Konstruktion (Cleft sentence/Spaltsatz) 196
18.4 Possessivkomposita 199
18.5 Partizipien und Pseudopartizip 200

19 Agenslose Konstruktionen mit passivem Partizip 203
19.1 Einführung 203
19.2 Der sog. erweiterte Gebrauch der passiven Partizipien 204

20 Die Relativformen 211
20.1 Die *sḏm.w=f*-Relativform 211
20.2 Die verschiedenen Relativformen 214
20.3 Infinitiv – *pw* – Relativform / passives Partizip 217
20.4 Die Opferformel 218

21 Relativsätze 221
21.1 Einführung 221
21.2 Das Relativpronomen *ntj* 223
21.3 Das negative Relativpronomen *jwtj* 226
21.4 Asyndetische Relativsätze 227
21.5 Zur Determiniertheit/Spezifiziertheit des Bezugswortes 229

22 Negationen 233
22.1 Einleitendes 233
22.2 Negierte Sätze mit nonverbalem Prädikat 235
22.3 Negierte Sätze mit verbalem Prädikat 237

22.4	Negierte nominale und nominalisierte Formen	242
22.5	Negierte Befehlsformen (Imperativ und Subjunktiv)	245
22.6	Zusammenfassende Übersicht	247
23	**Hilfsverben**	249
23.1	Grundsätzliches und Übersicht	249
23.2	Das Hilfsverb *ḫpr*, «geschehen»	251
23.3	Das Hilfsverb *wnn*, «sein»	252
23.4	Das Hilfsverb *ʿḥʿ*, «aufstehen»	257
24	**Hypotaktische Konstruktionen und Konjunktionen**	259
24.1	Hypotaktische Konstruktionen	259
24.2	Präpositionen und Konjunktionen	260
24.3	Die Konjunktionen *wnt* und *ntt*, «dass»	262
24.4	Der Konditionalsatz mit der Konjunktion *jr*	264
25	**Zahlen und Daten**	267
25.1	Kardinalzahlen	267
25.2	Ordinalzahlen	268
25.3	Datumsangaben	269
25.4	Brüche	270
	Anhang I	273
I.1	Rekapitulation von Verbalformen	273
I.2	Rekapitulation von Satzmustern	277
	Anhang II	283
II.1	Abkürzungen	283
II.2	Abgekürzt zitierte Literatur und Texte	284
II.3	Index der zitierten Textstellen	287
II.4	Sachindex	295

Vorwort

Das vorliegende Werk wäre nicht zu einem guten Ende gekommen, hätte es nicht von verschiedenen Seiten Förderung erfahren.

An erster Stelle danke ich sehr herzlich Prof. Dr. Antonio Loprieno, der die Arbeit seit seiner Übernahme des Lehrstuhls für Ägyptologie an der Universität Basel im Jahr 2000 kritisch begleitete und mir ein anregender und langmütiger Diskussionspartner war. Ohne seine Ermunterung wäre aus dem Skript nie ein Buch geworden.

Ferner gebührt mein Dank dem Ägyptologischen Seminar der Universität Basel, seinen Leitern Prof. Dr. Antonio Loprieno und nachfolgend Prof. Dr. Susanne Bickel, für den Einsatz von Hilfsassistierenden, insbesondere für die Umstellung auf das Programm iGlyph zur Schreibung der Hieroglyphen, wie auch allen Mitarbeiterinnen und Mitarbeitern und nicht zuletzt den Studierenden für ihre kollegiale und wohlwollende mannigfache Unterstützung.

Mein besonderer Dank gilt dem Schwabe Verlag Basel, namentlich Dr. David Hoffmann, Verlagsleiter, und Dr. Reto Zingg, Lektor, für die Aufnahme des Buches in das Verlagsprogramm und die kompetente Drucklegung.

Der Berta Hess-Cohn Stiftung, Basel, spreche ich schliesslich meinen besten Dank aus für die grosszügige Übernahme der Druckkosten.

Basel, im Juni 2010 Hanna Jenni

Einleitung

Der vorliegende Lehrgang ist knapp gehalten. Streng systematisch aufgebaut, soll er die wichtigsten Elemente des Schriftsystems und der Grammatik vermitteln, die zur Lektüre einfacherer mittelägyptischer Texte nötig sind. Der Stoff der ersten beiden Kapitel ist der Schrift gewidmet. Erst das dritte Kapitel geht auf so grundsätzliche Dinge wie Sprachverwandtschaft, Sprach- und Schriftentwicklung ein. Der Grund für diese Reihenfolge ist zweifach. Zum einen empfiehlt es sich aus didaktischer Erfahrung, die Anfänger gleich nach der ersten Sitzung praxisorientiert mit einer Handvoll Hieroglyphen zu entlassen, und nicht mit theoretisch-historischer Materie. Zum anderen muss für die Erlernung der Schriftzeichen eine gewisse Zeit zur Verfügung stehen, nämlich über drei Kapitel (Übungen 1B, 2A und 3A), so dass der einfachere Stoff von Kap. 3 Zeit gibt, sich in einem weiteren Effort die dritte Portion von Hieroglyphen anzueignen.

Dieses Lehrbuch der klassisch-ägyptischen Sprache ist so konzipiert, dass es zusammen mit einem Wörterbuch und einer ausführlich annotierten Zeichenliste zu benutzen ist. (Als Hilfsmittel für Anfänger empfiehlt sich zur Zeit Hannig, Handwörterbuch, Marburger Edition, das auch eine Zeichenliste enthält.) Dieses Konzept dient nicht nur dazu, Redundanzen zu vermeiden, sondern v.a. auch dazu, die Studierenden von allem Anfang an mit den Arbeitsinstrumenten vertraut zu machen, die sie später ohnehin gebrauchen werden. Dieser Weg mag schwieriger erscheinen als derjenige über vereinfachte Zeichenlisten, ist jedoch mit geeigneter Leitung nicht nur gangbar, sondern letztlich effizienter, weil genau die Fähigkeit des Suchens und überlegten Wählens aus verschiedenen Möglichkeiten die Fertigkeit ausmacht, die bei der Lektüre unabdingbar ist. Sie wird von Kap. 1 an eingeübt. Der gleiche Grundsatz wie für die Grapheme gilt auch für die Lexeme, die von Beginn weg von den Studierenden grösstenteils selber gesucht werden müssen: Zur Lösung der Übersetzungsaufgaben ab Kap. 5 ist mit einem Wörterbuch zu arbeiten – besonders anfangs sind jedoch Hilfen in den Anmerkungen gegeben. Die Quellen der ausschliesslich originalen Textbeispiele sind mit Absicht in Fussnoten und nicht in einem Anhang angegeben. Die Studierenden sollen die Textgattung durchaus in ihre

Überlegungen miteinbeziehen (können). Die hieroglyphische Wiedergabe der Zitate nimmt nicht auf die originale Anordnung der Schriftzeichen Rücksicht.

Mit Ausnahme von 1A finden sich alle Übungen am Ende eines Kapitels. Die Kap. 1 bis 3 bieten zudem eine Hilfe für das Zeichnen der Hieroglyphen, die selbstverständlich als Angebot zu verstehen ist, dem keine Folge geleistet werden muss. Die gegebenen Übersetzungsübungen sind nicht zahlreich und bestehen meist aus Einzelsätzen, selten Teilen davon; erst Kap. 24f. bieten zusammenhängende Textstücke. Auf weitere Übersetzungsübungen ist verzichtet worden, damit dieser Lehrgang innert nützlicher Frist im Unterricht bewältigt werden kann. Im Anschluss daran sollte eine Textlektüre mit vertiefenden Erklärungen durch die Lehrperson erfolgen.

Zur Aneignung eines Grundwortschatzes empfiehlt es sich, einen solchen auf die Kap. 4 bis 25 verteilt zu lernen. (Derzeit ist dafür Hannig/Vomberg, Wortschatz, 66–173, geeignet, wonach fünf Seiten pro Kapitel des Lehrbuches anfallen.) Für den Anfang hat eine solche Wortliste eine zusätzliche Funktion: Wird die Transkription zugedeckt, stellen die Vokabeln eine Leseübung dar, die im Eigenstudium absolviert werden kann.

Es versteht sich von selbst, dass die Gewichtung des Stoffes der Subjektivität der Autorin unterlag und dass die Lehrperson einzelne Abschnitte übergehen, bei anderen weiter ausholen wird. Asymmetrien in der Art des Zugangs zum Stoff und seiner Darstellung auf den verschiedenen Ebenen von Phonologie, Morphologie, Syntax, Semantik, Pragmatik und historischer Dimension werden die linguistisch orientierte Leserschaft möglicherweise enttäuschen. Doch eignen sich – auch angesichts des derzeitigen Standes der ägyptischen Sprachforschung – einige Gegenstände mehr, andere weniger dazu, den Einsteiger zu den verschiedenen linguistischen Ebenen hinzuführen.

1 Laute und Zeichen

1.0 Da es sich beim Ägyptischen um eine tote Sprache handelt, können wir über den Lautbestand nur beschränkt Bescheid wissen; denn einem Graphem entspricht nicht unbedingt ein einziges Phonem. (Vgl. deutsches s entsprechend [s] in «Wasser», [z] in «Weise», [š] in «Sprache».) Die ägyptische Phonologie ist bis zu einem gewissen Grad eine Rekonstruktion, die sich auch auf sprachvergleichende Kriterien stützt. Überdies wissen wir nicht, wie die ägyptischen Wörter ausgesprochen worden sind, da das ägyptische Schriftsystem (wie das nordwest- und südsemitische) nur die Konsonanten anzeigt, nicht jedoch die Vokale (ursprünglich a, i und u). Zwar kann auch die Vokalisierung bis zu einem gewissen Grad rekonstruiert werden (u.a. mit Hilfe des Koptischen), doch bleibt dies in dem vorliegenden Lehrgang unberücksichtigt. Wir behelfen uns also mit der traditionellen «Ägyptologenaussprache», die ohne Scheu den Vokal e einfügt, wo es gerade nötig ist: *nfr* = [nefer].

Für den modernen Laien ist die Hieroglyphenschrift die «Bilderschrift» par excellence, weil er in den meisten Zeichen einen realen Gegenstand (z.B.  Vogel,  Schiff, menschlicher Arm) erkennen kann. Und was der Laie vermutet, dass nämlich die Hieroglyphe eines Schiffes «Schiff» bedeutet, dass also diese Schrift eine Begriffs- oder Symbolschrift sei, in dem Sinne, dass das Gemeinte mit dem Dargestellten identisch ist, stimmt tatsächlich – wenn auch nur zu einem kleinen Teil: Das ägyptische Schriftsystem ist ein kombiniertes System, das Zeichen verschiedener Kategorien enthält, wobei ein einzelnes Zeichen mehr als einer Kategorie angehören kann. Die folgende Darstellung beschränkt sich auf das Wesentliche.

1.1 Ideogramme

Eine Anzahl von Zeichen wird als **Ideogramme** (oder **Logogramme**) verwendet, sie meinen das Dargestellte. Um die Lesung als Ideogramm sicherzustellen, wird dem betreffenden Zeichen ein kleiner, senkrechter Strich | beigefügt. Sieht man also  |, so bedeutet dies «Kopf», ohne dass der geringste Hinweis darauf gegeben wäre, wie, d.h. mit welcher Lautfolge, das ägyptische Wort zu lesen ist. Ein Ägypter las unwillkürlich und ohne zu überlegen *tp* < *ṯp* /tap/ < /čap/. Der Studierende muss dies erst lernen bzw. in der Zeichenliste (dazu Kap. 1.4) nachsehen. Bei dem gegebenen Beispiel ist das Verfahren ikonisch: Das Ideogramm zeigt das gemeinte Objekt. Im Falle von *sꜣ*, «Sohn», ist das Rebus-Prinzip angewandt: Das Wort für «Ente», welches das Zeichen abgibt, ist phonetisch identisch mit dem Wort «Sohn». Das dritte Verfahren ist das symbolische: Der an den Tempelpylonen plazierte Flaggenmast wird mit dem Begriff «Gott» assoziiert, geschrieben als und zu lesen als *nṯr*, «Gott».[1]

Der Ideogrammstrich kann auch fehlen, besonders in formelhaften Ausdrücken, die gerne abgekürzt geschrieben werden: *sꜣ Rꜥ*, «Sohn des Re» (Königstitel; zur Genetivverbindung vgl. Kap. 5.6.2).

1.2 Phonogramme

1.2.1 Als Verwender des für uns so selbstverständlichen und uns so genial erscheinenden alphabetischen Systems, das die Griechen von den Phöniziern übernommen hatten, mag uns erstaunen, dass das Ägyptische im Grunde genommen ein Alphabet besitzt – es jedoch normalerweise nicht anwendet.[2] Hier das ägyptische «Alphabet», besser: Inventar der **Einkonsonantenzeichen**[3] nach folgender Anordnung:

Zeichen	Transkription	Name / traditionelle Aussprache
Deutung	Laut	

1 Nach Loprieno, Ancient Egyptian, 13.

2 Loprieno, in: Bolz/Münkel (Hg.), Was ist der Mensch?; Frank Kammerzell, Die Entstehung der Alphabetreihe, in: Dörte Borchers et al. (Hg.), Hieroglyphen, Alphabete, Schriftformen. Studien zu Multiliteralismus, Schriftwechsel und Orthographieneuregelungen (LingAeg. Stud. monogr., Bd. 3), Göttingen 2001, 123–125.

3 Die Schrift gibt die konsonantischen Phoneme wieder, mit Ausnahme von /l/. – Näheres siehe Peust, Egyptian Phonology.

𓄿	*ꜣ*	Aleph / a
Schmutzgeier	Ein teilweise dem semitischen Aleph entsprechender Kehllaut[4] (vgl. ägyptisch *sꜣb* / *zꜣb*, «Schakalwolf», entsprechend arabisch *ḏʾb*, hebräisch *zʾb*, ägyptisch *ꜣbj*, «wünschen», entsprechend arabisch und hebräisch *ʾbj*); teilweise auch /l/ und /r/ bezeichnend (vgl. ägyptisch *kꜣmw*, «[Wein-]Garten», entsprechend semitisch *krm*).	
𓇋	j	i
Schilfblatt	/j/ (vgl. ägyptisch *jmn*, «rechte Seite», entsprechend semitisch *jmn*). Dient auch zur Wiedergabe von /l/ (vgl. ägyptisch *jb*, «Herz», entsprechend semitisch *lb*). Gelegentlich (am Wortanfang) auch Kehllaut wie *ꜣ* (vgl. ägyptisch *jnk*, «ich», entsprechend semitisch *ʾnk*).	
𓇌	*y*	i
Doppelschilfblatt	/j/, Halbvokal	
𓂝	ꜥ	Ajin / a
menschlicher Unterarm	Ursprünglich wohl /d/, seit dem 2. Jt. v.Chr. dem semitischen Ajin entsprechender Laut: ein stimmhafter Kehllaut (vgl. hebräisch *parʿō* für *pr-ꜥꜣ*, «Pharao»), annäherungsweise als deutlicher Stimmabsatz gesprochen.	
𓅱	*w*	w oder u
Wachtelküken	/w/, Halbvokal	
𓃀	*b*	b
menschliches Bein	/b/	

4 Stimmabsatz wie in deutsch «Ur'ahn» [vs. «Uran»]. – In neueren Lehrbüchern als /r/- oder /l/-haltiger Laut bezeichnet. Über die Entwicklung der Laute im Ägyptischen und ihre schriftliche Wiedergabe ist noch nicht das letzte Wort gesprochen; vgl. z.B. Jürgen Osing, Zum Lautwert von 𓄿 und 𓂝, in: SAK 24, 1997, 223–229; Helmut Satzinger, Das ägyptische «Aleph»-Phonem, in: Manfred Bietak et al. (Hg.), Zwischen den beiden Ewigkeiten. Festschrift Gertrud Thausing, Wien 1994, 191–205. Allgemein auch Loprieno, Ancient Egyptian, 11–16; 28–35; Peust, Egyptian Phonology.

𓊪	*p*	*p*
Untersatz	/p/	
𓆑	*f*	*f*
Hornviper	/f/	
𓅓	*m*	m
Eule	/m/	
𓈖	*n*	n
Wasserlinie	/n/. Auch für /l/ verwendet (vgl. ägyptisch *ns,* «Zunge», entsprechend semitisch *ls*).	
𓂋	*r*	r
menschlicher Mund	/r/. Auch für /l/ verwendet.	
𓉔	*h*	h
Hofgrundriss	/h/	
𓎛	*ḥ*	ch
Strick/Docht	dem arabischen *ḥ* entsprechender Kehllaut («schwächer» als deutsches /ch/ in «Bach»)	
𓐍	*ḫ*	ch
Korb, von oben	dem arabischen *ḫ* entsprechender Kehllaut wie in «Bach»	
𓄡	*ẖ*	ch
Tierbauch mit Zitzen und Schwanz	ein /h/-haltiger Kehllaut wie in «ich»	
𓋴	*s*	s
gefaltetes Stück Stoff	stimmloses /s/, seit dem ausgehenden Alten Reich nicht mehr vom stimmlosen /s/ unterschieden	
𓊃	*s*	s
Türriegel	stimmhaftes /s/ wie in französisch «zéro», seit dem ausgehenden Alten Reich nicht mehr vom stimmlosen /s/ unterschieden	

𓈙	*š*	sch
Teich (Aufsicht)	/š/, wie in «Schiff»	
𓈎	*q*	k
Sandabhang	vermutlich ein nichtaspirierter, emphatischer /k'/-Laut wie in arabisch «al-Qahira»	
𓎡	*k*	k
Korb mit Henkel	vermutlich ein aspirierter /k^h/-Laut	
𓎼	*g*	g
Gefäsständer	vermutlich ein /g^w/- oder /g'^w/-Laut	
𓏏	*t*	t
Brot	/t/	
𓍿	*ṯ*	tsch
Strick	wohl /č/, stimmloses tsch wie in «Tschechien»	
𓂧	*d*	d
menschliche Hand	wohl emphatisches /t'/ wie arabisches ṭ	
𓆓	*ḏ*	dsch
Kobra	wohl emphatisches /c'/	

Übung 1A

Zeichnen Sie jedes Zeichen, merken Sie sich die Reihenfolge (die nicht altägyptisch, sondern ägyptologisch ist) und den Lautwert dieser 24 Einkonsonantenzeichen.

1.2.2 Im Laufe der Geschichte ist es zu **Lautverschiebungen** gekommen. Die häufigsten seien hier erwähnt. Bereits im ausgehenden Alten Reich hat sich die Opposition von [z] und [s] aufgehoben. Ursprüngliches [z] wird von da an als 𓊃 oder als 𓋴 geschrieben. Hannig, Handwörterbuch, fasst beide Laute unter *s* zusammen. Das Wb unterscheidet 𓊃, transkribiert als *s* (Ende von Wb III), und 𓋴, transkribiert als *ś* (Anfang von Wb IV).

Etwa in der Ersten Zwischenzeit vollzieht sich umgebungsbedingt der Übergang von *ṯ* zu *t* und von *ḏ* zu *d* (sog. Entpalatalisierung), was teilweise auch in der Schrift nachvollzogen wird. Wörter, die mit 𓏏 bzw. 𓂧 geschrieben sind und die in einem Wörterbuch nicht unter *t* bzw. *d* gefunden werden, müssen also unter *ṯ* bzw. *ḏ* gesucht werden.

Der Wandel von *w* zu *y* ist in der Morphologie von einer gewissen Bedeutung.

𓂋 wurde im Silbenauslaut mit der Zeit wohl als [e] ausgesprochen und mit 𓇋 notiert. Die ältere Schreibweise wurde aber beibehalten. In dem Beispiel 𓊪𓏏𓂋𓇋𓁹 deutet 𓇋 darauf hin, dass *ptr* zu *ptj* geworden ist. Das 𓇋, das als eine Art Komplement bezeichnet werden kann, wird in der Transkription nicht wiedergegeben: *ptr*, «sehen» (und die Wörterbücher führen das Wort entsprechend unter dieser Konsonantenfolge auf).

1.2.3 Wörter, die mit 𓅓𓂝 oder 𓂝𓅓 beginnen und die nicht unter *mꜥ* zu finden sind, suche man unter *m* (z.B. 𓅓𓂝𓎡 *m=k*, «siehe!»; vgl. Kap. 4.1.2 und 6.1.1). In diesen Schreibweisen steht 𓂝 für 𓂞 oder 𓂟, welche in diesem Fall den Lautwert *m* haben und – ausnahmsweise – denselben Laut wie das vorausgehende 𓅓 wiedergeben.

1.2.4 Seit Jean-François Champollion (vgl. S. 27 mit Anm. 13) hat sich die Transkriptionsweise mehrfach verändert. Die Entwicklung ist nicht abgeschlossen, wie das Nebeneinander verschiedener **Transkriptionssysteme** zeigt.[5] Folgende Unterschiede zu kennen, ist nützlich:

Wb:

j (oder *jj*) für *y*

s für 𓊃 und *ś* für 𓋴

ḳ für *q*

Gardiner, EG:

ỉ für Schilfblatt

y für Doppelschilfblatt

s für beide s-Zeichen

5 Vgl. auch Schenkel, Tübinger Einführung, 34f.; Hannig, Handwörterbuch, XXXVI–XXXVIII (F. Kammerzell).

Bei einigen Autoren wird *č* für *ṯ*, *ṭ* für *d* und *č̣* für *ḏ* verwendet.

Für die browsertaugliche Verwendung im Internet hat sich folgendes System etabliert, das auf die Unterscheidung zwischen Klein- und Grossbuchstaben angewiesen ist (untere Reihe):

ꜣ j (y) ꜥ w b p f m n r h ḥ ḫ ẖ (z) s š q k g t ṯ d ḏ
A j (y) a w b p f m n r h H x X (z) s S q k g t T d D.

1.2.5 Neben den Einkonsonantenzeichen gibt es auch **Zwei- und Dreikonsonantenzeichen**. Z.B. hat 𓏠 als Phonogramm den Lautwert *mn*, 𓄤 den Lautwert *smꜣ*. Gewiss könnte dafür auch die Folge 𓅓𓈖 resp. 𓋴𓅓𓄿 geschrieben werden; dieses alphabetische Verfahren wird jedoch nur sehr selten und in besonderen Kontexten angewandt. Bis zur Übernahme des Christentums und der griechischen Alphabetschrift im Koptischen hielt Ägypten an seiner auf dem Rebus-Prinzip basierenden Schrift mit ihren vielfältigen ikonischen Bezugsmöglichkeiten fest.[6] Die Komplexität und der sakrale Charakter der Hieroglyphenschrift wurden in den religiösen Schriften der Ptolemäerzeit noch stark ausgebaut. Die Gewinnung von Schriftzeichen nach dem Rebus-Prinzip funktioniert folgendermassen: Das Zeichen 𓄤 ist das Abbild der Lunge, ägyptisch *smꜣ*; daraus wird der Konsonantenwert *smꜣ* gewonnen und unabhängig von der Bedeutung auch in anderen Wörtern mit der Lautkombination *smꜣ* verwendet: 𓋴𓅓𓄿 *smꜣ*, «vereinigen», 𓄤𓅓𓄿𓆱𓏥 *smꜣ.w*, «Zweige», usw. Im Gegensatz dazu funktioniert die Zeichengewinnung des westsemitischen Alphabets nach dem akrophonischen Prinzip: «Auge» heisst *ʿajin*; das Zeichen, das ein Auge abbildet (⊙ > ○ > ע), wird als Zeichen für den Anfangskonsonanten, in diesem Fall ʿ verwendet. (In der ägyptischen Kultur dagegen ist ⊙ das Ideogramm für «Sonne», ägyptisch *rʿ*.)

Das Rebus-Prinzip führte auch zu Redundanzen, die nicht eliminiert wurden: 𓇉 und 𓄂 haben beide den Lautwert *ḥꜣ*. Einige Wörter und Wortfamilien werden immer mit dem Zeichen 𓇉, andere mit 𓄂 geschrieben.

6 Zur ägyptischen Schrift- und Schreiberkultur vgl. Loprieno, in: Bolz/Münkel (Hg.), Was ist der Mensch?.

1.2.6 Um die korrekte Lesung eines Mehrkonsonantenzeichens sicherzustellen – besonders dann, wenn ein Graphem mehrdeutig ist – werden gerne **phonetische Komplemente** verwendet. Sie sind fakultativ und beliebig. Beispiele:

	mn – n	*mn*
	ḥ – ḥs	*ḥs*
	b – bꜣ – ꜣ	*bꜣ*
	ḫ – p – ḫpr – r	*ḫpr*
	ḫnt – n – t	*ḫnt*

1.2.7 **«Orthographie»**. Es gibt durchaus gewisse orthographische Konventionen, die der/die Lernende mit der Zeit intus hat. So wird z.B. *mj*, «wie», nie  geschrieben, sondern ; *wr* «gross», nie , sondern  etc. Sofern man überhaupt von Orthographie sprechen will, könnte man sagen: Die ägyptische Orthographie ist alles andere als streng, aber sie ist nicht inexistent. Zur Schriftrichtung und Zeichenanordnung siehe Kap. 2.

1.2.8 In diesem Lehrgang sind Kryptographie und syllabische Schrift unberücksichtigt. **Kryptographie** dient nicht dazu, den Inhalt zu verschleiern, sondern ihn spielerisch auf ungewöhnliche und verfremdete Art und Weise auszudrücken.[7] **Syllabische Schrift** (im Englischen auch «group writing» genannt) ist – sporadisch seit der 11. Dynastie – v.a. im Neuen Reich gebräuchlich, um – vorwiegend – fremde, nichtägyptische Wörter wiederzugeben aber auch Wörter, deren Standardgraphie nicht mehr mit der Lautung übereinstimmte resp. dem Schreiber unbekannte Wörter.[8]

1.3 Determinative

1.3.1 Um das richtige Verständnis eines Wortes sicherzustellen, hat man am Schluss eines Wortes ein oder auch mehrere **Determinative** (auch: **Semogramme**) gesetzt.

7 Siehe Erik Hornung, Hieroglyphen: Die Welt im Spiegel der Zeichen, in: Eranos 1986. Jahrbuch, Bd. 55, Frankfurt 1988, 430–438; John C. Darnell, The Enigmatic Netherworld Books of the Solar-Osirian Unity: Cryptographic Compositions in the Tombs of Tutankhamun, Ramesses VI, and Ramesses IX (OBO 198), Fribourg/Göttingen 2004.

8 Siehe Malaise/Winand, Grammaire, 49–51, § 55f., mit Literatur.

Determinative ordnen die Wörter bestimmten Bedeutungsklassen zu. Ihre Verwendung ist fakultativ. Beispiele:
 oder  in Wörtern wie  oder  *ḥ'ḏ'*, «schlagen»;  *wsr*, «mächtig sein/stark sein».
 zur Bezeichnung von Personen, z.B. in  *wsr*, «der Mächtige».
 zur Bezeichnung von Göttern, z.B. 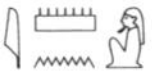 *Jmn*, «Amun».
 (Buchrolle) auch zur Bezeichnung von Abstrakta, z.B.  *sš*, «schreiben»;  *smn*, «dauern lassen» (vgl.  *smn*, «Nilgans»).
 zur Bezeichnung von Geringem oder Schlechtem, z.B.  *nḏs*, «klein/gering»;  *bjn*, «Schlechtes/Übel/Unglück».

1.3.2 Zuweilen wird das Ideogramm als Determinativ verwendet, gerne auch samt dem Ideogrammstrich. Beispiel:  oder  *r'*, «Sonne». In Beispielen wie dem zweiten ist der ursprüngliche Ideogrammstrich zu einem graphischen Füllelement geworden.

1.3.3 Etwas anderes sind **phonetische Determinative**. Sie «wandern» mit der zugehörigen phonetischen Gruppe in andere Wörter gleichartiger Lautung, in deren Schriftbild sie an sich (als Determinative) gar nichts zu suchen hätten. So fungiert das Zeichen G 41 , das die Ente in ihrer typischen Haltung bei der Landung zeigt, in dem Verb  *ḫnj*, «sich niederlassen», als semantisches Determinativ (neben ). In dem Wort  *ḫn*, «Rede/Ausspruch», dagegen ist es nicht Determinativ, sondern lediglich (vom Wort *ḫnj*, «sich niederlassen», übernommenes) sog. phonetisches Determinativ.

1.4 Lese- und Transkriptionspraxis

1.4.1 Es geht also bei der **Lesepraxis** nicht nur darum, die einzelnen Hieroglyphen zu erkennen und ihre Verwendungsweisen zu kennen oder nachzuschlagen, sondern auch darum, die an der betreffenden Stelle zutreffende Funktion zu wählen. Ein Zeichen kann nicht ohne die Zeichen vor und nach ihm «gelesen» werden. Und nicht jedes Zeichen ist auszusprechen.

1.4.2 Nach dem Beschriebenen ist einsichtig, dass die **Transkription** gerade auch für den Anfänger von einiger Bedeutung ist – Transkription ist in gewisser Weise auch Interpretation – und dass die Transkription die Hieroglyphenschrift nicht ersetzt. Da mit einer korrekten Transkription die Übersetzung eines Satzes natürlich noch längst nicht feststeht, sollte jeder zu behandelnde Text also, wenn möglich, mit hieroglyphischer Wiedergabe, Transkription und Übersetzung dargestellt werden.

Bei der Transkription gibt es Konventionen (auch sie nicht einheitlich), um grammatische Elemente sichtbar zu machen, z.B. Abtrennen von Endungen/Suffixen durch . oder = usw. Darauf wird in den entsprechenden Kapiteln hingewiesen.

Die gängigen epigraphischen Notationen sind:

	für Zerstörtes	*ḏd mdw jn /////*
[...]	für vom Herausgeber Ergänztes bei Zerstörung/Verlust	*[ḏd mdw] jn Jmn-Rꜥ*
(...)	für vom Herausgeber Ergänztes, das der Erklärung dient (und im Original nicht vorhanden ist)	*ḏj.n(=j) n=k*
<...>	für Ergänztes, das im Original versehentlich/fälschlich weggelassen ist	*<r> ḏd*
{...}	für Überflüssiges (im Original versehentlich zuviel)	*jrj{t}=f*
<—>	für Leerraum/Spatium/«vacat»	*twt js <———> ẖꜣ.t*

Transkriptionen werden mit Vorteil kursiv gesetzt, dem entspricht handschriftlich mancherorts Unterstreichung der einzelnen Wörter. Es ist verbreitet, Eigennamen mit grossen Anfangsbuchstaben zu schreiben (*jmn*, «verborgen», *Jmn*, «[Gott] Amun»).

1.4.3 Die Einteilung der Hieroglyphen nach inhaltlichen Kriterien geht auf die **Zeichenliste** von Gardiner, EG, zurück. Auch die Drucktypen seines Werkes haben grosse Verbreitung gefunden. Der Studierende ist vorderhand damit beschäftigt, mit diesen Zeichen zu arbeiten, die eine Norm darstellen; jedoch: «The beginner may safely use our types as his models, but he must realize that copying from the actual monuments gives a knowledge of hieroglyphic writing unobtainable in any other way.»[9]

9 Gardiner, EG, 438.

Die Bezeichnung der einzelnen Hieroglyphen durch Grossbuchstaben und Zahlen zu kennen, ist eventuell für das Schreiben der Hieroglyphen mit dem Computer nützlich.

Einige lange, schmale Hieroglyphen können je nach formalem Kontext (vgl. Kap. 2) sowohl senkrecht als auch waagrecht verwendet werden. Das ist nicht in allen Zeichenlisten und nicht konsequent vermerkt (z.B. Hannig, Handwörterbuch, Marburger Edition, 1363; 1390, unter O 29 resp. Y 01). Auch hier lehrt die Praxis.

Die 749 Zeichen der Gardinerschen Zeichenliste decken zwar den Normalbedarf, sind aber an sich ein unvollständiges Inventar. Listen von weiteren Zeichen oder von Zeichen ptolemäischer Tempeltexte finden sich in Wörterbüchern[10] oder Spezialwerken.

Übung 1B

Ein intensiver Streifzug durch das Zeicheninventar: Gehen Sie eine ausführlich annotierte Zeichenliste durch, z.B. Hannig, Handwörterbuch, Marburger Edition, 1323ff., Hannig, Handwörterbuch, 1025ff., Gardiner, EG, 442ff., oder Malaise/Winand, Grammaire, 695ff., und versuchen Sie, sich die unten aufgeführten Zeichen (Aussehen und Hauptbedeutung[en]) zu merken.

Zur Beachtung: Für diese Übung wie auch für die folgenden in Kap. 2 und 3 empfiehlt sich eine Anleitung durch die Lehrperson, die vermittelt, wie die Zeichenliste zu benützen ist. Ansonsten besteht Gefahr, dass sich die Anfänger in den Funktionen einzelner Zeichen, die ja nicht alle gleich häufig sind, verlieren. Dennoch ist es letztlich effizienter, von Anfang an mit einer ausführlichen Zeichenliste zu arbeiten, damit der Blick für die Komplexität der Materie nicht eingeengt wird. Es sei erwähnt, dass beispielsweise im Abschnitt Sinuhe B 1–40 nur 159 Zeichen vorkommen. Einkonsonantenzeichen machen davon zwar lediglich 17% aus, sie repräsentie-

10 Vgl. Hannig, Handwörterbuch, 1117–1168; Hannig, Handwörterbuch, Marburger Edition, 1395–1451 sowie François Daumas et al., Valeurs des signes hiéroglyphiques d'époque gréco-romaine, 4 Bde., Montpellier 1988–1995; Christian Leitz, Quellentexte zur ägyptischen Religion, Bd. 1: Die Tempelinschriften der griechisch-römischen Zeit (Einführungen und Quellentexte zur Ägyptologie, Bd. 2), Münster 2004; Dieter Kurth, Einführung ins Ptolemäische. Eine Grammatik mit Zeichenliste und Übungsstücken, Teil 1, Hützel 2007.

ren jedoch 55% aller Vorkommen.[11] Dieser Befund – wenngleich nicht verallgemeinerbar – möge den Anfänger ermutigen: Mit den Einkonsonantenzeichen und einigen Mehrkonsonantenzeichen, Determinativen und Ideogrammen, deren Kenntnis laufend erweitert wird, ist die Hieroglyphenschrift Schritt für Schritt zu meistern. Die Übungen der Kap. 1 bis 3 sollen dazu dienen, in einem (zugegebenermassen) grossen Effort die Basis für die stetige Erweiterung der Kenntnis der Zeichen und ihrer Funktionen zu legen.

Zur Vertiefung des in Kap. 1.1–3 nur knapp Dargestellten empfiehlt sich die Lektüre von Malaise/Winand, Grammaire, 687–690, § 1078–1083.

A: 1, 2, 3, 19, 21, 24, 30, 40
B: 1
D: 1, 2, 4, 21, 36, 37, 40, 46, 58
E: 1, 10, 20, 21, 23, 34
F: 12, 13, 20, 21, 22, 26, 31, 32, 36
G: 1, 4, 17, 25, 28, 29, 36, 37, 43
I: 6, 9, 10
K: 4
L: 1
M: 3, 12, 15, 16, 17, 36, 42
N: 1, 5, 14, 16, 23, 25, 28, 29, 35, 35a
O: 1, 4, 29, 34, 36, 49
P: 5, 6
Q: 3
R: 4, 8, 19
S: 12, 13, 29, 34, 42, 43
T: 8, 13, 18, 21, 22, 28
U: 1, 6, 17, 19, 21, 28, 33
V: 1, 4, 13, 20, 22, 24, 25, 28, 31
W: 11, 17, 19, 22, 25
X: 1, 8
Y: 1

11 Frank Kammerzell, in Hannig, Handwörterbuch, XXXVf.

Z: 1, 2, 3, 7
Aa: 1, 11, 13, 16, 27

Üben Sie ausserdem das Zeichnen der Hieroglyphen. Natürlich müssen in der Handschrift Vereinfachungen gemacht werden, aber: je näher an der Druckvorlage, desto besser. Vergleichen Sie handgeschriebene Textpublikationen. Auch ein schlechtes Beispiel ist dabei nützlich – zur Abschreckung. In 1.6 finden Sie als Anhang einige Hinweise, die bei der Zeichenpraxis eine Hilfe sein mögen.[12]

Am Ende von Kap. 2 und 3 folgt je eine weitere Liste von Hieroglyphen samt Anhang, die zu lernen sind. Damit können die wichtigeren Zeichen zuerst angeeignet werden. Die restlichen Zeichen sollte man sich später nach und nach anhand der Übungen und Lektüren einprägen.

Zur Geschichte der **Entzifferung der Hieroglyphenschrift** gibt es verschiedene Darstellungen. Es sei zu diesem nicht unbedeutenden Thema als Lektüreempfehlung auf den Artikel eines der grossen nicht mehr lebenden Ägyptologen verwiesen, die sich auf philologischem Gebiet verdient gemacht haben: Adolf Erman.[13] Seine Berliner Akademie-Schrift von 1922, vorgetragen einhundert Jahre nach der Entzifferung, ist aus heutiger Sicht auch aus wissenschaftsgeschichtlichen Gründen ein interessantes Dokument. Sie beginnt mit folgenden Worten: «In der Entwickelung der Wissenschaft ist es zuweilen geschehen, dass ein Fortschritt gemacht wurde, so gross, dass alles, was vordem auf demselben Gebiete gegolten hatte, in Nichts versank. Solche Fälle kennen wir alle aus den Naturwissenschaften, aber auch in den Geisteswissenschaften fehlen sie nicht, und ein solcher Fall, die Entzifferung der Hieroglyphenschrift, ist es, dessen wir heute gedenken wollen.»

12 Vgl. auch Henry George Fischer, Ancient Egyptian Calligraphy. A Beginner's Guide to Writing Hieroglyphs, New York 1979.

13 Adolf Erman, Die Entzifferung der Hieroglyphen (erschienen 1922), in: Adelheid Burkhardt/Walter F. Reineke (Hg.), Adolf Erman, Akademieschriften (1880–1928), 2 Teile, Leipzig 1986, Teil 2: 1911–1928, 301–317. Informationen zu Adolf Erman (1854–1937) finden sich in Warren R. Dawson et al., Who was Who in Egyptology, Third revised edition by M. L. Bierbrier, London 1995, 143f.

Übung 1C

Schreiben Sie zu den Einkonsonantenzeichen ihren Lautwert in Transkription und numerieren Sie sie entsprechend der Reihenfolge des (ägyptologischen) «Alphabets»:

Übung 1D

Lesen und transkribieren Sie die folgenden, mit vereinfachter Zeichenanordnung geschriebenen Wörter:

1. 
2. 
3. 
4. 
5. 
6. 
7. 
8. 
9. 
10. 
11. 
12. 
13. 
14. 
15. 
16. 
17. 
18. 
19. 
20. 
21. 
22. 
23. 
24. 
25. 
26. 
27. 

Ordnen Sie die deutschen Bedeutungen (in anderer Reihenfolge) zu:

Obelisk / senden / fallen / bleiben / schweigen / Ägypten / gestern / elend / erbrechen / Schiff / alt / Kuh / Geschmack / Geflügel / Salbe / Nubien / (ab)schneiden / erblicken / Rebell / preisen / hacken / Sykomore / Kind / Stein / Pfeil / öffnen / Fisch.

1.5 Anhang zu Kapitel 1: Hieroglyphen leicht gemacht

A 01 

A 02 

A 03 

A 19 

A 21 

A 24 

A 30 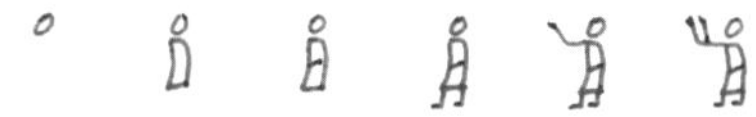

A 40 

B 01 

D 01 

D 02 

D 04 

D 36 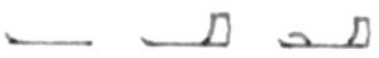

D 37 

D 40 

D 46 

D 58 

E 01 

E 10 

E 20 

E 21 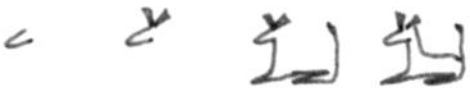

E 23 

E 34 

F 12 

F 13 

F 20 

F 21 

F 22 

F 26 

F 31 

F 32 

F 36 

G 01 

G 04 

G 17 

G 25 

G 28 

G 29 

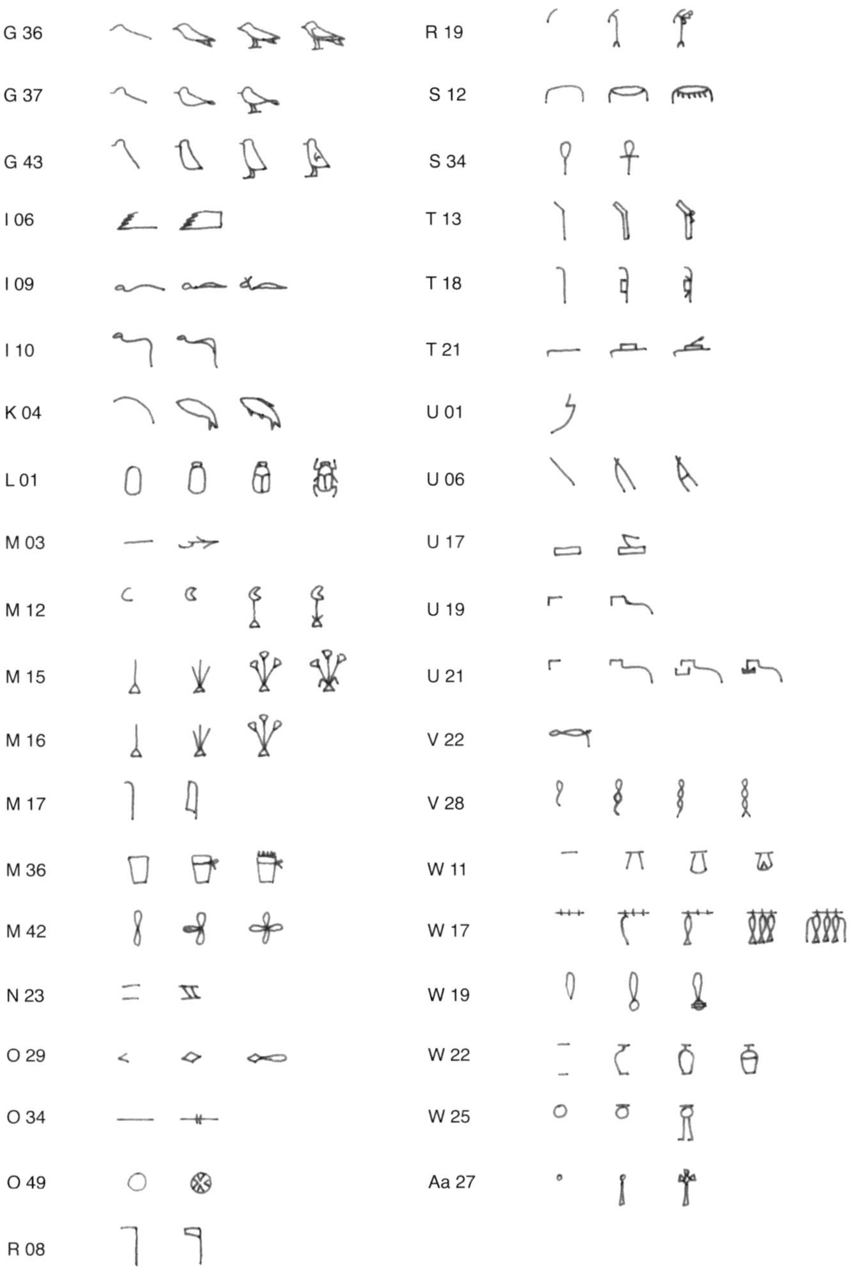
G 36
G 37
G 43
I 06
I 09
I 10
K 04
L 01
M 03
M 12
M 15
M 16
M 17
M 36
M 42
N 23
O 29
O 34
O 49
R 08
R 19
S 12
S 34
T 13
T 18
T 21
U 01
U 06
U 17
U 19
U 21
V 22
V 28
W 11
W 17
W 19
W 22
W 25
Aa 27

2 Schriftrichtung und Zeichenanordnung

2.1 Links – rechts – oben – unten

2.1.1 Obwohl in diesem Lehrgang aus praktischen Gründen immer von links nach rechts geschrieben wird, ist die grundsätzliche Schriftrichtung der Ägypter **von rechts nach links**, wie in den für semitische Sprachen verwendeten Schriften mit Ausnahme der Keilschrift. Die kursiven Schriften auf Papyrus oder auf Ostraka u.a. sind immer in dieser Richtung geschrieben. Der Ägypter konnte aber gerade so gut **von links nach rechts** lesen. Die variable Schriftrichtung ist gezielt als ästhetisches (Symmetrie) und ausdrucksstarkes (Bezug zur Darstellung) Mittel eingesetzt worden in repräsentativen Inschriften an Tempeln, auf Grabwänden, Stelen usw. Überdies konnte die Schrift in (waagrechten) **Zeilen** wie auch in (senkrechten) **Kolumnen** angeordnet werden.

Dieser Sachverhalt wird dadurch noch komplexer, dass die Hieroglyphen nicht einfach eine nach der andern hintereinander in eine Linie gesetzt werden. Es gibt ja Hieroglyphen verschiedenen Formats. Darauf wird Rücksicht genommen, indem man die Zeichen grundsätzlich zu in einer Zeile oder Kolumne hintereinander gesetzten Quadraten, teils auch halben Quadraten, anordnete. Bei Zerstörungen gibt der Herausgeber eines Textes deshalb nicht an, wieviele Zeichen, sondern wieviele Schriftquadrate fehlen. Ein schmales, langes Zeichen lässt sich mit zwei schmalen kurzen zu einem Quadrat anordnen, ein langes, breites füllt ein ganzes Quadrat usw. Die folgende Skizze zeigt bei verschiedenen Schriftrichtungen, in welcher Reihenfolge die Zeichen gelesen werden müssen.

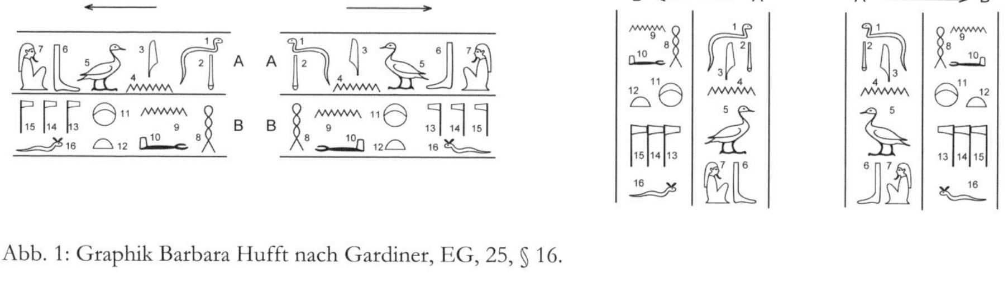

Abb. 1: Graphik Barbara Hufft nach Gardiner, EG, 25, § 16.

2.1.2 Wie die Zeichen tatsächlich angeordnet und verteilt sind, hängt nicht nur von der Art und der Grösse der Schrift sowie des Beschreibstoffes, sondern auch von der Gewohnheit des betreffenden Schreibers oder auch des Zeitgeschmacks ab. Nicht nur die Form der Hieroglyphen, sondern auch ihre Anordnung bestimmt die ästhetische Qualität von etwas Geschriebenem.[14] Vgl. Abb. 2 mit 3f.:

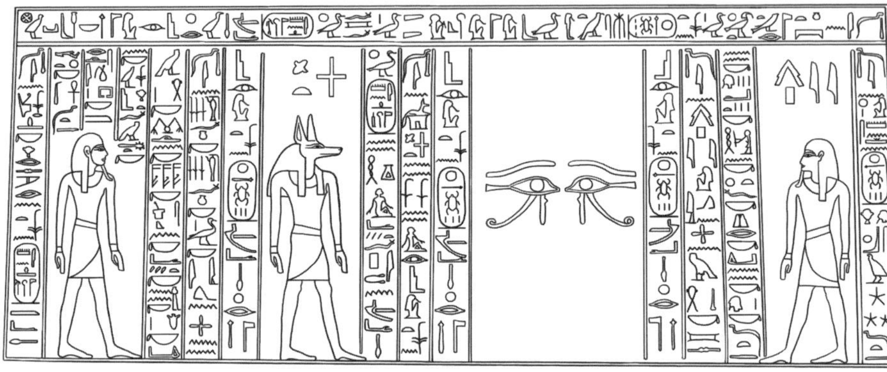

Abb 2: Sarkophag Amenophis' II. Zeichnung Barbara Hufft nach Kurt Lange/Max Hirmer, Ägypten, München 1967, Taf. 150.

2.1.3 **Worttrenner** wie Spatien, Punkte oder Striche existierten – bis ins Koptische (siehe Kap. 3.2.3) – fast nie. Das ist für die Leser erschwerend. Doch werden Anfänger bald ein Gefühl dafür entwickeln, wo ein Wort zu Ende sein könnte. Dabei helfen einerseits die (allerdings nicht regelmässig gesetzten) Determinative und die grammatischen Endungen, andererseits die relativ streng geregelte Wortstellung des Ägyptischen. Die verbleibenden Schwierigkeiten müssen mit einer guten Kenntnis der Syntax wie auch der Orthographie kompensiert werden.

14 Fischer, Reversals.

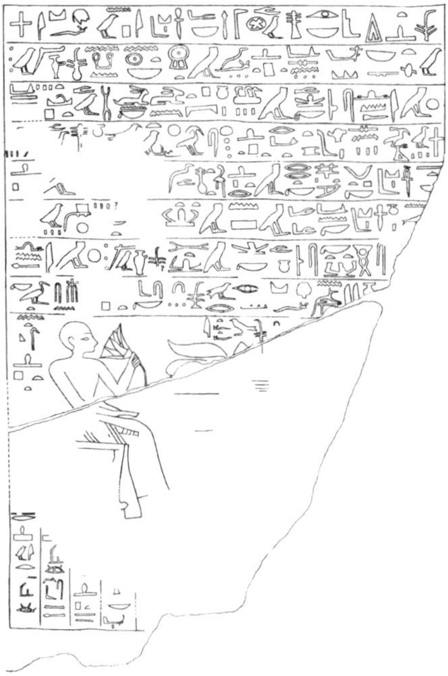

Abb. 3: Stele aus dem späten Mittleren Reich, MFA 72.766, aus: CAA. Museum of Fine Arts, Boston, Fascicle 2,4. Mit freundlicher Genehmigung des Museum of Fine Arts, Boston.

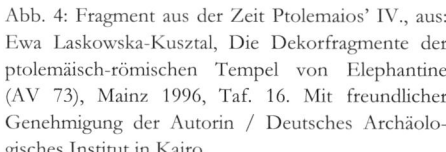

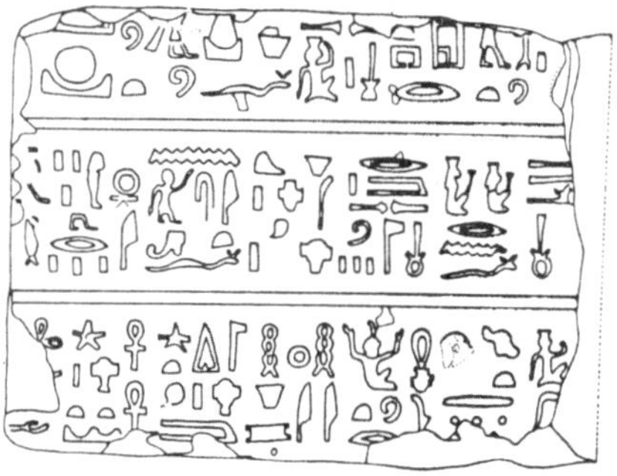

Abb. 4: Fragment aus der Zeit Ptolemaios' IV., aus: Ewa Laskowska-Kusztal, Die Dekorfragmente der ptolemäisch-römischen Tempel von Elephantine (AV 73), Mainz 1996, Taf. 16. Mit freundlicher Genehmigung der Autorin / Deutsches Archäologisches Institut in Kairo.

2.1.4 Wie aus der Skizze oben (Abb. 1) ersichtlich, liest man den (nichtachsensymmetrischen) Zeichen «entgegen», d.h. auf die Nase von im Profil dargestellten Lebewesen zu: Die **Leserichtung** ist der Blickrichtung der Zeichen entgegengesetzt.

Beachten Sie in der folgenden Darstellung (Abb. 5) von dem Heiligtum Thutmosis' III. in Deir el-Bahari die Schriftrichtung und ihren Bezug auf die Figuren.

Abb. 5: Kairo J 38575. Zeichnung Barbara Hufft nach Fischer, Reversals, Abb. 23.

2.1.5 Eine Ausnahme bildet die sog. **retrograde (rückläufige) Schrift** in religiösen Texten. Unter dieser Schreibweise ist folgendes zu verstehen:

- Rückläufigkeit der Schrift in Zeilenschreibung: Die Leserichtung und die Blickrichtung der einzelnen Zeichen ist die gleiche. Vgl. Abb. 6.

Abb. 6: Aus der Einleitung der 11. Stunde des Unterweltsbuches Amduat. Nach Erik Hornung, The Tomb of Seti I Photographed by Harry Burton, Zürich/München 1991, 152, Taf. 88.

– Rückläufigkeit in Kolumnenschreibung: Die allgemeine Leserichtung (Reihenfolge der nacheinander zu lesenden Kolumnen) und die Blickrichtung der Zeichen ist die gleiche, aber innerhalb eines Quadrates mit zwei nebeneinander angeordneten Zeichen ist die Leserichtung normal, indem den Zeichen «entgegengelesen» wird. Als Beispiel vgl. Abb. 7 (S. 46).

2.1.6 Wie nahe in Ägypten Bild und Schrift beieinander sind, wird nicht nur durch die **Bildhaftigkeit** und Farbigkeit (vgl. Kap. 3.2.4) der Schriftzeichen augenfällig, sondern auch dadurch, dass Darstellung und Schrift oft ineinandergreifen oder dass einzelne Hieroglyphen in den Bildinhalt unmittelbar einbezogen sind, z.B. wenn eine Gottheit dem König ein *ʿnḫ*-Zeichen 𓋹 (*ʿnḫ*, «Leben») an die Nase hält.

Die Vorstellung, dass das Abbild dem Urbild gleich sei, hat auch bewirkt, dass einzelnen Hieroglyphen **Wirkmächtigkeit** zugeschrieben wurde. So können potentiell gefährliche Hieroglyphen, z.B. eine Schlange, in den Pyramidentexten durchtrennt dargestellt sein (vgl. 2.2.4). Ein Schriftzeichen positiven Inhalts, z.B. das Lebenszeichen 𓋹 *ʿnḫ*, kann mit hinzugefügten Armen agieren.

2.2 Wort- und Zeichenumstellungen

2.2.1 **Metathesis aus Respekt**. Wörter, die Gottheiten oder den König bezeichnen, werden in der Schrift aus Respekt vorgezogen: z.B. 𓇓𓏏𓈖𓉐𓏤 *pr-nswt*, «Königshaus/Palast»; 𓊹𓉗𓏏𓉐 *ḥw.t-nṯr*, «Gotteshaus/Tempel»; 𓇓𓏞 *sš-nswt*, «Königsschreiber»; 𓊹𓍛 *ḥm-nṯr*, «Gottesdiener» (Priestertitel); 𓇳𓏇 *mj Rʿ*, «wie Re».

Bis zur 12. Dynastie[15] kommen auch in Filiationsangaben solche Metathesen vor, indem der Name des Vaters voraussteht. So heisst es im Oasenmann für Rensi, den Sohn Merus: , zu transkribieren als *Rnsj sꜣ Mrw*.[16]

2.2.2 Zeichenumstellungen können aus ästhetischen Gründen vorkommen, z.B. zur platzsparenden Nutzung des zur Verfügung stehenden Raumes – man könnte von einem Horror vacui sprechen. Das Ideal ist die gleichmässige Verteilung von Zeichen in Zeilen oder Kolumnen. Beispiele:

15 Nach Malaise/Winand, Grammaire, 47, § 49.

16 Oasenmann B1, 218f. (Beispiel 130) steht bloss *sꜣ Mrw*.

statt *s3 Rʿ*, «Sohn des (Gottes) Re» (Königstitel)
statt / für *tw* oder *wt* je nach gemeintem Wort
statt *-y.t* (Endung)
statt *ḫr(j)-ḥb(.t)*, «Heriheb/Vorlesepriester»

Mit dem ersten Zeichen eines Wortes wird nicht unbedingt ein neues Quadrat begonnen. Ist im vorhergehenden Quadrat noch Platz, so kann die Wortgrenze auch mitten im Quadrat liegen. Um ein Quadrat aufzufüllen (d.h. um freie Flächen zu vermeiden), werden zuweilen sog. Füllzeichen verwendet, z.B. ı.

2.2.3 Ein schmales, senkrechtes Zeichen steht gern *vor* einem Vogelzeichen, dem es eigentlich folgen müsste:
wḏ (V 24 *wḏ* > *wd*; das phonetische Komplement müsste vor V 24 stehen.)
wḏ3 (U 28 *ḏ3*)
mr (U 23 *mr*)

2.2.4 **Ersatzzeichen**. Komplizierter zu schreibende oder als potentiell gefährlich empfundene Hieroglyphen (meist Determinative) werden im Hieratischen gern durch den sog. Abkürzungs- oder Ersatzstrich ∖ (Z 5) markiert, z.B. für *msj*, «gebären». Ähnlich steht (Z 6) für (A 13, Feind) oder für (A 14, sterben/Tod).

Übung 2A

Nach dem eher beschaulichen Kapitel 2 zurück zum Thema von Kapitel 1: Es gibt noch mehr Hieroglyphen, deren Aussehen und Bedeutung Sie sich merken sollten:

A: 7, 9, 12, 14, 14a, 17, 28, 50, 51
B: 2
D: 19, 20, 53, 54, 55, 56, 60
E: 7, 9, 22, 27, 31
F: 7, 10, 18, 25, 29, 30, 35, 46
G: 3, 14, 19, 20, 27, 35, 38, 39, 47, 54
H: 6
I: 1, 12, 13
K: 5

L: 2
M: 2, 4, 8, 13, 18, 23, 29, 37, 44
N: 2, 11, 12, 21, 26, 27, 31, 36, 41
O: 6, 11, 24, 31, 35, 42, 50
P: 8
Q: 1
R: 7, 22
S: 14, 24, 27, 32, 38, 39
T: 11, 12, 19, 31, 32
U: 3, 9, 10, 22, 24, 34, 36
V: 2, 6, 7, 17, 29, 30
W: 9, 14, 21, 24
X: 2, 6
Y: 5
Z: 4, 11
Aa: 2, 3, 8, 17, 18, 21

Übung 2B

Lesen und transkribieren Sie die folgenden Wörter:

1. 
2. 
3. 
4. 
5. 
6. 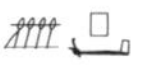
7. 
8. 
9. 
10. 
11. 
12. 
13. 
14. 
15. 
16. 
17. 
18. 

Ordnen Sie die deutschen Bedeutungen (in anderer Reihenfolge) zu:
Geier / watscheln / Knoten / (das Herz neigen zu) freundlich sein / Beschwerde / Nase / Wasserkrug / empfangen / schwanger sein / herrschen / Kopulation / Gewand / Papyrussäulenhalle / Stimme / zurücktreten / Feder / Kanal / Licht.

2.3 Anhang zu Kapitel 2: Hieroglyphen leicht gemacht

A 07 

A 09 

A 12 

A 14 

A 14a 

A 28 

A 50 

A 51 

B 02 

D 19 

D 53 

D 54 

D 60 

E 07 

E 09 

E 22 

E 27 

E 31 

F 07 

F 10 

F 18 

F 25 

F 29 

F 30 

F 35 

G 03 

G 14 

G 27 

G 35 

G 38 

G 39 

G 47 

G 54 

H 06 

I 01 

I 12 

K 05 

L 02 

M 02 

N 02 

N 31 

N 36 

O 31 

O 35 

O 42 

O 50 

P 08 

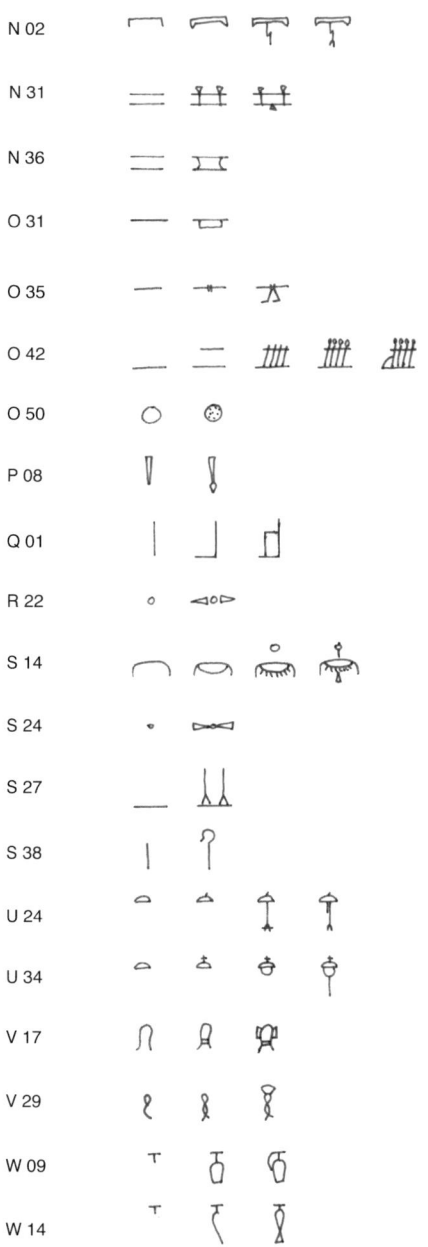

Q 01 

R 22 

S 14 

S 24 

S 27 

S 38 

U 24 

U 34 

V 17 

V 29 

W 09 

W 14 

3 Ägyptisch: Verwandtschaft, Entwicklung, Schrift

3.1 Ägyptisch und verwandte Sprachen

3.1.1 Die altägyptische Sprache gehört zu dem sehr grossen Sprachstamm der afroasiatischen (früher: hamito-semitischen oder semito-hamitischen) Sprachen mit einer Verbreitung von Nordafrika und dem östlichen Mittelmeerraum bis nach Westasien. Die afroasiatischen Sprachen umfassen mehr als 200 moderne und eine Anzahl nur schriftlich überlieferter ausgestorbener Sprachen. Nicht zum afroasiatischen Sprachstamm gehörten z.B. Sumerisch, Hurro-Urartäisch, die anatolischen Sprachen Hethitisch, Lykisch, Luwisch, Palaisch, Karisch und Lydisch u.a. sowie die iranischen Sprachen Altpersisch und Avestisch. Afroasiatisch wird folgendermassen eingeteilt:[17]

a) Ägyptisch (zuweilen «Altägyptisch» zur Unterscheidung vom modernen arabischen Dialekt Ägyptens; vgl. aber unten Kap. 3.2.1).
b) Semitisch:
   - Ostsemitisch: Akkadisch (Babylonisch, Assyrisch),
   - Nordwestsemitisch: Amoritisch, Ugaritisch, Kanaanäisch (Phönizisch-Punisch, Hebräisch), Aramäisch (Nabatäisch, Palmyrenisch, Christlich-Palästinisch, Neuwestaramäisch, Syrisch, Mandäisch),
   - Südsemitisch: Arabisch, Altsüdarabisch (Sabäisch, Minäisch, Qatabanisch, Hadramautisch), Neusüdarabisch (Soqotri, Mehri u.a.), Äthiopisch (Altäthiopisch, Tigriña, Tigre, Amharisch).
c) Berber-Sprachen: Verschiedene Sprachen und Dialekte, ursprünglich nur gesprochen, in Nordafrika (vom Atlantik bis zur Oase Siwa, vom Mittelmeer bis nach Mali und Niger).

17 Vgl. auch Bernd Heine et al. (Hg.), Die Sprachen Afrikas, Bd. 2 Afroasiatisch, Hamburg 1981, 129–224; Loprieno, Ancient Egyptian, 1–8; Hannig, Handwörterbuch, XXIII–XXVII (F. Kammerzell); ferner Roger D. Woodard (Hg.), The Cambridge Encyclopedia of the World's Ancient Languages, Cambridge 2004.

d) Kuschitisch: Verschiedene Sprachen (z.B. Beja), in Sudan, Äthiopien, Djibuti, Somalia, Kenia, im Norden Tansanias.
e) Tschadisch: Verschiedene Sprachen (die bedeutendste: Hausa) und Dialekte, in Nigeria, Kamerun, Tschad, Niger.
f) Omotisch (?): Verschiedene Sprachen, im Südwesten Äthiopiens.

3.2 Sprachstufen und Schriften des Ägyptischen

3.2.1 Die ägyptische Sprache gliedert sich in zwei Teile, die sich zeitlich überlappen. Das ältere Ägyptisch umfasst:

Altägyptisch (oft auch in ganz anderer Bedeutung für die gesamte ägyptische Sprache verwendet, im Unterschied zum heute in Ägypten verwendeten Ägyptisch-Arabisch) ist die Sprache des Alten Reiches (rund 3000–2000 v.Chr.), dokumentiert v.a. durch die Pyramidentexte sowie Autobiographien.

Mittelägyptisch ist das sog. klassische Ägyptisch, das vom Mittleren Reich bis zum Ende der 18. Dynastie verwendet wurde (rund 2000–1300 v.Chr.). Diese Sprachstufe ist der Gegenstand des vorliegenden Lehrganges.

Spätes Mittelägyptisch ist das Mittelägyptische, das neben dem neuägyptischen und demotischen Ägyptisch weiterexistierte (Neues Reich bis Hellenismus, rund 1300 v.Chr. – 2. Jh. n.Chr.) und für religiöse Texte verwendet wurde. Es unterscheidet sich vom klassischen Mittelägyptisch v.a. durch andere Schreibweisen. Das Zeicheninventar hat sich in den religiösen Texten der Ptolemäerzeit vervielfacht, wodurch diffizile theologische und symbolische Feinheiten ausgedrückt werden konnten.

3.2.2 Das spätere Ägyptisch unterscheidet sich im Sprachsystem in wesentlichen Punkten vom früheren Ägyptisch und hat drei Stufen, die sich auch in der Schrift voneinander unterscheiden:

Neuägyptisch ist am Ende der 18. Dynastie (Echnaton) zur Schriftsprache erhoben worden und wurde als Verwaltungs- und Literatursprache verwendet. Es reicht zeitlich etwa von 1300–700 v.Chr.

Das **Demotische** folgt auf das Neuägyptische und ist diesem sprachlich noch recht nahe. Es wurde ebenfalls als Verwaltungs- und Literatursprache verwendet (ca. 7. Jh. v.Chr. – 5. Jh. n.Chr.).

Die Sprache der ägyptischen Christen, das **Koptische**[18] (seit dem 3. Jh. n.Chr.), ist in verschiedenen Dialekten fassbar. Koptisch ist die letzte ägyptische Sprachstufe und lebt nur noch in Resten als Kirchensprache der modernen Kopten fort. Als Alltagssprache ist es in den höheren Schichten allmählich vom Griechischen und im 7. Jh. vom Arabischen abgelöst worden.

3.2.3 Auch die Schrift des Ägyptischen ist vielfältig:[19] Die **Hieroglyphenschrift**[20], die in diesem Lehrgang erlernt wird, ist diejenige Schriftform, die in Stein gemeisselt wurde. Sie entspricht unserer Lapidar- oder Druckschrift. Sie wurde zu allen Zeiten für das Alt-, Mittel- und Neuägyptische verwendet.

Parallel zu den Hieroglyphen entwickelte sich seit frühester Zeit eine Kursivschrift, unserer Handschrift entsprechend, die mit Tinte auf Papyrus, auf Keramik- oder Steinscherben (Ostraka), auf Holz, Leder oder Stoff verwendet wurde: das **Hieratische**[21] (Abb. 8). Die einzelnen Bildzeichen sind dabei abstrahiert und nur noch bedingt als solche erkennbar. Innerhalb des Hieratischen lassen sich verschiedene Duktus unterscheiden, je nach Zeit oder Zweck der Niederschrift (Hieratisch des Alten Reiches, Mittelhieratisch, Hieratisch des Neuen Reiches, Kanzleischrift). Eine Sonderstellung zwischen der Hieroglyphenschrift und dem Hieratischen nimmt die sog. **Totenbuchkursive** ein, die nach Erlernung der Hieroglyphenschrift relativ leicht zu lesen ist (Abb. 7).

Durch eine sehr verstärkte Kursivierung und Abstrahierung des Hieratischen entstand das **Demotische**[22] (Abb. 9). Kaum ein Zeichen hat seinen ursprünglichen Bildcharakter bewahrt, zahlreiche Abkürzungen und Ligaturen erschweren die Lektüre. Allerdings wurde die Anzahl der Zeichen stark reduziert.

Erst das **Koptische**[23] (Abb. 10) verwendet das alphabetische Schriftsystem, indem es die ägyptische Schrift verlässt und das griechische Alphabet (in Form der Unzialen [Grossbuchstaben]) übernimmt, jedoch für (je nach Dialekt) sechs oder

18 Von griechisch αἰγύπτιος, «ägyptisch» > arabisch *qibṭī / qubṭī* > lateinisch *coptus*.

19 Vgl. auch Adelheid Schlott, Schrift und Schreiber im Alten Ägypten, München 1989; Hannig, Handwörterbuch, XXVII–XXX (F. Kammerzell).

20 Von griechisch ἱερογλυφικὰ γράμματα, «heilige eingemeisselte Schrift».

21 Von griechisch ἱερατικὰ γράμματα, «Priesterschrift».

22 Von griechisch δημοτικὰ γράμματα, «Volksschrift».

23 Vgl. Anm. 18.

sieben Laute, die das Griechische nicht kennt, Zeichen aus dem Demotischen gebraucht. Erst im Koptischen werden Vokale notiert.

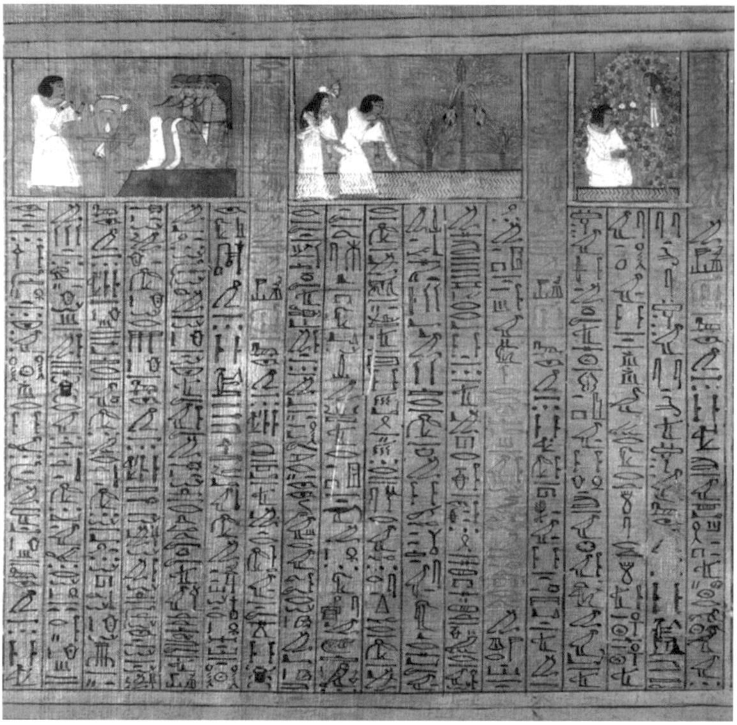

Abb. 7: Totenbuch mit den Sprüchen 27 (Forts.), 58, 59 und 44 (Anfang) aus der 19. Dynastie: P. BM 10470 (Papyrus Ani), Blatt 16, linke Hälfte. Mit freundlicher Genehmigung von The Trustees of the British Museum.

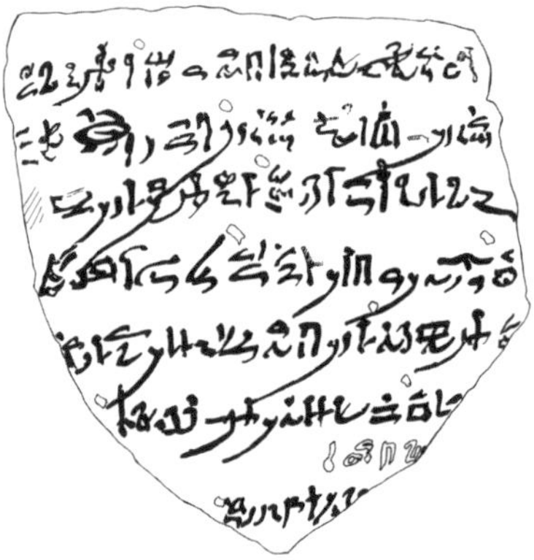

Abb. 8: Hieratisches Keramik-Ostrakon aus ramessidischer Zeit mit einem Ausschnitt aus der Lehre des Duacheti: O. Glasgow D.1925.77 = O. Colin Campbell 12, aus: A. G. McDowell, Hieratic Ostraca in the Hunterian Museum Glasgow (The Colin Campbell Ostraca), Oxford 1993, 17; Taf. 16. Mit freundlicher Genehmigung der Autorin / Griffith Institute / Hunterian Museum.

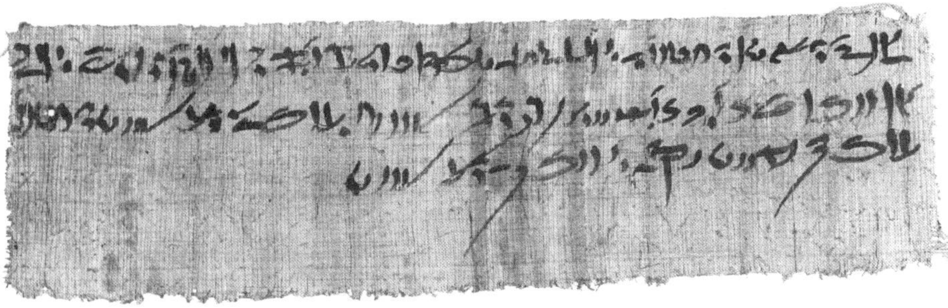

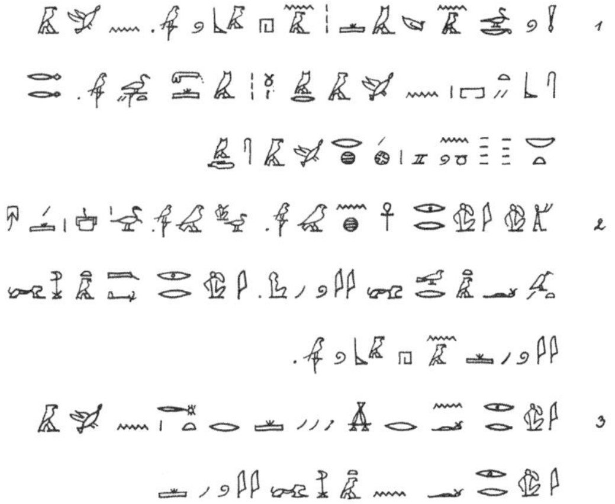

Abb. 9: Demotischer Papyrus aus Hermopolis (P. Vindob. 12026), aus: Günther Vittmann, Zwei demotische Briefe an den Gott Thot, in: Enchoria 22, 1995, 180; Taf. 50. Mit freundlicher Genehmigung des Autors / Papyrussammlung der Österreichischen Nationalbibliothek.

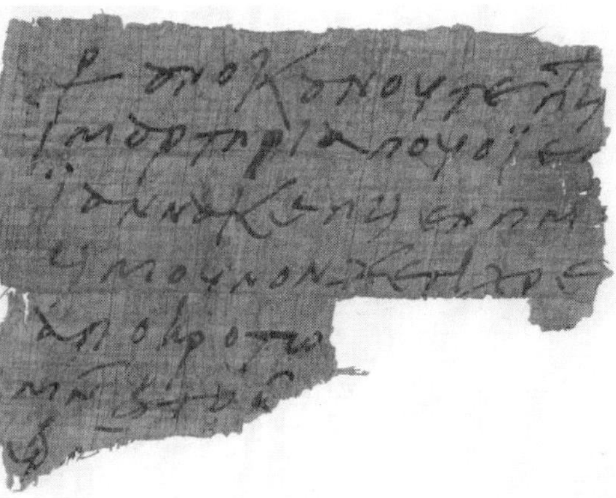

Abb. 10: Koptische Urkunde (Anerkennung einer Geldschuld) auf Papyrus, 7. Jh. n. Chr. (P. Vindob. K 4932 recto). Mit freundlicher Genehmigung der Papyrussammlung der Österreichischen Nationalbibliothek.

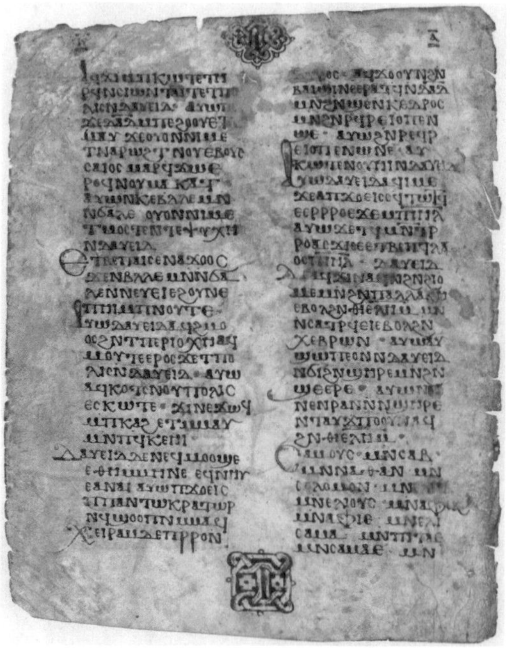

Abb.11: Koptische Bibelübersetzung (2Kön 4,12–5,16), Pergament-Kodex aus dem 11. Jh. n.Chr. (P. Vindob. K 9391 verso). Mit freundlicher Genehmigung der Papyrussammlung der Österreichischen Nationalbibliothek.

3.2.4 Wird mit **Tinte** auf Papyrus, Ostraka, Holz, Leder oder Stoff geschrieben, so wird schwarze Tinte verwendet, nur für die Markierung des Anfangs eines Abschnitts oder sonstige Hervorhebungen wird rote Tinte verwendet. Diese Textstücke werden Rubra genannt (vgl. deutsch «Rubrik»). Daher weist eine Schreibpalette für beide Farben je eine Vertiefung auf. Das Schriftzeichen 𓏞 zeigt das Gerät des Schreibers: die Palette mit zwei Vertiefungen, Wassernapf und Binse.

Abb. 12: Paletten eines Schreibers und eines Illustrators aus der 18. Dynastie: BM EA 1278, EA 5512. Mit freundlicher Genehmigung von The Trustees of the British Museum.

Die in Stein gemeisselten Schriftzeichen wurden normalerweise bemalt. Die Hieroglyphenschrift ist die einzige Schrift, bei der die **Farbgebung** distinktiv ist. Zwar gibt es auch ein- oder zweifarbige Texte, doch üblicherweise existiert ein Farbkanon, der mit relativ wenigen Varianten eingehalten wird. Dabei sind bestimmte Hieroglyphen (je nachdem, was sie darstellen) in sich polychrom gemalt.

Die Farbigkeit der Hieroglyphenschrift trägt nicht nur zu deren ästhetischem Reiz bei, sie kann auch im Falle von Zerstörungen eine Rekonstruktionshilfe sein. Bei den Hieroglyphen erscheinen v.a. die Grundfarben Rot, Gelb, Grün, Blau, Schwarz, wozu auf getöntem Hintergrund noch Weiss tritt. Einer Anzahl von Hieroglyphen hat der Ägypter die natürliche Färbung der dargestellten Objekte verliehen; bei vielen Schriftzeichen beruht die Farbe jedoch auf einer Konvention.[24]

3.2.5 Nach altägyptischer Auffassung ist die Schrift eine Gabe der Götter, insbesondere des Gottes Thot. Das zeigt zwar den hohen Respekt der Ägypter vor dieser Kunst – von der diejenigen, die des Schreibens kundig waren, reichlich Gebrauch machten – hilft aber nicht, die beiden Hauptfragen zur **Entstehung der Schrift** zu beantworten: War die Schrift zuerst in Sumer/Elam oder in Ägypten vorhanden, sind die beiden Schriftsysteme unabhängig voneinander entstanden oder nicht? Und: Hat sich die Hieroglyphenschrift nach und nach entwickelt oder ist sie eine Erfindung?

Ob in Ägypten oder in Sumer/Elam zuerst Schrift verwendet wurde, kann bis heute nicht beantwortet werden. Die Ausgestaltung des hieroglyphischen Systems muss aber als genuin ägyptisch angesehen werden. Zum zweiten Problem wurde im Anschluss an die ältere Vorstellung von einer Entwicklung der Schrift «vom Bild zum Buchstaben»[25] längere Zeit behauptet, dass es sich um eine Erfindung gehandelt habe, da keine Vorstufen der ägyptischen Schrift greifbar seien und dass in der Zeit kurz vor 3000 v.Chr. das Schriftsystem vorhanden sei und sich nachher zwar noch bezüglich des Zeicheninventars und der Orthographie gewandelt habe, jedoch prin-

24 Vgl. Elisabeth Staehelin, Zu den Farben der Hieroglyphen, in: GM 14, 1974, 49–53; Elisabeth Staehelin, in: Erik Hornung, Zwei ramessidische Königsgräber: Ramses IV. und Ramses VII. (Theben, Bd. 11), Mainz 1990, S. 101–119.

25 Kurt Sethe, Vom Bilde zum Buchstaben. Die Entstehung der Schrift, mit einem Beitrag von Siegfried Schott, Leipzig 1939.

zipiell nicht mehr verändert worden sei.[26] Allerdings deuten neuere Funde[27] und Untersuchungen darauf hin, dass die Entstehung der Schrift älter ist (Ende der Naqada II-Zeit, ca. 3400–3250 v.Chr.), als bisher angenommen wurde, und dass sich das Schriftsystem sehr wohl in Stufen entwickelt hat.[28]

Übung 3A

Die Aneignung einer letzten Portion von Schriftzeichen wird Ihnen ein gutes Gefühl für den Start in die Grammatik geben:

A: 4, 6, 15, 22, 26, 35, 43, 44, 45, 46
B: 3
D: 33, 34, 35, 41, 42, 45, 52
E: 3, 6, 8, 13, 15, 17, 18
F: 4, 5, 16, 23, 27, 34, 39, 40, 51
G: 5, 6, 7, 16, 21, 23, 24, 30, 40, 41, 48, 49
H: 8
I: 3, 7, 8, 14
K: 2
L: 3
M: 1, 5, 6, 20, 21, 22, 24, 26
N: 8, 9, 18, 19, 20, 24, 37, 40
O: 9, 10, 22, 25, 28, 39
P: 1, 2, 3
Q: 7
R: 10, 14, 15
S: 20, 22, 33, 35, 36, 40

26 W. V. Davies, Egyptian Hieroglyphs, in: J. T. Hooker (Hg.), Reading the Past, London 1990, 111f.; Henry George Fischer, The Origin of the Hieroglyphs, in: Wayne M. Senner (Hg.), The Origins of Writing, Lincoln/London 1989, 59–76.

27 Z.B. Günter Dreyer, Umm el-Qaab I. Das prädynastische Königsgrab U-j und seine frühen Schriftzeugnisse (AVDAIK 86), Mainz 1998 (181f. zur Frage der Schriftentwicklung).

28 Zu den angesprochenen Fragen vgl. Jochem Kahl, Das System der ägyptischen Hieroglyphenschrift in der 0.–3. Dynastie (GOF IV/29), Wiesbaden 1994, 143–163.

T: 2, 3, 14, 25, 30, 34
U: 13, 14, 23, 25, 30, 39
V: 9, 12, 15, 16, 19
W: 10, 15, 20, 23
X: 4, 5
Y: 3
Z: 5, 6, 9
Aa: 5, 7, 20, 28, 30, 32

Übung 3B

Lesen und transkribieren Sie die folgenden Wörter:

1.  2.  3. 
4.  5.  6. 
7.  8.  9. 
10.  11.  12. 
13.  14.  15. 
16.  17.  18. 

Ordnen Sie die deutschen Bedeutungen (in anderer Reihenfolge) zu:
Flamme / gehen / Halle / kämpfen / Elle / Schakal / Kater / Oberägypten / siegeln / Unwissender / Herz / Statue / Heiligkeit / wütend sein / herabhängen / Ausspruch / bekleiden / Tag.

3.3 Anhang zu Kapitel 3: Hieroglyphen leicht gemacht

A 04 

A 43 

A 45 

B 03 

D 33 

D 34 

D 35

D 41 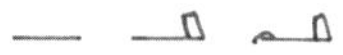

D 45 

E 03 

E 06 

E 08 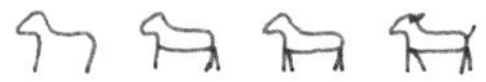

E 13 

E 15 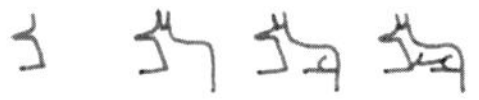

E 17 

F 04 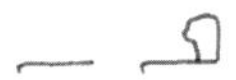

F 05 

F 23 

F 34 

F 40 

G 05 

G 07 

G 21 

G 24 

G 30 

G 40 

G 41 

I 03 

I 07 

I 08 

I 14 

K 02 

L 03 

N 40 

O 22 

P 01 

Q 07 

R 14 

R 15 

S 20 

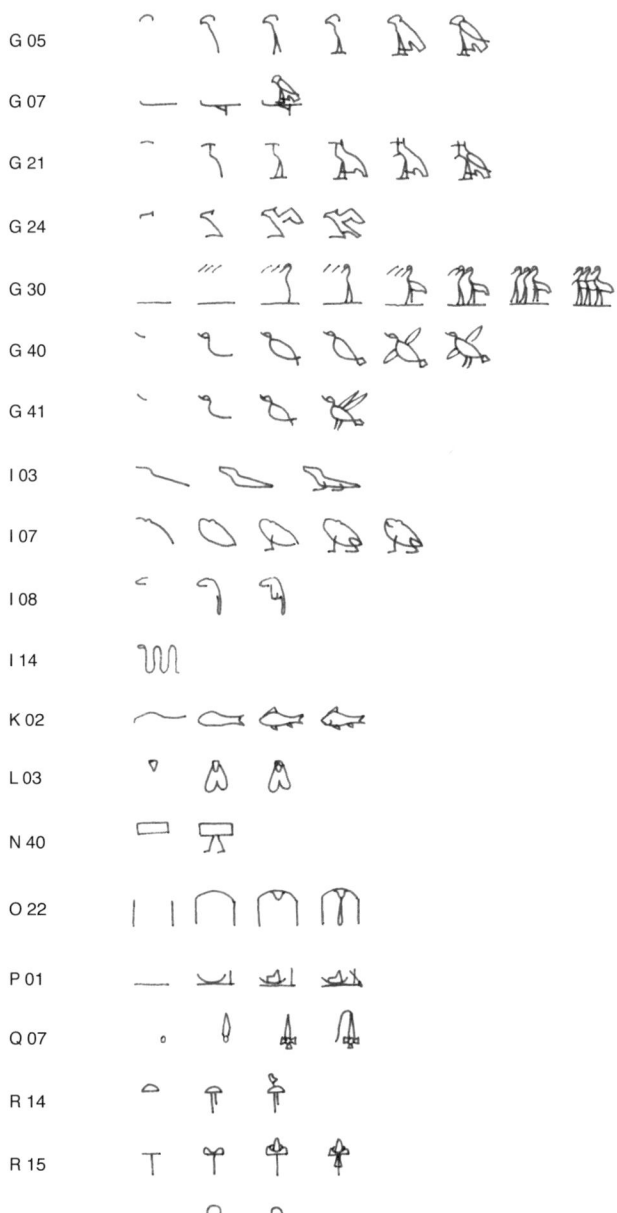

S 22
S 33
S 40
T 03
T 14
T 30
U 13
U 23
U 25
U 30
U 39
V 09
W 20
W 23
Y 03
Z 05
Z 09
Aa 05
Aa 28
Aa 32

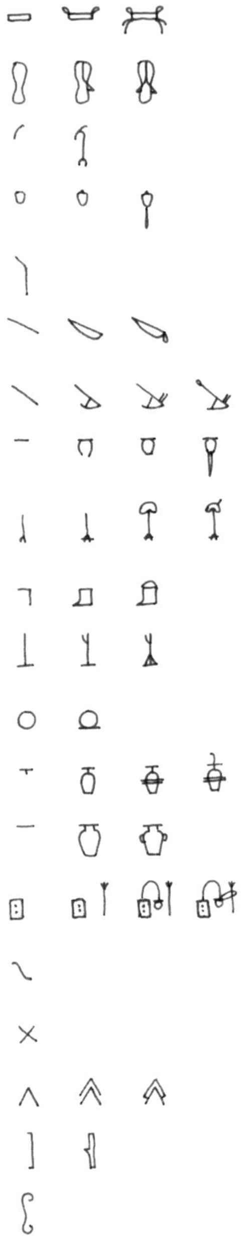

4. Die wichtigen Kleinen: Partikeln und Präpositionen

4.1 Partikeln

Partikeln gehören zu den nichtflektierbaren Wortarten. Sie modifizieren eine Äusserung semantisch oder kommunikativ.[29] Im Ägyptischen lassen sich, syntaktisch gesehen, **enklitische**[30] (Kap. 4.1.3) und **nichtenklitische/proklitische**[31] (Kap. 4.1.1f.) **Partikeln** unterscheiden.

4.1.1 Die ersten sechs proklitischen Partikeln drücken die (innere) Haltung des Sprechers zum Wahrheitsgehalt der Aussage aus (**modale Partikeln**). Die Aussage wird mit

	*jw*	bejaht:	Ø,
	n(j)	verneint:	[Negation],
	*nn*	verneint:	[Negation],

29 Die Abgrenzung der einzelnen Wortarten bietet (in allen Sprachen) mehr oder weniger grosse Probleme. Deswegen herrscht in der Lingusitik oft keine einheitliche Terminologie. (So werden die Negationen *n(j)* und *nn* bei Malaise/Winand, Grammaire, 174, § 302–304, unter den Adverbien aufgeführt.) Die Beschreibung einer Wortart nach morphologischen, syntaktischen, semantischen und pragmatischen Kriterien führt einerseits zu unterschiedlichen Klassifizierungen und kann andererseits für ein Lexem zu verschiedenen Zuweisungen führen. Besonders illustrativ dafür ist die (insbesondere in der gesprochenen Sprache) partikelfreudige deutsche Sprache. So werden in der deutschen Grammatik Partikeln zuweilen als Sammelbegriff für sämtliche unflektierbare Wörter verwendet oder aber nur als Bezeichnung der sog. Abtönungspartikeln. Zur Veranschaulichung des Bedeutungsspektrums einzelner Lexeme seien aus Gerhard Helbig/Joachim Buscha, Deutsche Grammatik. Ein Handbuch für den Ausländerunterricht, Berlin etc. 2001, 425f., folgende Beispiele zitiert: *Er ist eben* (Abtönungspartikel) *krank, Eben* (Temporaladverb) *ist der Zug angekommen, Sie ist eben* (a = *bereits* [temporales Adverb], b = *wohl/gewiss* [Abtönungspartikel]) *abgereist, Kommt er heute etwa* (Abtönungspartikel)*?, Er hat etwa* (Gradpartikel) *eine Stunde gearbeitet, Kommt er etwa* (a = *ungefähr* [Gradpartikel], b = *vielleicht/gar* [Abtönungspartikel]) *um 12 Uhr?*

30 «Sich anlehnend», d.h. eines vorhergehenden Wortes bedürfend, nicht in Erstposition stehend.

31 «Nach vorne neigend», d.h. in Erstposition stehend.

 32	*jn*	in Frage gestellt:	«…?»,
	*ḥ3*	gewünscht:	«Wenn doch …!»,
 / 	*jḫ*	gewünscht:	«Möchte …!»,
	*smwn*	bezweifelt:	«Vielleicht …».

Mit der Partikel *jw* wird eine in der deutschen Übersetzung nicht wiederzugebende Bejahung («Es ist so: … / es ist der Fall: …») vor die Aussage gesetzt, sozusagen ein Pluszeichen, während die Verneinung als Minuszeichen vor der Aussage charakterisiert werden kann. Von daher erklärt sich, dass *jw* grundsätzlich verzichtbar ist. Zu *jw* vgl. ferner Kap. 9.1.2, 9.2 und 11.2.4, zu Fragesätzen allgemein Kap. 6.6 und zu den Negationen Kap. 22.

4.1.2 Die folgenden vier proklitischen Partikeln drücken die (innere) Haltung des Sprechers in Bezug auf den Adressaten aus (**illokutive/kommunikative Partikeln**). Die folgende Aussage oder Nominalphrase wird durch

	***m=k***[33]	in den Vordergrund gerückt:	«siehe! …»,
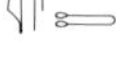 /  34	***jsṯ***	als Hintergrundinformation markiert:	«übrigens: …/wobei: …»,
	***jn***[35]	fokussiert (nominales Subjekt):	«es ist …, der …»,
	***jr***	topikalisiert:	«was … betrifft».

Die angegebene Übersetzung von *jsṯ* ist nur eine Annäherung; oft ist «(Nun) aber» mit folgendem Plusquamperfekt angezeigt. Zu Fokussierung und Topikalisierung vgl. Kap. 11.3.3f.

32 Seltener auch defektiv *(j)n* geschrieben; dann gleich aussehend wie die Präposition *n* (Kap. 4.2.1) und das Genetivadjektiv im Sg. m. (Kap. 5.6.3)!

33 Das Wort enthält das suffigierte Pronomen (vgl. Kap. 6.1.1) der 2. Pers. Sg. m.; ist ein Sg. f. adressiert, so lautet das Wort  *m=ṯ*, ist ein Pl. c. adressiert, so lautet es  *m=ṯn*.

34 Zuweilen auch  oder  *(j)sṯ* geschrieben, daneben auch  *jsk* oder  *(j)sk*.

35 Bei der Übersetzung ist zwischen Hervorhebung und Frage (Kap. 4.1.1) zu entscheiden. Die beiden *jn* dürften identisch sein, da die Frage a priori fokussierend ist. Vgl. Loprieno, Der ägyptische Satz. Vgl. auch Kap. 13.4 (nichtenklitisches *jn* zur Angabe des Agens beim Passiv) und 18.3.1 (proklitisches *jn* im sog. Spaltsatz).

4.1.3 Von den **enklitischen Partikeln**, die meist an der zweiten (oder dritten, v.a.
bei Vorhandensein einer proklitischen Partikel) Stelle im Satz stehen, seien ein paar
wenige Beispiele vermerkt. Die Bedeutung ist nicht immer ganz klar, die Übersetzung generell schwierig (zuweilen am besten durch Ø).

𓄿	*ꜣ*	«doch/wahrlich/ach»
𓐍𓏏	*js*	«doch/auch»
𓇋𓂋𓆑 / 𓂋𓆑	*jrf / rf*[36]	«doch»
𓋴𓅱𓏏	*swt*	«aber/doch/folglich» (selten nichtenklitisch verwendet)
𓏏𓂋	*tr*	«fürwahr/wirklich»
𓎼𓂋 / 𓎼𓂋𓏏	*gr / grt*	«aber/ferner/auch»

Partikeln können auch kombiniert vorkommen: z.B. *ḥwj ꜣ* oder *ḥwj ꜣ tr*.

4.1.4 Neben echten Partikeln werden auch Adjektive als solche gebraucht, die dann
unveränderlich und nicht in ihrer eigentlichen Bedeutung gebraucht sind, so die Stei-
gerungspartikeln 𓅨𓂝 *wrt* und 𓅨 *wr*, «sehr» (von 𓅨 *wr*, «gross») oder 𓂝𓄿𓏤𓅨
ꜥꜣw, «sehr» (von 𓂝𓄿𓏤, «gross»). Beispiel: 𓇋𓅱𓄣𓏺𓇛𓅨 *jw jb(=j) nḏm wr [...]*, «Mein
Herz ist sehr froh, [wenn ...]».[37]

4.2   Präpositionen

4.2.1 **Einkonsonantige Präpositionen** (aus einem einzigen starken Konsonanten
bestehend) stellen die kleinste Gruppe der Präpositionen dar. Sie sind etymologisch
ungeklärt. Semantisch gesehen haben sie allgemeinste Bedeutung (semantisch unspe-
zialisiert). Sie haben aber die Fähigkeit, in 1. Position (und/oder in 3. Position) oder
in 2. Position mit anderen, semantisch spezialisierten Präpositionen (Kap. 4.2.2) oder
mit nichtpräpositional verwendeten Nomina zusammen semantisch stark speziali-

---

36 Eigentlich die Präposition *(j)r* und das Suffixpronomen der 3. Person Sg. m. *=f* (siehe Kap. 6.1.1). Vgl.
auch Kap. 15.2.3.

37 Urk. IV, 213, 1.

sierte Präpositionen zu bilden (siehe Kap. 4.2.3), sowie teilweise Fähigkeit zur Nisbenbildung[38] (*jmj*, «befindlich in», *nj*, «zugehörig zu/der von», *jrj*, «zugehörig zu»).

 / 	*m*	«in / mit / durch» usw. [39]
	n	«für / infolge / wegen» usw.
	r	«zu / nach / gegen» usw. [40]

4.2.2 **Mehrkonsonantige Präpositionen** sind denominal (von Konkreta oder Abstrakta abgeleitet). Sie sind semantisch spezialisiert und haben die Fähigkeit, in 1. Position oder in 2. Position mit anderen Präpositionen derselben Kategorie und mit nichtpräpositional verwendeten Nomina zusammen semantisch stark spezialisierte Präpositionen zu bilden (siehe Kap. 4.2.3), sowie die Fähigkeit zur Nisbenbildung. Im Folgenden sind in der Spalte ganz rechts die spezielleren Bedeutungen gegeben.

 [41]	*mj*	«wie / entsprechend»	
	*ḫꜣ*	«hinter»[42]	«um ... herum»[43]
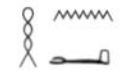	*ḥnꜥ*	«mit / zusammen mit»[44]	«und (auch) / gleichzeitig mit»[45]
 / 	*ḥr*	«auf / über»[46]	«von ... her / zur Zeit von / plus / mit / und / wegen / für / betreffend / auf (distributiv)»[47]

38 Die aus der arabischen Grammatik stammende Bezeichnung «Nisbe» ist das durch die Endung *-j* gebildete Zugehörigkeitsadjektiv, das im Ägyptischen von Substantiven (*jmntj*, «westlich», zu *jmn.t*, «Westen») und Präpositionen (siehe oben) gebildet werden kann. Vgl. Kap. 5.8.6.

39 Vor Suffixpronomen (siehe Kap. 6.1.1)  *jm=* geschrieben.

40 Vor Suffixpronomen (siehe Kap. 6.1.1) selten *jr=* geschrieben.

41 Altägyptisch: *mr.*

42 Vom Nomen mit der Bedeutung «Hinterkopf/Rückseite» abgeleitet.

43 Vgl. die zusammengesetzten Präpositionen *ḫꜣ-ḫꜣ*, «um ... herum/rings um» (Hannig, Handwörterbuch, 502a); 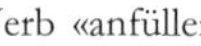 *m-ḫꜣ*, «an der Hinterseite von/hinter»,  *r-ḫꜣ*, «hinter».

44 Das Verb «anfüllen» und das Substantiv «Ansammlung» (beide gleichlautend wie die Präposition) sind wohl eher von der Präposition abgeleitet als umgekehrt.

45 Vgl. die zusammengesetzte Präposition 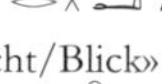 *r-ḥnꜥ*, «zusammen mit/bei».

46 Vom Nomen mit der Bedeutung «Gesicht/Blick» abgeleitet.

47 Vgl. die zusammengesetzten Präpositionen  *ḥr-sꜣ*, «nach»;  *ḥr-gs*, «auf der Seite von»;  *ḥr-tp*, «auf/oben auf/wegen/für einen Zeitraum von»;  *ḥr-ḏꜣḏꜣ-n*, «auf»;  *ḥr-ḫw*, «ausser»;  / 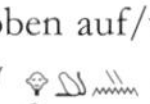 *ḥr-pḥ.wj(-n)*, «hinter»;  *ḥr-r(m)n.wj*, «neben»;  /  *ḥr-ḥꜣ.t(-n)*, «vor»;  *wpw-ḥr*, «ausser/sondern»;  *m-ḫꜣw-ḥr*, «hinzu zu/mehr als/ausser»; 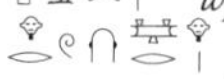 /  *ḫrw-ḥr*, «ausser».

/	*ḫft*	«gegenüber / vor»[48]	«in Gegenwart von / gemäss / gleichzeitig / dividieren (*njs*) durch»[49]
	ḫnt	«vorn an / vor»[50]	«an der Spitze von / im Vorzug vor / aus heraus / heraus aus (Anzahl)»[51]
	ḫr	«bei / zu»	«von / auctoris bei Infinitiv oder Passiv / unter / in der Zeit von»[52]
	ḫt	«durch»	«quer / überall / aus»[53]
	ẖr	«unter»	«beladen mit»
	tp	«auf / an der Spitze von»[54]	«bei / zu jeder Zeit von»[55]
	ḏr[56]	«seit»[57]	«in / an (Ort)»

4.2.3 **Zusammengesetzte Präpositionen** bilden eine Kategorie, die prinzipiell beliebig erweiterbar ist. Zusammengesetzte Präpositionen sind semantisch stark spezialisiert. Ein paar wenige Beispiele: *m-ḫt*, «hinter/nach», *wpw-ḥr*, «ausser», *m-ṯnt-r*, «im Unterschied von».

48 Das Substantiv *ḫftj*, «Gegner/Feind», eine Nisbenbildung (siehe Kap. 5.8.6), ist von der Präposition abgeleitet.

49 Vgl. die zusammengesetzten Präpositionen *n-ḫft*, «gemäss/zugleich mit»; *r-ḫft*, «gegen»; *m-ḫft*, «hin vor»; *ḫft-n*, «angesichts von»; *ḫft-ḥr*, «vor/angesichts von/in Gegenwart von/an der Vorderseite von».

50 Vom Nomen mit der Bedeutung «Stirn/Gesicht» abgeleitet.

51 Vgl. die zusammengesetzten Präpositionen *m-ḫnt*, «vorn vor/an der Spitze von/unter einer Anzahl von/in Gegenwart von/innen in/aus heraus», *ḥr-ḫnt*, «in».

52 Vgl. *jḫ-ḫr=k*, «was hast du zu sagen?» (vgl. hebräisch *ma-llᵉ kā*). Zu *jḫ* siehe Kap. 6.6.2.

53 Vgl. die zusammengesetzten Präpositionen *m-ḫt*, «hinter/hinter her/in/überall in/infolge/nach/trotz/im Besitz von»; *n-ḫt*, «nach»; *r-ḫt-n*, «unter der Aufsicht»; *ḥr-ḫt*, «nach/hinter».

54 Vom Nomen mit der Bedeutung «Kopf/Haupt» abgeleitet.

55 Vgl. die zusammengesetzten Präpositionen *m-tp*, «oben auf/oben an/an der Spitze von/vor»; *r-tp*, «auf/vor (hintreten)»; *ḥr-tp*, «oben auf/auf/über/selbständig (*jrj.n=j ḥr-tp=j*, «ich habe selbständig gehandelt»)»; *ẖr-tp*, «zu Häupten/beim Kopfe»; *tp-m*,«nach hin/(direkt) hin zu/persönlich an/bis»; / *tp-ʿ(.wj)*, «vor her/vor»; / *r-tp-ʿ(-n)*, «vor (den König gerufen werden)».

56 Als Präposition nie mit Suffixpronomen.

57 Vom Nomen mit der Bedeutung «Ende/Ziel/Grenze/Bereich» abgeleitet.

4.2.4 Zu diesen Hauptkategorien[58] ist zu bemerken, dass die Kategorien der einkonsonantigen und der mehrkonsonantigen Präpositionen zusammen den Kernbestand der ägyptischen Präpositionen bilden, der ein geschlossenes System bildet. Diese Präpositionen sind als Ganzes sehr viel stärker strukturiert als ein beliebiges Wortfeld bei den offenen Klassen der Nomina und Verben.

Die mehrkonsonantigen Präpositionen sind – wie in den meisten Sprachen – beinahe sämtlich spatio-temporaler Art. Fast alle einfachen und die meisten zusammengesetzten Präpositionen haben ihre Hauptfunktion in der Bezeichnung lokaler und damit leicht parallelisierbarer temporaler Verhältnisse. Dies wird deutlich an den etymologisierbaren Präpositionen, denen – im Falle der Konkreta – immer ein Teil des menschlichen Körpers zugrunde liegt, also die Orientierung im Raum.

Die mehrkonsonantigen Präpositionen sind, wie den entsprechenden Anmerkungen zu entnehmen ist, durch Zusammensetzungen beliebig erweiterbar, sei es mit einkonsonantigen Präpositionen (z.B. *m-tp* oder auch *tp-m*), sei es mit solchen derselben Kategorie der mehrkonsonantigen Präpositionen (z.B. *ḥr-tp*). Die Erweiterungsmöglichkeit ist in noch stärkerem Masse für die einkonsonantigen Präpositionen vorhanden. Eine Liste dieser Präpositionen (nach Aufnahme in Hannig, Handwörterbuch, und soweit sie dort als Präpositionen bezeichnet sind) würde Seiten füllen. Die Bildungen mit *r* + Nomen sind am häufigsten, dann folgt *m* mit annähernd so vielen Bildungen, dann weit weniger mit *n*. Bei der Kategorie der zusammengesetzten Präpositionen ist naturgemäss der nominale Charakter der betreffenden Präpositionen wieder stärker zu spüren. Dies ist insbesondere dann der Fall, wenn auf eine Präposition, bestehend aus einer einkonsonantigen Präposition + Nomen (eventuell = mehrkonsonantige Präposition), nochmals eine Präposition folgt, nämlich *r* oder *m*, z.B. *r-ẖnw(-r)*, «hinein in», oder *r-mn(-m)*, «bis/soweit bis». Auch *n* kommt in dieser 3. Position vor, doch handelt es sich dabei um das Genetivadjektiv *n(j)* (f. *n.t*, vgl. Kap. 5.6.3): z.B. *r-ḫt-n* «unter der Aufsicht von», *n-ʿꜣt(-nt)* «inso-

58 Als vierte, aber seltene Kategorie könnten als Präpositionen verwendete Ableitungen von Nisben von einkonsonantigen Präpositionen gezählt werden. Z.B.  / 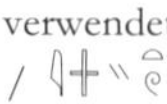 /  *jmjtw / jmjwtj*, «zwischen». – Im folgenden Grundsätzliches nach Ernst Jenni, Die Präposition Beth (Die hebräischen Präpositionen Bd.1), Stuttgart etc. 1992.

weit/weil so sehr». In 3. Position kommt *r* häufiger vor als *m* (nur eine Bildung, siehe oben).[59]

4.2.5 Auf den ersten Blick erscheinen die nichtzusammengesetzten (ein- und mehrkonsonantigen) Präpositionen unsystematisch. Ein klares System von Oppositionspaaren ist nur teilweise auszumachen, so beispielsweise «auf» und «unter» für die Vertikalität, «vor» und «hinter» für die Sehachse. Bereits im Falle der Querachse ist zwar eine einfache Präposition für «bei/neben» vorhanden, nicht jedoch für «zwischen»,[60] und im Falle der Assoziation gibt es eine für «mit», nicht aber für «ohne».[61] Bei der Direktionalität ist wohl eine einfache Präposition für «zu/nach/bis» auszumachen, aber welches ist eigentlich die Präposition, die in erster Linie «von/aus» bedeutet? Und was ist von einer Präposition wie *m* zu halten, die in der deutschen Übersetzungssprache sowohl mit «in ... hinein» als auch mit «aus ... heraus» wiederzugeben ist? Die zusammengesetzten Präpositionen sind zwar in ihrer Bedeutung meist präziser, doch ist hier die Wortart so beliebig erweiterbar, dass die Übersicht nicht mehr gewährleistet ist.

Es ist darauf hinzuweisen, dass bei der Übersetzung immer von der Grundbedeutung einer Präposition auszugehen ist und dass immer auch das zu berücksichtigen ist, was rechts *und* links von der Präposition steht. Denn eine Präposition ist ein Bezugswort, das eine Relation zwischen zwei Grössen ausdrückt. Bei den semantisch am wenigsten spezifischen Präpositionen *n* und *r* kann man sich in schwierigeren Fällen an die jeweils zutreffende korrekte Bedeutung mit der provisorischen Übersetzung «in Bezug auf» oder «hinsichtlich» herantasten: In dem Beispiel *wpj p.t r tꜣ*, bezogen auf die Schöpfungshandlung eines Gottes, ist mit der Grundbedeutung von *r*, «zu», nichts anzufangen; «den Himmel hinsichtlich der Erde trennen» führt dagegen zum Gemeinten, nämlich «den Himmel von der Erde trennen» (besser natürlich: «Himmel und Erde scheiden»).

59 Dies entspricht hebräischem *lᵉ* in seiner Funktion als «*lᵉ* explétif» in *mittaḥat lᵉ*» sowie als «eine Art Pro-Präposition, als Ersatz für eine eingesparte Präposition, wie z.B. bei der Doppelpräposition *bēn* ... *lᵉ* ... anstelle der üblichen Doppelung *bēn* ... *ūbēn* ..., ‹zwischen ... und (zwischen) ...›»; vgl. äg. *r-jwd* ... *r* ..., neben *r-jwd* ... *r-jwd* ..., «zwischen ... und (zwischen) ...». Zitat Jenni (wie vorhergehende Anm.), 20.

60 Dafür aus der Kategorie der zusammengesetzten Präpositionen: *r-jwd* ... *r* ..., siehe vorangehende Anm.

61 Dafür aus der Kategorie der zusammengesetzten Präpositionen: *m-rw.t*, «ausserhalb von»; *m-ḫm*, «ohne Wissen von»; *m-ḫmt*, «ohne/in Abwesenheit von».

Weiter ist zu beachten, dass das Ägyptische beispielsweise nicht zwischen «in» und «in … hinein», also nicht zwischen den Fragen wo? und wohin? unterscheidet. Zur Verdeutlichung betrachten wir zwei Beispiele mit dem Verb *jrj*, «machen/tun», und der Präposition *m*.

«Ein anderes Heilmittel für das Beseitigen von Schwellung an irgendeiner Körperstelle des Mannes: frische Datteln 1, Kerne von Datteln 1, trockenes Harz 1, Wachs 1; werde zu einer Masse gemacht (*jr(j).w m (j)ḫ.t wʿ.t*), werde damit verbunden an vier Tagen.»[62] Hier werden Bestandteile zu einem Produkt gemischt: Die Bestandteile werden *in* eine Sache (hinein) gemacht.

«Gross ist das, was ich getan habe aus Gold (*wr jr(j).t.n(=j) m nbw*) und allerlei Edelsteinen, ohne Ende.»[63] Hier wird ein Produkt («Grosses») aus einem Rohstoff gefertigt: Das Produkt wird *in* einem, d.h. *mit* einem Material hergestellt.

4.2.6 Wichtig anzumerken ist bereits hier die Tatsache, dass viele Präpositionen auch in der **Funktion von Konjunktionen** verwendet werden. So wird z.B. die Präposition *m*, «in/mit/durch» als Konjunktion in der Bedeutung «während» verwendet, die Präposition *r* in der ursprünglichen Form *jr* in der Bedeutung «wenn». Zu den Konjunktionen siehe Kap. 16.3.3 und 24.2.

Übung 4A

Machen Sie als Transkriptions- und Nachschlageübung zu jedem der unten aufgeführten Wörter Angaben nach dem gegebenen Muster.

a) Überlegen Sie sich die Funktion der einzelnen Zeichen.
Zu Nr. 1: *wḏꜣ / ḏꜣ – ꜣ – Determinativ.*

b) Suchen Sie das Wort im Wörterbuch und notieren Sie die Stelle: Hannig, Handwörterbuch 992 oder Hannig, Handwörterbuch, Marburger Edition, 1066 oder Wb V, 511–513.

c) Überprüfen Sie Ihre Lesung (a) und notieren Sie die Transkription: *ḏꜣj*.

d) Notieren Sie die angebene(n) (Haupt-)Bedeutung(en): «hinüberfahren».

62 Pap. Hearst 15, 15f.: Grundriss der Medizin, Bd. 5, 400f., H 235.

63 Urk. IV, 1673, 4.

Übung 4B

Was ist in den folgenden Ausdrücken die passende Übersetzung der Präpositionen?

1. 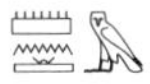 *mn* («bleiben») *m* + Ort

2.  *nš* («verdrängen») *m* + Ort

3.  *kꜣwtj* («Arbeiter») *m* + Ding = *jnr* («Stein»)

4.  *njs* («rufen») *r* + Person

5.  *ꜥḥꜣ* («kämpfen») *r* + Person

6.  *hꜣj* («herabsteigen») *m* + Ort *r* + Ort

7.  *ḏd* («sagen») *n* + Person

8.  *ꜥnḫ* («leben») *m* + Ding

9.  *ꜥnḫ* («leben») *m* + Ort

10.  *ꜥnḫ* («leben») *n* + Person

11. 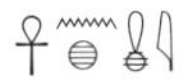 *ꜥnḫ* («leben») *mj* + Person = *Rꜥ* («Sonnengott»)

12.  *ḥtp* («zufrieden sein») *ḥr* + Person/Ding

13.  *mꜣꜣ* («sehen») *ḥꜣ* + Reflexivpronomen

14.  *ḥmsj* («sitzen») *ḫft* + Person

15.  *mrj* («geliebt sein») *ḫnt* + Personen

16.  *smn mꜣꜥ.t* («Gerechtigkeit festlegen») *ḫt* + Ort = *tꜣ.wj* («die beiden Länder»)

17.  *ꜥq* («eintreten») *ẖr* + Ding

18.  *tp* + Ort = *tꜣ* («Land/Erde»)

19.  *rḏj* («geben») dir. Obj. = Ding *r* + Ort = *tꜣ*

20.  *rḏj* («geben») dir. Obj. = Person *m* + Ort = *tꜣ*

Bemerkung: Von diesem Kapitel an ist selbständig eine Portion **Vokabeln** zu lernen, siehe Einleitung, S. 14.

5 Nomina

5.0 Unter Nomina werden **Substantive und Adjektive** verstanden.[64] Nomina sind hinsichtlich der Bedeutung (wie in jeder Sprache) in Appellativa (Gattungsnamen) und Eigennamen (Personennamen, Ortsnamen) zu unterteilen.

Nomina werden mittels Endungen nach Genus und Numerus unterschieden (Näheres siehe Kap. 5.2). In dem hier verwendeten Transkriptionssystem werden die Endungen durch Punkte abgetrennt.

Sg.	m. *-.Ø / -w*	f. *-.t*
Pl.	m. *-.w*	f. *-.wt*
Du.	m. *-.wj*	f. *-.tj*

Ein Neutrum gibt es im Ägyptischen nicht. Die feminine Form wird gerne da verwendet, wo in Sprachen, die drei Genera unterscheiden, das Neutrum steht: z.B. *nfr.t*, «Gutes». Der Dual kommt relativ selten vor.

Die Endungen werden in der alphabetischen Reihenfolge nicht berücksichtigt; vgl. z.B. die Stellung von  *ḫ.t*, «Feuer», und  *ḫt*, «Holz», in den Wörterbüchern!

5.1 Übersicht über die Bildungen

Nach ihren Merkmalen der Wortbildung können die Nomina folgendermassen unterteilt werden:[65]

64 Im Englischen wird dagegen oft «noun» entsprechend «Substantiv» verwendet. Siehe dazu Schenkel, in: Junge [Hg.], Studien zu Sprache und Religion, 161.

65 Nach Jürgen Osing, Die Nominalbildung des Ägyptischen, 2 Bde., Mainz 1976.

A) Nichtableitbare, wurzelhafte Nomina: *rd*, «Fuss»; *t*, «Brot».

B) Ableitungen (endungslos, mit Endungen oder mit Präfixen):

1. Deverbal:

– Nomina actionis: / *s*ꜣ, «Schutz», zu (altäg.) *s*ꜣ*w*, «bewachen»,

– Abstrakta: *qd*, «Beschaffenheit», zu / *qd*, »bauen/schaffen»,

– Nomina agentis: *mnꜥ.t*, «Amme», zu *mnꜥ*, «säugen»,

– Nomina instrumenti: *sḫm.t*, «Stössel, zu *sḫm*, «zerstossen»,

– Adjektive/aktive Partizipien: *w*ꜣ*ḏ*, «grün/frisch», zu *w*ꜣ*ḏ*, «grün/frisch sein»,

– Substantive passivischer Grundbedeutung/passive Partizipien: *tf*, «Speichel», zu *tf*, «ausspeien»,

– Nomina loci: *ḫd*, «Norden», zu *ḫdj*, «stromabwärts/nach Norden fahren».

2. Denominal:

– Kollektiva (siehe Kap. 5.2.2): *ḫtw.t*, «Gehölz/Holzsachen/Möbel», zu *ḫt*, «Holz/Baum»,

– Diminutiva und Intensiva mit Reduplikationsbildungen: *šmm.t*, «Gasse», zu *šm.t*, «Landweg/Strasse»; *jhhy*, «Jauchzen», zu *jhy*, «Freude/Jubel»,

– Nisbebildungen (auch von Präpositionen, siehe Kap. 5.8): *nṯrj*, «göttlich», zu *nṯr*, «Gott».

3. Denominale Erweiterungen:

– durch Präfixe (*m-*, *n-*, *ḥ-*): *mh(*ꜣ*)w.t*, «Sippe/Clan», zu *h*ꜣ*.w*, «Verwandte»,

– durch Affixe (*-f*, *-s*, *-tj*): *š*ꜣ*(w)tj*, «Wert/Leistung», zu älterem *š*ꜣ*w*, «Wert».

5.2 Formen und Schreibweisen

5.2.1 Die Numerus- und Genusendungen sowie deren Schreibweisen sind für Substantive und Adjektive grundsätzlich identisch (vgl. aber 5.4.3). Determinative stehen in der Regel nach Genus- und/oder Numerusendung.

Sg.	m.		*sn*	«Bruder»	-.Ø
	f.		*sn.t*	«Schwester»	-.*t*
Pl.	m.		*sn.w*	«Brüder»	-.*w*
	f.		*sn.wt*	«Schwestern»	-.*wt*
Du.	m.		*sn.wj*	«zwei Brüder»	-.*wj*
	f.		*sn.tj*	«zwei Schwestern»	-.*tj*

5.2.2 Eine Viel- oder Mehrzahl stellt der Ägypter durch die Dreizahl dar. («Sehr viel» durch die Neunzahl [viel mal viel], vgl. die Götterkollegien von sog. Neunheiten.) Die ursprüngliche Art (die auch nach dem Alten Reich noch zuweilen anzutreffen ist), einen Dual resp. Plural auszudrücken, besteht in der zwei- resp. dreimaligen Wiederholung des Ideogramms oder der Phonogramme. Für diese Schreibweisen sind die zwei resp. drei Striche (zuweilen drei Punkte) eine praktische Abkürzung. [66]

	*nṯr*, «Gott»	Pl.			*nṯr.w*
	*rn*, «Name»	Pl.			*rn.w*
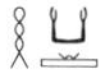	*ḥkꜣ*, «Zauberspruch»	Pl.			*ḥkꜣ.w*

Wie diese Beispiele zeigen, werden die Pluralendungen oft nicht ausgeschrieben, besonders beim Pl. f. Vgl.:[67]

	*ḥm.t*, «Frau»	Pl. 	für * 	*ḥm.wt*
	*nb.t*, «Herrin»	Du. 	für 	*nb.tj*

Pluralische Schreibweisen stehen oft auch bei Wörtern, die grammatisch im Singular stehen, aber etwas aus einer Vielzahl Bestehendes bezeichnen, z.B. Flüssigkeiten, Materialien, Abstrakta und ähnliches. Bei Maskulina, die auf *–w* (Sg.) enden, könnte die gleichlautende Endung der Grund für die pluralische Schreibweise sein. Beispiele:  *jrp*, «Wein»,  *nbw*, «Gold»,  *mw*, «Wasser».

Pluralstriche stehen meist auch bei **Kollektiva**. Ein Kollektivbegriff ist ein Sammelname, der als singularisches Substantiv eine Vielheit von konkreten Objekten als Klasse von Gegenständen zusammenfasst (vgl. deutsch «Herde», «Mannschaft»,

66 Archaische Beispiele nach Gardiner, EG, 58f., § 73.

67 Beispiele nach Gardiner, EG, 60, § 74.

französisch «volaille», englisch «flock», in der Bedeutung «Herde/Haufen/Gemeinde»). Beispiele: 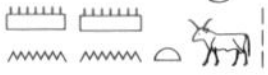 *mnmn.t*, «Herde»,  *ẖny.t*, «Matrosen»,  *mr.t*, «Hörige/Unterschicht».

5.2.3 Auch die beiden Striche  sind ursprünglich eine Abkürzung für den **Dual**. Die Endungen *-.wj* (oder *-.wy*) und *-.tj* (oder *-.ty*) wurden ursprünglich nur mit *w* und *t* notiert, so dass dann  als *j* verstanden wurde.

Im Mittelägyptischen wird der Dual nicht mehr generell für Zweiheiten verwendet, sondern nur noch für Paare.

5.2.4 An häufigen Substantiven mit besonderer Schreibweise sind zu merken:

 *rmṯ*, «Mensch/Mann» / *rmṯ.w*, «Menschen», aber zuweilen auch 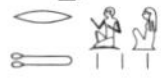 für Singular

 *ḥnq.t*, «Bier»

 *jḫ.t* / *(j)ḫ.t*, «Sache/etwas»

 *jt* / *(j)t*, «Vater» oder auch *jt=f*, «sein Vater» (kann überflüssigerweise dastehen oder aber als Suffixpronomen [siehe Kap. 6.1] zu interpretieren sein.)

5.3 Determination

5.3.1 Das Ägyptische kennt ursprünglich keinen Artikel, weder den bestimmten noch den unbestimmten. Erst das Neuägyptische – es gibt jedoch Vorläufer im Mitelägyptischen des Mittleren Reiches – verwendet den bestimmten Artikel (das ursprüngliche Demonstrativum *pꜣ*, siehe Kap. 6.5.2).

Das Zahlwort  *wꜥ*, «einer» wird nur zur Betonung oder zum Ausdruck von «einzig(artig)» verwendet. Erst im Neuägyptischen wird *wꜥ (n)* als unbestimmter Artikel gebraucht.

 *pr* kann also Dreierlei bedeuten: «Haus» oder «ein Haus» oder «das Haus».

5.3.2 Semantische Spezifizität drückt sich morphologisch als Determination aus. Als spezifisch resp. determiniert gelten:

– Nomina propria (Eigennamen): Anthroponyme (Personennamen) und Toponyme (Ortsnamen),

– Appellativa (Gattungsnamen) mit Demonstrativum («dieser Gott»), mit Personalpronomen («sein Haus») oder wenn sie kotextuell oder kontextuell[68] spezifisch sind («jeder Mann», «der Sohn des Re»). (Was Determination/Spezifikation betrifft, verhalten sich die Sprachen zuweilen unterschiedlich; vgl. auch die Bemerkung zu **009** in Kap. 8.2.4 sowie Kap. 21.5).

5.4 Apposition und attributives Adjektiv

5.4.1 **Verwandtschaftsangaben** und **Epitheta** stehen üblicherweise als Apposition[69] nach dem Personennamen. Beispiele:  *Jmny sꜣ Jmn-ʿꜣ*, «Imeni, (nämlich) der Sohn des Imenaa»,  *Wsjr nb Ḏdw*, «Osiris, der Herr von Busiris».

5.4.2 **Titel** stehen im Allgemeinen vor dem Personennamen, dieser folgt der betreffenden Bezeichnung als Apposition. Beispiele:  *sš n ṯꜣty Snb*, «der Schreiber des Wesirs, (nämlich) Seneb»,  *nswt-bjtj Ḫpr-kꜣ-Rʿ (r)ḏ(j.w) ʿnḫ ḏ.t*, «der König von Ober- und Unterägypten, Cheperkare (Thronname Sesostris' I.), dem Leben gegeben ist[70] ewiglich».

5.4.3 Ein **attributives Adjektiv** (d.h. ein als Näherbestimmung zu einem Substantiv fungierendes Adjektiv) steht wie eine Apposition hinter dem betreffenden Substantiv und kongruiert mit diesem in Numerus und Genus.[71] Beispiele:  *pr ʿꜣ*, «das Haus, (nämlich) das grosse» > «das grosse Haus/der Pharao»,  *s.t wr.t*, «(grosser Platz) hoher Thron/Allerheiligstes». Attributive, feminine Adjektive haben im Sg. und im Pl. die Endung *-.t*. (Zum prädikativen Gebrauch der Adjektive siehe Kap. 8.)

68 Kotext: sprachlicher Kontext. Kontext: situativer oder aussersprachlicher Kontext (Umstände der Äusserung).

69 Eine Apposition ist ein substantivisches, nachgestelltes Attribut, das im Deutschen im selben Kasus steht wie sein Bezugswort.

70 Zu *(r)dj(.w) ʿnḫ* vgl. Kap. 19.2.6.

71 Es gibt auch den umgekehrten Fall, wo das Substantiv als Apposition hinter dem attributiven Adjektiv steht: *ky* (Kap. 5.8.2).

5.5 Koordination und Disjunktion

5.5.1 Nomina werden meist durch **Juxtaposition** koordiniert. Beispiele: *dꜣb.w jꜣrr.wt*, «Feigen, Trauben» > «Feigen und Trauben».[72]
r ḏd jn ḥm-kꜣ Ḥqꜣ-nḫt n Mr-sw n Nḫt sꜣ Ḥtj, «(Zu sagen:) Eine Mitteilung von dem Totenpriester Heqanacht an Mersu (und) an Hetis Sohn Nacht [sic]».[73]

5.5.2 **Explizite Koordination** erfolgt durch die Präpositionen *ḥnꜥ* oder *ḥr*. Beispiele:
ḥr nh(j) n ḥsmn ḥnꜥ nh(j) n ḥmꜣ.t, «wegen ein bisschen Natron (mit) und ein bisschen Salz»[74], *ḏꜥ ḥr ḥ(w)y.t*, «Wind (auf) und Regen».[75]

5.5.3 Auch die **Disjunktion** kann **unmarkiert** bleiben. Das deutsche Wort «oder» kann eingefügt werden, wenn es der Kontext nahelegt, z.B.: *jr ṯsw nb ḥꜣtj-ꜥ nb [...]*, «Was jeden Befehlshaber (und/oder) jeden Hatia betrifft [..., so sollen seine Leute gegeben werden ...]».[76]

5.5.4 Für die **explizite Disjunktion** steht der Ausdruck *rꜣ-pw* (wörtlich «... ist der Spruch») zur Verfügung, der nach der letzten der genannten Möglichkeiten steht. Beispiel:
m nb m sn m ḫnms rꜣ-pw, «[Wenn du die Freundschaft dauern lassen möchtest in einem Zuhause, zu dem du Zutritt hast,] als Vorgesetzter, als Kollege oder als Freund, ...».[77]

72 Schiffbrüchiger 47f.
73 Heqanacht, Taf. 30, Kol. 29.
74 Oasenmann B1, 78f.
75 Pap. Westcar 11, 14.
76 Dekret Antefs V.: W. M. Flinders Petrie, Koptos, London 1896, Taf. 8, Z. 9.
77 Ptahhotep 279 (P).

5.6 Zum Ausdruck der Kasus. Genetivverbindung und Genetivadjektiv

5.6.1 Das Ägyptische kennt keine Kasusendungen (mehr). Ausgehend von der deutschen Sprache sind in erster Linie die Ensprechungen zu Nominativ, Genetiv, Dativ und Akkusativ zu betrachten.

semantisch	syntaktisch	morphologisch (Deutsch)	morphologisch (Ägyptisch)
Agens, Verursacher (im aktiven Satz)	Subjekt	Nominativ	Ø[78]
Possessor, Zugehöriger	Attribut	Genetiv	siehe Kap. 5.6.2–4
Rezipient, Benefaktiv usw.	indirektes Objekt	Dativ	Präposition *n*
Patiens, experiencer usw. (im aktiven Satz)	direktes Objekt	Akkusativ	Ø

Vgl. *  *rḏ(j) sr t n ḥqr*, «(Es) gibt der Beamte Brot für den Hungrigen.» > «Der Beamte gibt dem Hungrigen Brot.»

Der Mangel an Kasusmarkierungen (insbesondere Akkusativ) wird durch die relativ strikte Wortstellung wettgemacht. Vgl. Kap. 7.3.2 und 11.2.

5.6.2 Es existieren im Ägyptischen grundsätzlich zwei Möglichkeiten, ein Genetivverhältnis auszudrücken (siehe Kap. 5.6.4). Wir betrachten zuerst die sog. **Genetivverbindung** (auch **direkter Genetiv** genannt), bei der Nomen regens und Nomen rectum unmittelbar hintereinander stehen. Den beiden Wörtern ist äusserlich (in der vokallosen Schrift) nichts anzusehen. (Das Nomen regens ist dabei teilweise enttont und einer Veränderung der Vokalisation unterzogen.[79]) Beispiele:  *nb mꜣꜥ.t*, «der Herr der Gerechtigkeit»,  *nb.t pr*, «die Herrin des Hauses».

Man lasse sich nicht verwirren von respektvollen graphischen Umstellungen, wo die Reihenfolge von Nomen regens und Nomen rectum just vertauscht ist! Beispiele:  *ḥm.t nswt*, «die Frau des Königs»,  *ḥm-nṯr*, «Gottesdiener/Priester».

78 Zum fokussierenden *jn* siehe Kap. 4.1.2 und 18.3.

79 Nach Analogie der semitischen Sprachen; für das Koptische zu bestätigen. Vgl. Gardiner, EG, 66, § 85 Obs.

Zwischen Nomen regens und Nomen rectum steht in der Regel nichts.[80] Ein zum Nomen regens tretendes attributives Adjektiv steht nach dem Nomen rectum. Beispiel: *ḥm.t nswt wr.t*, «die grosse königliche Gemahlin», *ḥm-nṯr tp(j)*, «(oberster Priester) Hoherpriester».

5.6.3 Ein Genetivverhältnis kann auch durch das sog. **Genetivadjektiv** *n* (ursprünglich *nj*), «der von ...»,[81] ausgedrückt werden (auch **indirekter Genetiv** genannt). Dieses steht zwischen dem Nomen regens und dem Nomen rectum und kongruiert in Numerus und Genus mit dem Nomen regens. Es handelt sich eigentlich um eine Apposition. Zur Verdeutlichung: *nswt n Km.t*, «der König, der von Ägypten» > «der König Ägyptens». Die Formen lauten:

Sg.	m.	[82]	*n*
	f.		*n.t*
Pl.	m.		*n.w*
	f.		*n.t*

Im Falle von ist also jedesmal zu überlegen, ob es sich um das Genetivadjektiv oder um die Präposition *n* handelt. Die seltenen Formen des Duals lauten m. *n.wj*, f. [83] *n.tj*.

5.6.4 Der Genetivverbindung entspricht die im Deutschen und Englischen mögliche Wortverbindung: Vgl. «Buchdeckel» mit «Deckel des Buches», «word order» mit «order of words» oder ägyptisch: *sꜣ nswt*, «Königssohn», mit *sꜣ n nswt*, «Sohn des Königs». In der Übersetzung braucht auf die ägyptische Konstruktion nicht Rücksicht genommen zu werden; die Verwendung von Genetiv, Wortverbindung oder «von» soll sich nach dem deutschen Gebrauch richten.

80 Ausnahmen kommen im Altägyptischen vor, sind im Mittelägyptischen jedoch äusserst selten. Vgl. Edel, Altägyptische Grammatik, 135f., § 321; Gardiner, EG, 65, § 85.

81 Vermutlich ein Determinativ-Pronomen, vgl. Kap. 8.7 mit Anm. 188.

82 In hieratischen Texten zuweilen wie die Negation *n(j)* (vgl. Kap. 4.1.1) geschrieben.

83 In der Schreibweise gleich wie das Relativadjektiv Sg. m.; vgl. 21.2.1.

Die Variante mit Genetivadjektiv dürfte die jüngere sein, die als analytische Konstruktion[84] in der gesprochenen Sprache gut vorstellbar ist, da das Nomen regens nicht verändert werden muss (wie in der Genetivverbindung): Das Nomen regens kann schon ausgesprochen werden, während das Nomen rectum noch überlegt wird: «das Fenster – [äh] das – vom Dachzimmer, [ich meine:] das Dachzimmerfenster».

Die beiden besprochenen Möglichkeiten sind gleichwertig. Wann Genetivverbindung und wann Genetivadjektiv verwendet wird, ist nicht «voraussehbar». Wohl stehen gewisse formelhafte Wendungen mit Genetiv stets in einer Genetivverbindung (z.B. *sꜣ Rꜥ*, «der Sohn des [Gottes] Re»), Stoff-, Längen- und Inhaltsangaben dagegen regelmässig im indirekten Genetiv (z.B.  *mhr.w n.w ḏꜥm*, «Milchkrüge aus Gold»[85]), eine allgemeine und übergreifende Regel lässt sich jedoch nicht feststellen; für die Wahl der einen oder anderen Konstruktion dürften jeweils Gründe des Sprachrhythmus oder der Lautkombination verantwortlich sein, die dem individuellen Sprachempfinden des Individuums zuzugestehen sind.[86]

5.7 Adverbiale Bestimmungen

5.7.1 Adverbiale Bestimmungen sind:

- Adverbien (siehe 5.7.3): vgl. «Ich nehme *heute* ein Bad.»
- adverbial verwendete Nomina (siehe 5.7.4): vgl. «Ich nehme *nachts* ein Bad.»
- Präposition + Nomen (Präpositionalausdruck/Präpositionalphrase; siehe 5.7.5): vgl. «Ich nehme kein Bad *im Nil*.»

84 Siehe Loprieno, Ancient Egyptian, 57. Analytischer Sprachbau zeigt die Tendenz, grammatische Beziehungen nicht innerhalb eines Wortes, sondern gewissermassen ausserhalb zum Ausdruck zu bringen (Umschreibungen). Im Gegensatz dazu tendiert der synthetische Sprachbau dazu, grammatisch-syntaktische Beziehungen innerhalb des Wortes bzw. am Wort selbst zum Ausdruck zu bringen (innere Flexion, Affigierung, Reduplikation). Vgl. lateinisch *possidebunt*, deutsch *sie werden besitzen*. (Nach Lewandowski, Linguistisches Wörterbuch, Bd. 1, 64, s.v. Analytischer Sprachbau; Bd. 3, 1138f., s.v. Synthetischer Sprachbau.)

85 Urk. IV, 743, 15.

86 Zu Bedeutung und Entwicklung der beiden Genetivkonstruktionen vgl. Karl Jansen-Winkeln, Bemerkungen zum «Genetiv» im Ägyptischen, in: ZÄS 127, 2000, 27–37.

5.7.2 Adverbiale Bestimmungen lassen sich unterteilen in:

- **Adverbialergänzung (Komplement)**: notwendig für die sinnvolle Satzaussage (auf syntaktischer Ebene Argument genannt)
  Beispiel «Sie wandte sich *an die verantwortliche Person*»,
- **Adverbialangabe (Adjunct)**: nicht notwendig für die Satzaussage
  Beispiel: «Er fuhr *mit dem Zug* dorthin.»

5.7.3 Vertreter der **Wortart Adverb** sind im Ägyptischen ziemlich selten. Ihre Ableitung ist nicht immer klar. Beispiele:

ʿꜣ	«hier»,
mjn	«heute»,
ʿn	«wiederum/nochmals»,
jm	«dort» (von *m*, in/mit/durch»),
ḫft(w)	«demgemäss» (von *ḫft*, «gegenüber/vor/gemäss»),
ḏr	«seither» (als Präposition «seit»),
m-ḫt	«danach» (als Präposition «hinter»),
ẖr-ḥꜣt	«vorher/vordem» (als Präposition «vor»).

5.7.4 **Absolut gebrauchte Nomina** (ursprünglich vielleicht im adverbialen Akkusativ) können adverbial verwendet werden, z.B. *ḏ.t nḥḥ*, «für immer und ewig/immer und ewiglich», *sp 3*, «3 Male» (zu den Zahlkonstruktionen siehe Kap. 25.1) > «dreimal», und v.a. Zeitbegriffe. Beispiel: «Das Richterkollegium, das den Bedrängten richtet – du weisst, dass sie nicht milde sind *an diesem Tage* (*hrw pf*) des Richtens der Elenden, *zu der Stunde* (*wnw.t*) des Erfüllens der Vorschrift.»[87]

5.7.5 Bei den **Präpositionalausdrücken** (Präposition + Nomen [Substantiv/Adjektiv]) in adverbialer Verwendung sind in der Übersetzungssprache zuweilen Adverbien passend: *n wn-mꜣʿ*, «in Wirklichkeit/wirklich», *m mjt.t*, «(in Gleichem) gleichfalls/ebenso/ebenfalls», *r mnḫ*, «trefflich/bestens».

87 Merikare E 53f.

5.8 Besondere Adjektive und Nisben

Einige häufige Adjektive sind besonders zu merken, dazu auch substantivische oder präpositionale Ausdrücke, die im Deutschen mit einem Adjektiv wiedergegeben werden:

5.8.1 *nb*, «jeder/jeglicher/ganz/alle»

Der Sg. m. ist nicht zu verwechseln mit dem Substantiv *nb*, «Herr» (mit oder ohne Determinativ). Die Femininendung ist oft nicht geschrieben. Tritt zu einem mit *nb* versehenen Substantiv noch ein weiteres attributives Adjektiv hinzu, so steht dieses nach *nb*. Beispiele: *(j)ḫ.t nb.t* / *(j)ḫ.t nb(.t)*, «jede Sache», *(j)ḫ.t nb(.t) nfr.t*, «jede gute Sache».

Auch die Pluralendung kann fehlen. Vgl. zwei Versionen eines Spruches der Sargtexte: *tꜣ.w nb.w*, «alle Länder», *tꜣ.w nb(.w)*, «alle Länder».[88]

5.8.2 *ky*, «anderer»

Zu beachten sind die Endungen, die ursprünglich dualisch sein dürften.

Sg. m.		*ky*	Pl. m.		*kjwj*
Sg. f.		*k.t*	Pl. f.		*k.t*

ky steht *vor* dem zugehörigen Substantiv. Beispiele: *ky sp*, «ein anderes Mal», *k.t pẖr.t*, «ein anderes Heilmittel».

Zum Ausdruck von «der eine … der andere …» gibt es verschiedene Möglichkeiten (zu den Ordinalzahlwörtern siehe Kap. 25.2): *wꜥ … ky …* oder *wꜥ … wꜥ …* oder *ky … ky …* oder *wꜥ … sn.nw=f* () … (wörtlich: «der eine … sein Zweiter …»; vgl. Kap. 25.1f.). Daneben kommt auch Unmarkiertheit vor, z.B. *rḏ(j).n wj ḫꜣs.t n ḫꜣs.t*, «Ein Land gab mich einem Land.» > «Ein Land gab mich dem andern.»[89] Als dreigliedriger Ausdruck kommt vor: *wꜥ … ky … ky* / *ḫmt.nw* («dritter») …

5.8.3 Für «einer/jemand/irgend jemand» wird das Substantiv *s*, «Mann», verwendet. Zum Ausdruck von «jedermann» steht nicht nur *s nb*, sondern auch

88 CT I, 395 (Spr. 75c, T3C und B1Bo).

89 Sinuhe B 28f.

bw nb (wörtlich: «jeder Ort») oder seltener *ḥr nb* (wörtlich: «jedes Gesicht»).

5.8.4 Die Ausdrücke *r-ḏr=f* / *mj-qd=f* / *r-ꜣw=f* bedeuten «ganz/insgesamt/komplett». Es handelt sich um präpositionale Ausdrücke (wörtlich: «bis zu seinem Ende», «wie seine Gestalt» resp. «hinsichtlich seiner Länge»). Das Pronominalsuffix (vgl. Kap. 6.1) wird in Numerus und Genus dem Bezugswort angeglichen (Sg. m. *=f*, Sg. f. *=s*, Pl. c. *=sn*). Beispiele: *tꜣ r-ḏr=f*, «das ganze Land», *njw.t=j r-ḏr=s*, «meine ganze Stadt»[90], *ḏr.n(=j) sn mj-qd=sn*, «ich beseitigte sie alle»[91].

5.8.5 Dazu gehören auch Ausdrücke wie:
nhj n, «etwas/ein bisschen von». Beispiel: *nh(j) n ḥmꜣ.t*, «ein bisschen Salz».[92]
ḥḥ n / *ḥḥ m*, «Million von/unendlich viel». Beispiel: *ḥḥ.w m rnp.wt*, «Millionen an Jahren/unendlich viele Jahre».

5.8.6 **Nisben** sind Adjektive, welche die Zugehörigkeit zu dem Substantiv oder der Präposition, von dem resp. der sie abgeleitet sind, angeben (siehe oben Kap. 5.1 sowie Anm. 38). Nisben können ihrerseits wieder substantiviert werden. Beispiele:

nṯrj	«göttlich / Göttlicher»	von *nṯr*, «Gott»
pꜣ(w)tj	«zur Urzeit gehörig / Urzeitlicher»	von *pꜣ(w).t*, «Urzeit»
njwtj	«Städter / Stadtbewohner»	von *njw.t*, «Stadt»
dwꜣt(j).t	«die Unterweltliche / die zur Unterwelt Gehörige»	von *dwꜣ.t*, «Unterwelt»

Die (spielerische) Schreibweise von *njwtj* entspricht dem gleichlautenden Dual von *njw.t*. Beispiele von Nisben von Präpositionen:

jmj / *jm(j)*	«in … befindlich»	von *m*, «in»

90 Hatnub, Nr. 16, Kol. 7.
91 Urk. I, 105, 4.
92 Oasenmann B1, 79.

	jrj	«zu ... gehörig / ... betreffend»	von *r*, «betreffend/zu»
	ḥrj	«auf / über ... befindlich»	von *ḥr*, «auf/über»
	ḫntj	«vor / vorn an ... befindlich»	von *ḫnt*, «vorn»
	ẖrj	«unter ... befindlich»	von *ẖr*, «unter»

In dem Epitheton des Gottes Anubis, *ḫntj sḥ-nṯr*, «vor der Gotteshalle Befindlicher/Erster der Gotteshalle», folgt der Nisbe *ḫntj*, «befindlich vor ...» ein Komplement (*sḥ-nṯr*), wie dies nach Präpositionen immer der Fall ist (*ḫnt sḥ-nṯr*, «vor der Gotteshalle»). Die Nisbe einer Präposition kann daneben auch ohne Komplement verwendet werden, so z.B. *ḫntj*, «vorne befindlich > südlich/vornehm». – Siehe Kap. 6.1.5.

Mit Nisben von Präpositionen plus Komplement werden häufig Titel gebildet, z.B.: *jrj-ʿ ꜣ*, «Pförtner/Türwächter», *(j)r(j)-pʿ(.t)*, «Iripat/Prinzregent» (höchster Hofrangtitel), *ḥr(j)-sꜣ*, «Phylenleiter»[93], *ḫnt(j)-š*, «Siedler/Pächter», *ẖr(j)-ḥb(.t)*, «Vorlesepriester».

5.8.7 Die sog. umgekehrten Nisben[94] scheinen eine Besonderheit des Ägyptischen zu sein.

jmj heisst nicht nur:	«einer, der befindlich ist in ...»	(Zugehörigkeit der Nisbe zum Grundwort),
sondern seltener auch:	«einer, in dem ... befindlich ist»	(Zugehörigkeit des Grundworts zur Nisbe).

So kann **jmj pr* bedeuten «derjenige (z.B. Mann), der sich im Haus befindet» oder «derjenige (z.B. Ort), an dem sich das Haus befindet».

Sehr häufig ist der Titel / meist / auch *jm(j)-rꜣ* (auch *mr* transkribiert), «Vorsteher»,[95] z.B. in *jm(j)-rꜣ pr*, «Hausvorsteher/Majordomus», *jmj-rꜣ šnw.t*, «Vorsteher der Scheune».

93 Eine Phyle (ἡ φυλή, «Stamm/Volk/Heeresabteilung»), ägyptisch *sꜣ*, ist eine Arbeiter- oder Priesterabteilung.

94 Vgl. dazu Karl Jansen-Winkeln, Nisbeadjektiv und Partizip, in: LingAeg 3, 1993, 7–16.

95 «Der, in dem das Wort (des Befehls) ist». Die Erklärung als normale Nisbe («Der, der im Mund [seiner Untergebenen] ist») trifft wohl nicht zu (Malaise/Winand, Grammaire, 88, § 124).

5.9 Ausdrücke des Vergleichs (Steigerung)

Steigerungsformen (Komparativ und Superlativ) von Adjektiven existieren im Ägyptischen nicht. Die entsprechenden Funktionen können syntaktisch zum Ausdruck gebracht werden.

5.9.1 Der **Komparativ** (höherer Grad) ist entweder unbezeichnet oder wird – bei Nennung dessen, womit verglichen wird – durch Adjektiv + Präposition *r* ausgedrückt:

 *ꜥšꜣ st r (j)ḫ.t nb.t*, «Es war zahlreich hinsichtlich allem.» > «Es war zahlreicher als alles.»[96]

Die Präposition *r* (ohne Adjektiv) kann auch nach einem Eigenschaftsverb stehen.

 *sꜥꜣ.n=f nḫt.w ḥm=j r nswt nb ḫpr ḏr-bꜣḥ*, «Er machte gross (Kausativ von «gross sein») die Siege meiner Majestät mehr als (diejenigen) jeglichen Königs, der vormals existierte.»[97]

5.9.2 Der **Superlativ** (höchster Grad) kann unbezeichnet oder durch Umschreibungen ausgedrückt sein. Umschreibungen:

– durch einen genetivischen Ausdruck: das betreffende Adjektiv wird im Plural wiederholt, z.B.

   *wr n wr.w*, «der grosse der Grossen» > «der grösste der Grossen» > «der Grösste»,[98]

   *jnk wr wr.w m tꜣ r-ḏr=f*, «Ich bin der grösste im ganzen Land»,[99]

– durch partitives *jmj* (wörtlich «befindlich in/unter»), z.B.

   *wr jm(j) sꜥḥ.w*, «gross unter den Vornehmen» > «grösster der Vornehmen»,[100]

96 Urk. IV, 693, 8.
97 Urk. IV, 767, 15.
98 Oasenmann B1, 53; 88.
99 Urk. IV, 410, 11.
100 Grab des Chnumhotep [II.]: Beni Hasan, Bd. 1, Taf. 32, Z. 1.

– durch eine Steigerungspartikel (vgl. Kap. 4.1.4; entsprechend dem Elativ [sehr hoher Grad]), z.B.
 *št3 wrt*, «sehr geheim/schwierig»,[101]
 *rnp.wt ʿš3.t wrt*, «sehr viele Jahre».

5.9.3 Hier kann die Wendung  *sp 2*, «zwei Mal», angefügt werden. Der Ausdruck ist eigentlich ein Rezitationsvermerk, der bedeutet, dass der unmittelbar vorausgehende Ausdruck zweimal gelesen werden soll, wodurch er gesteigert oder intensiviert wird. Beispiel:
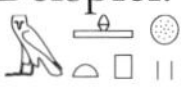 *m ḥtp sp 2 / m ḥtp m ḥtp*, «in Frieden, in Frieden!»
Die zweifache Schreibung ist dagegen selten. Beispiel:
 *h3w nb n nb=j ʿnḫ(.w) wḏ3(.w) snb(.w) ʿḏ(.w) wḏ3.w wḏ3.w*, «Jede Angelegenheit meines Herrn – er lebe, sei heil und gesund – ist in Ordnung (und) sehr gedeihlich.»[102]

5.9.4 Der zu hohe Grad wird durch den Positiv ausgedrückt. So bedeutet *ʿš3* neben «zahlreich» auch «zu zahlreich»:  *ʿš3 r smn.t st m sš*, «zahlreich zum dauernd Machen es in Schrift» > «zu zahlreich, um es zu dokumentieren».[103]

Übung 5A

Transkribieren und übersetzen Sie die folgenden Ausdrücke. Wörter, deren Bedeutung weder den Fussnoten zu entnehmen noch aus dem bisher gelernten Wortschatz bekannt ist, müssen in einem Wörterbuch nachgeschlagen werden. Das Vogelzeichen in Nr. 18f. ist G 4.

1. 
2.  [104]
3. 
4. 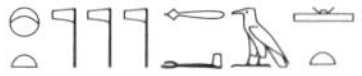
5. 
6. 

101 Grab des Djehutihotep: El Bersheh, Bd. 1, Taf. 14, Kol. 1.

102 Pap. BM 10567: T.G.H. James, The Hekanakhte Papers and Other Early Middle Kingdom Documents, New York 1962, Taf. 28, Kol. 7.

103 Nach Urk. IV, 1211, 15.

104 Die letzten drei Zeichen sind *Mw.t*, «(die Göttin) Mut», zu lesen.

7. 

8. 

9. 

10. 

11. 

12. 

13. 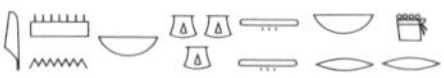

14. 

15. 

16. 

17. 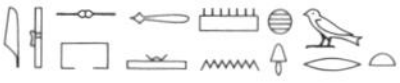

18. 

19. 

20. 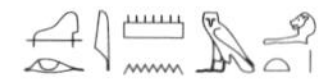

Übung 5B

Was bedeuten die folgenden Zeichen?

1. a b c 

2. a b c 

3. a b c 

4. a b c 

5. a b c 

6. a b c 

7. a b c d 

8. a b c d 

9. a b c d 

10. a / b c d 

11. a b c d 

12. a b 

13. a b 

14. a b 

15. a b 

16. a b 

6 Pronomina, Demonstrativa und Interrogativa

6.1 Pronominalsuffixe (Suffixpronomina/Possessivsuffixe) am Nomen

6.1.1 Den Possessivpronomina im Deutschen («*mein* Buch, *sein* Haus») entspricht im Ägyptischen ein Suffix, das an das betreffende Nomen angehängt (suffigiert) wird. Diese Suffixe werden nach Numerus und Genus des Besitzers unterschieden. Numerus und Genus des Bezugswortes (Besitzes) sind nicht berücksichtigt (im Gegensatz zum Deutschen bei singularischem Besitz):

sein Hund *ṯsm=f*	seine Hündin *ṯsm.t=f*	ihr Hund *ṯsm=s*	ihre Hündin *ṯsm.t=s*
seine Hunde *ṯsm.w=f*	seine Hündinnen *ṯsm.wt=f*	ihre Hunde *ṯsm.w=s*	ihre Hündinnen *ṯsm.wt=s*
ihr (Pl. m.) Hund *ṯsm=sn*	ihre (Pl. m.) Hündin *ṯsm.t=sn*	ihr (Pl. f.) Hund *ṯsm=sn*	ihre (Pl. f.) Hündin *ṯsm.t=sn*
ihre (Pl.m.) Hunde *ṯsm.w=sn*	ihre (Pl. m.) Hündinnen *ṯsm.wt=sn*	ihre (Pl. f.) Hunde *ṯsm.w=sn*	ihre (Pl. f.) Hündinnen *ṯsm.wt=sn*

Die Formen des Singulars und des Plurals (zum Dual siehe Kap. 6.1.3f.) lauten:

Sg.	1. Pers.	c.	𓀀	*=j*	(Varianten siehe unten)
	2. Pers.	m.	𓎡	*=k*	
		f.	𓍿	*=ṯ*	auch: 𓏏
	3. Pers.	m.	𓆑	*=f*	
		f.	𓋴	*=s*	auch: 𓊃
		«man»	𓏏𓅱	*=tw*	auch: 𓍿𓅱 / 𓍿 (alt: 𓍘𓇋 / 𓍘 / 𓏏)
Pl.	1. Pers.	c.	𓈖𓏥	*=n*	auch: 𓈖
	2. Pers.	c.	𓍿𓈖𓏥	*=ṯn*	auch: 𓏏𓈖𓏥 / 𓍿𓈖 / 𓏏𓈖
	3. Pers.	c.	𓋴𓈖𓏥	*=sn*	auch: 𓋴𓈖 / 𓊃𓈖𓏥 / 𓊃𓈖

In der Transkription werden die Suffixpronomina hier durch = (andernorts durch . oder seltener ·) abgetrennt.

Neben  gibt es für das Suffix der 1. Pers. Sg. (fakultative) Varianten je nach Geschlecht und sozialem Status der betreffenden Person:

 bei einer Frau,
 /  /  beim König,
 /  bei einer Gottheit.

Anstelle von  kommt selten auch , oder vor – bei allen diesen Schreibweisenen handelt es sich eigentlich um Determinative, wobei *=j* nicht geschrieben ist (d.h. Defektivschreibung von *=j*) –, ferner  oder 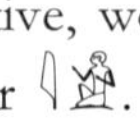.

Zuweilen wird das Pronomen der 1. Pers. Sg. gar nicht markiert (siehe auch Kap. 10.1.1).

6.1.2 Die Pronominalsuffixe haben mehrere **Funktionen**:

- Possessiv: an Nomen/Präposition. Verglichen mit der Genetivverbindung stehen die Pronominalsuffixe an der Stelle des Nomen rectum: vgl. *pr nswt*, «das Haus des Königs», mit *pr=f*, «sein Haus». Präpositionen sind parallel dazu zu sehen, da sie ursprünglich Nomina sind: *ḥr=f*, «Angesicht/Oberfläche von ihm» > «auf ihm». Die Präposition  *m* lautet mit Suffix  *jm=*:  *jm=f*, «in ihm». (Zur Verwendung beim Partizip siehe Kap. 18.2.4 und 20.1.2 [*sꜣ=f mry=f*].)
- Zur Angabe des Subjekts in den sog. Suffixkonjugationen *sḏm=f*, «er hört» (siehe Kap. 7.3.2 und 10.3.1) und nach der Partikel *jw*.
- Zur Angabe des Objekts am Infinitiv (in der Regel) transitiver Verben (vgl. Kap. 6.3.2 und 16.2): *sḏm=f*, «das ihn Hören»/«ihn (zu) hören».

6.1.3 Vom Pronominalsuffix gibt es **Dual-Formen** (Dual des Besitzers), die allerdings selten sind, da sie bereits im Mittleren Reich durch die Suffixe des Plurals ersetzt wurden.

1. Pers.	c.	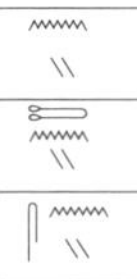	*=nj*
2. Pers.	c.		*=ṯnj*
3. Pers.	c.		*=snj*

Beispiel:  *ḥn*ʿ*=nj*, «mit uns beiden».[105]

6.1.4 **Pronominalsuffixe an im Dual stehenden Nomina** (Dual des Besitzes) haben eine besondere Form, bei der, ausser in der 1. Pers., an das Pronominalsuffix des Singulars *-j* ( geschrieben) angehängt wird; allerdings ist diese Endung nicht immer geschrieben.[106] Es gibt nur Belege für singularischen Besitzer (ohne 2. Pers. Sg. f.).

1. Pers.	Sg.	c.	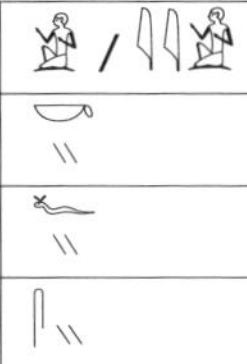	*=j*
2. Pers.	Sg.	m.		*=kj*
3. Pers.	Sg.	m.		*=fj*
	Sg.	f.		*=sj*

Die Dualendung des Nomens kann auch fehlen. Beispiele:

 /  ʿ*.wj=fj* / ʿ*.wj=f(j)*, «seine beiden Arme/Hände»

 *gs(.wj)=fj*, «seine beiden Seiten»

Bei der 1. Pers. kann zwischen dem Substantiv und  das Element  eingeschoben sein ( zusammengesetzt aus *j* von der Endung *-.wj* und dem Suffixpronomen *=j* –  ist ja Determinativ). Beispiele:

 ʿ*.wj=j*, «meine beiden Hände»,[107]

 *rd.wj=j*, «meine beiden Füsse».[108]

6.1.5 Im Anschluss an Kap. 5.8.6 ist an dieser Stelle auf die Nisbe  *jrj*, «zu … gehörig/… betreffend», einzugehen. Als Beispiel für die mit Komplement verwendete Nisbe soll  *ḏw.t jr(j).t=k* dienen. Die Nisbe ist hier in der Funktion eines Adjektivs attributiv zu einem Substantiv gestellt und kongruiert deswegen in Numerus und Genus mit diesem. Als Komplement fungiert das Pronomen der 2. Pers. Sg. m. Der Zusammenhang lautet: «Du zählst deine Körperteile – sie sind vollzählig und gesund. Es gibt gar nichts *Schlechtes (zugehörig zu dir) an dir.*»[109]

105 Pyr. 1424a (Spr. 565, P).

106 Nach Schenkel, Tübinger Einführung, 113, sind auch an Nomina im Dual die normalen Suffixpronomina anzusetzen.

107 Schiffbrüchiger 87.

108 Sinuhe B 16.

109 Urk. IV, 115, 2.

Wird die Nisbe *jrj* ohne Komplement und in diesem Fall invariabel verwendet, so ist die Bedeutung «diesbezüglich/davon/dazu» o.ä. Beispiele:  *ḏbꜣ jrj*, «Ersatz dafür» (vgl. Beispiel **106**), 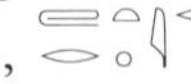 *pẖr.t jrj*, «ein Heilmittel dagegen».

Die ohne Komplement verwendete und invariable Form dieser Nisbe  /  (auch ) entspricht zuweilen den Pronominalsuffixen der 3. Pers. Sg. oder Pl. (=*f*, =*s*, =*sn*). Beispiel:  *ʿbꜣ.w jrj wš.w* , «[Diejenigen, die Granitbauten ... errichteten ...] – (die Opfersteine davon = von ihnen >) ihre Opfersteine sind leer.»[110]

6.2 Selbständige (unabhängige) Pronomina

6.2.1 Die Formen lauten:

Sg.	1. Pers.	c.	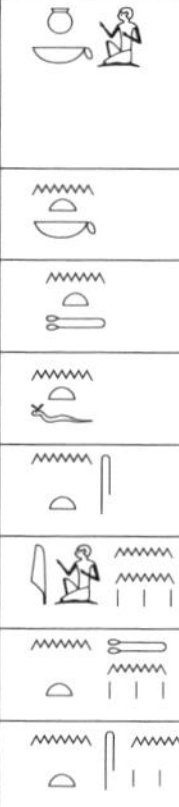	*jnk*	auch:  /  /  /  /  (König)
	2. Pers.	m.		*ntk*	
		f.		*nt̠*	auch: 
	3. Pers.	m.		*ntf*	
		f.		*nts*	auch: 
Pl.	1. Pers.	c.		*jnn*	
	2. Pers.	c.		*nt̠n*	auch: 
	3. Pers.	c.		*ntsn*	auch: 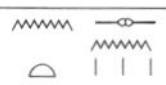

6.2.2 Im Altägyptischen lauten die entsprechenden Formen des Singulars:

Sg.	1. Pers.	c.		*jnk*	auch:  / 
	2. Pers.	m. > c.		*t̠wt*	auch:  111
		f.		*t̠mt*	
	3. Pers.	m. > c.		*swt*	
		f.		*stt*	

110 Lebensmüder 63.

111 Dieser Graphie liegt eine Verwechslung mit dem Substantiv  *twt*, «Statue», zugrunde.

Sie kommen im Mitteläg yptischen nur noch selten vor (z.B. **046** [Sargtexte]), wobei die maskuline Form die feminine weitgehend ersetzt hat. Beispiele:

 *swt ḥm sšm=s ṯn*, [Thutmosis I. über seine Tochter Hatschepsut:] «Sie aber ist es, die euch leiten wird.»[112]

 *ṯwt js ẖꜣ.t [...]* «Du bist ja der Leichnam des [...]».[113]

6.2.3 Das selbständige (auch: unabhängige) Pronomen entspricht dem deutschen Personalpronomen im Nominativ («ich, du, er» usw.). Es enthält die das nominale Subjekt hervorhebende Partikel *jn* (siehe Kap. 4.1.2). Das selbständige Personalpronomen fungiert als **Subjekt im Satz mit nonverbalem Prädikat**, und zwar (im Mittelägyptischen) fast nur (noch) im Satz mit nominalem, seltener mit adverbialem Prädikat (siehe Kap. 8.3 und 9.2), dazu als **Subjekt in der *jn*-Konstruktion (Spaltsatz** (siehe Kap. 18.3.1).

6.3 Enklitische (abhängige) Pronomina

6.3.1 Das enklitische Pronomen (auch: abhängiges oder unselbständiges Pronomen genannt) steht an zweiter Stelle im Satz. Die Formen dieser Personalpronomina sind:

Sg.	1. Pers.	c.		*wj*	auch:  usw.
	2. Pers.	m.		*ṯw*	auch: 
		f.		*ṯn*	auch: 
	3. Pers.	m.		*sw*	auch: 
		f.		*sj*	auch: 
		«man»		*tw*	auch: 
Pl.	1. Pers.	c.		*n*	auch: 
	2. Pers.	c.		*ṯn*	auch: 
	3. Pers.	c.		*sn*	auch: 

112 Urk. IV, 257, 11. – Zur Konstruktion: Kap. 18.3.1. Nach anderer Deutung ist *swt* nichtenklitische Partikel.

113 Sonnenlitanei: Erik Hornung, Das Buch der Anbetung des Re im Westen, Bd. 1, Genève 1975 (AH 2), 15ff.

6.3.2 Wie beim Pronominalsuffix sind die **Funktionen** des enklitischen Pronomens für unser Empfinden nicht einheitlich:

- zur Angabe des Subjekts: teilweise in Sätzen mit nominalem Prädikat (siehe Kap. 8.2), sowie nach bestimmten nichtenklitischen Partikeln, v.a. *m=k*, «siehe!», *jsṯ*, «wobei», *nn*, «nicht ist»,
- zur Angabe des Objekts: nach Verben (mit Ausnahme des Infinitivs, siehe Pronominalsuffixe, Kap. 6.1.2),
- in der seltenen Konstruktion *sw sḏm=f* (Kap. 11.3.4).

6.3.3 Zu dieser Reihe von enklitischen Pronomina gehört auch  *st* und hat folgende Funktionen:

- Variante der 3. Pers. Sg. f.,
- häufig im Sinne des neutrischen «es» oder
- als Ersatz des enklitischen Pronomens der 3. Pers. Pl. c. *sn*.

6.4 Zum Ausdruck des Reflexivverhältnisses

Das Ägyptische kennt keine Unterscheidung zwischen nichtreflexiven und reflexiven Pronomina. **jnj=f n=f d3b.w* könnte also bedeuten: 1. «er bringt ihm Feigen», 2. «er holt sich Feigen»; **wdj=f sw m sr* könnte heissen: 1. «er setzt ihn als Beamten ein», 2. «er setzt sich selber als Beamten ein».

Zur Klärung des reflexiven Verhältnisses dient  ***ḏs*** («selbst/eigen») mit dem entsprechenden Pronominalsuffix: *ḏs=j, ḏs=k, ḏs=f* usw. Beispiele:

 *ḥm=f ḏs=f*, «seine Majestät selbst»

 *jnk ḏs=j*, «ich selber»

 *jj(j).n=j ḏs=j*, «ich bin selbst gekommen»

 *[Rˁ] nṯr ḫpr ḏs=f*, «[Re], der Gott, der von selbst entstanden ist»[114]

 *ḏr.t=k ḏs=k*, «deine eigene Hand»

114 Himmelskuh, 1, Vers 1, S I, Kol. 1. – *ḫpr* ist ein Partizip (vgl. Kap. 18).

6.5 Demonstrativa

6.5.1 Das Ägyptische kennt mehrere Demonstrativa:

	Sg. m.		Sg. f.		Pl. c.	
sog. Kopula	𓊪𓅱	*pw*	𓏏𓅱	*tw*	𓈖𓅱	*nw*
«dieser (hier)»	𓊪𓈖	*pn*	𓏏𓈖	*tn*	𓈖𓈖	*nn*
«dieser (dort)»	𓊪𓆑	*pf*	𓏏𓆑	*tf*	𓈖𓆑	*nf*
«dieser/der»	𓊪𓄿	*pꜣ*	𓏏𓄿	*tꜣ*	𓈖𓄿	*nꜣ*

– Von den ersten drei Reihen von Demonstrativa (*pw, pn, pf*) lauteten die Formen des Plurals ursprünglich nicht *nw, nn, nf*, sondern im m. und f. 𓇋𓊪𓅱 *jpw* resp. 𓇋𓊪𓏏𓅱 *jptw*; 𓇋𓊪𓈖 *jpn* resp. 𓇋𓊪𓏏𓈖 *jptn*; 𓇋𓊪𓆑 *jpf* resp. 𓇋𓊪𓏏𓆑 *jptf*.

– Die hier unter Pl. c. angegebenen Formen sind ursprünglich wohl eine in Numerus und Genus unmarkierte Reihe für sich gewesen.[115] Sie werden im Mittelägyptischen in Verbindung mit dem Genetivadjektiv *n* für den Plural verwendet: 𓈖𓈖𓈖 *nn n*, «dies von/diese».

– Zu *pw* gibt es die Varianten 𓊪𓅱𓇋𓇋 *pwy*, zu *pf* die Varianten 𓊪𓆑 / 𓊪𓆑𓏤 *pfj*, zu *pꜣ* die Varianten 𓊪𓄿 und 𓊪𓄿𓅯 / 𓊪𓄿𓅯𓏤 *pfꜣ* usw.

6.5.2 Bei attributiver Verwendung stehen die ersten drei Demonstrativa (*pw, pn, pf*) nach, die ꜣ-haltigen Demonstrativa *pꜣ* und *pfꜣ* vor dem betreffenden Nomen.

𓉔𓂋𓅱𓊪𓆑	*hrw pf*, «dieser Tag»
𓅓𓎿𓂋𓏏𓏏𓈖	*m qrr.t tn*, «in dieser Höhle»
𓂋𓊪𓄿𓉐	*r pꜣ pr*, «zu diesem/dem Haus»
𓏏𓆑𓄿𓎟𓏏	*tfꜣ ms(j).t*, «diese/die Gebärende»

6.5.3 Das Demonstrativum *pw* wird schon früh durch *pn* verdrängt. *pw* wird im Mittelägyptischen vorwiegend im Satz mit nominalem Prädikat als sog. Kopula verwendet (siehe Kap. 8.2 und 8.6).

---

115 Nach Loprieno, Ancient Egyptian, 68.

pf, «dieser (dort)», steht in explizitem oder implizitem Kontrast zu *pn*, «dieser (hier)», und kann mit pejorativem (*ḫr pf*, «dieser Feind») oder admirativem (*ẖnw pf špsj*, «diese ehrwürdige Residenz») Nebenton zu verstehen sein.

Das ursprünglich vokativische Demonstrativum *pꜣ* hat grundsätzlich die Bedeutung «dieser» (etwa wie *pn*), oft jedoch schwächer: «der». Beispiel: *m tꜣ ꜣ.t*, «in diesem/dem Moment». Im Neuägyptischen ist *pꜣ* zum bestimmten Artikel geworden.

6.5.4 Im Anschluss an das Demonstrativum *pꜣ* kann noch auf den mit dem Pronominalsuffix zusammengesetzten sog. **Possessivartikel** hingewiesen werden. Die wörtliche Bedeutung von *pꜣy=f* ist «dieser sein/der seine».

→ Nomen = Besitz Suffix = Besitzer ↓			Sg. m.	Sg. f.	Pl. c.
1. Pers.	Sg.	c.	 *pꜣy=j*	 *tꜣy=j*	 *nꜣy=j n*
…			…	…	…
3. Pers.	Pl.	c.	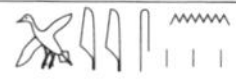 *pꜣy=sn*	 *tꜣy=sn*	 *nꜣy=sn n*

Der (aus der Umgangssprache stammende) sog. Possessivartikel tritt gelegentlich schon vor der 18. Dynastie auf und wird im Neuägyptischen zur (analytischen) Possessivbezeichnung ( *tꜣy=f ḥm.t*, «die seine, [und zwar] Frau» > «seine Frau»), die an Stelle der synthetischen Possessivbezeichnung durch das Pronominalsuffix ( *ḥm.t=f*) tritt. Numerus und Genus des Bezugswortes (Besitzes) sind hier berücksichtigt (wie im Deutschen, vgl. Kap. 6.1.1).

6.6 Interrogativa

6.6.1 Fragesätze unterteilen sich folgendermassen:

– Satzfragen oder Entscheidungsfragen («Möchtest du etwas trinken?», Antwort: ja/nein). Sie werden durch die Partikel *jn* eingeleitet (siehe Kap. 4.1.1); sie sind selten unmarkiert (Intonation des Sprechers).
– Wortfragen oder Ergänzungsfragen («Was kann ich dir bringen?», Antwort: …). Sie werden durch Interrogativa (Fragewörter) eingeleitet (siehe Kap. 6.6.2).

Rhetorische Fragen, bei denen der Sprecher eine Aussage positiv formuliert, aber negativ meint (oder umgekehrt), können nur aufgrund des Kontextes als solche erkannt werden. Gerne steht in einer solchen Formulierung eine enklitische Partikel wie z.B. *rf* oder *tr*.

6.6.2 An **Interrogativa**[116] sind zu merken:

	*m*	«wer?/was?»
	*r-m*	«wozu?
	*ḥr-m*	«weshalb?»
	*m-m*	«wodurch?»
	*ptr* (< *pw tr*)	«wer?/was?»
	*jšst*	«was?»
	*jḫ*	«was?»
	*sy*	«welcher/was/wer?»
	*ṯnj* / *ṯn(j)*	«wo?»

Die Entsprechung zum deutschen Relativpronomen wird in Kap. 21.2 behandelt.

Übung 6

Bestimmen Sie die folgenden Pronomina:

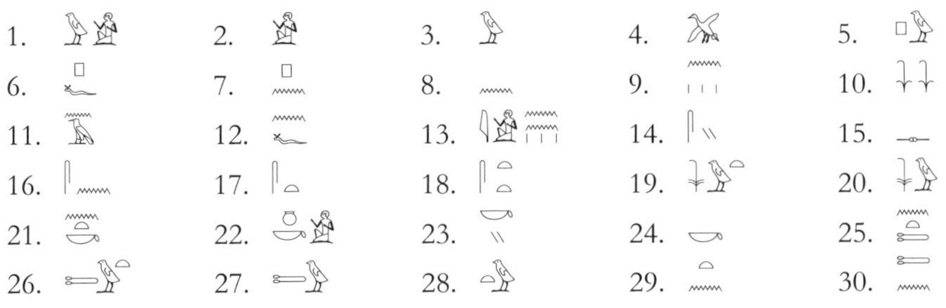
1.
2.
3.
4.
5.
6.
7.
8.
9.
10.
11.
12.
13.
14.
15.
16.
17.
18.
19.
20.
21.
22.
23.
24.
25.
26.
27.
28.
29.
30.

116 Vgl. auch Pascal Vernus, Pronoms interrogatifs en égyptien de la première phase, in: LingAeg 14, 2006, 145–178.

7 Einiges zur Syntax

7.0 Vor der Aneignung weiterer Formen des Ägyptischen ist eine Übersicht angezeigt als Vorinformation zu dem, was folgen wird. Man lasse sich weder von der Vielfalt noch von den ungewohnten Tatsachen abschrecken. Dieses Kapitel soll helfen, sich zurechtzufinden in der Reichhaltigkeit ägyptischer Satzarten.

Das Ägyptische kennt drei verschiedene **Satzarten**: unvollständige Sätze, Sätze mit nonverbalem Prädikat und Sätze mit verbalem Prädikat.[117]

7.1 Unvollständige Sätze

Unvollständige Sätze sind Formulierungen, deren Kern aus einem Nomen oder einer nicht finiten Verbalform besteht. Sie sind elliptisch, ihr Verständnis ist ganz von Kotext und Kontext abhängig.

7.1.1 **Ausrufe** beginnen häufig mit einer Präposition und sind Ellipsen. Elliptische Sätze sind grammatisch unvollständige Sätze, deren fehlende Teile sich aus Kontext oder Kotext ergeben.[118] Beispiele:  *n ḥr=ṯn*, «Vorwärts!» 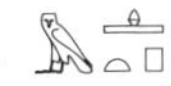 *m ḥtp*, «In Frieden!/Willkommen!»

7.1.2 Textliche **Vermerke** bilden ihre Aussage durch Einbezug dessen, worauf sie verweisen, d.h. durch Einbezug von nichttextlichen Grössen.[119] Ausgewählte Beispiele:

– Aufschriften (v.a. auf Statuen): (Dies ist ein Denkmal des) N.N.

117 Die folgende Darstellung richtet sich teilweise nach Hintze, in: LingAeg 5, 1997.

118 Vgl. auch Adolf Erman, Reden, Rufe und Lieder auf Gräberbildern des Alten Reiches (erschienen 1918), in: Adolf Erman, Akademieschriften (1880–1928) (hg.v. Adelheid Burkhardt/Walter F. Reineke), 2 Teile, Leipzig 1986, Teil 2: 1911–1928, 229–288.

119 Nach Karl Jansen-Winkeln, Vermerke. Zum Verständnis kurzer und formelhafter Inschriften auf ägyptischen Denkmälern, in: MDAIK 46, 1990, 127–156. Weiteres siehe dort.

- Beischriften (Identifizierung der dargestellten Person): (Dies [= dieses Bild] ist) N.N.
- Überschriften: (Dies [= der folgende Text] ist) …[120]
- Stiftungsvermerke: (Dies ist ein Denkmal), das N.N. gemacht [= gestiftet/hergestellt] hat.[121]
- *ḏd-mdw*-/Rezitationsvermerke: (Dies ist) das Sprechen von Worten / Rezitieren (durch …): … In Kolumnenschreibung:

- Opfervermerke: (Dies ist ein) ‹Das Opfer, das der König gibt› [= Name des betreffenden Rituals] …:  *ḥtp (r)ḏj(.w) nswt …* (zur Opferformel siehe Kap. 20.4).

7.2 Sätze mit nonverbalem Prädikat

7.2.1 Das Ägyptische kennt Sätze mit nonverbalem Prädikat (Kap. 8f.); darunter sind Sätze ohne finites Verb zu verstehen. Sätze mit nonverbalem Prädikat stellen einen beträchtlichen Anteil der Satzarten und dienen grundsätzlich dem Ausdruck von Zuständen und Eigenschaften (Existenz, Äquivalenz, Qualität, Lokalität, Befindlichkeit), während Sätze mit verbalem Prädikat Ereignisse und Handlungen ausdrücken. Sätze mit nonverbalem Prädikat sind unmarkiert in Bezug auf Tempus und Modus. Zur Terminologie der Satzarten siehe Kap. 7.2.3.

Während im Satz mit verbalem Prädikat das finite Verb (oder Präposition + Infinitiv, siehe Kap. 7.3.1) als Prädikat (Satzaussage) fungiert, ist es im Satz mit nonverbalem Prädikat eine nominale Grösse, sei es ein Substantiv, ein Adjektiv, ein Partizip, ein Fragewort oder eine adverbiale Bestimmung. Statt von Subjekt (S) und Prädikat (P) spricht man auch von Thema und Rhema eines Satzes (Gegenstand resp. Aussage, die darüber gemacht wird). Bei der Übersetzung ist, wenn ein Satz mit nonverbalem Prädikat als solcher erkannt ist, in den meisten Fällen eine Form des

120 Beispiele: *tꜣ mḏꜣ.t jmj dwꜣ.t*, «Das Buch dessen, was in der Unterwelt ist» (= Amduat), *ḥꜣ.t-ꜥ m rꜣ.w n.w pr(j).t m hrw*, «Anfang der Sprüche vom Herausgehen am Tage» (= Totenbuch), *dwꜣ* GOTTHEIT *jn* N.N. *ḏd=f…*, «Anbeten der GOTTHEIT durch N.N., indem er sagt: …» (Hymne).

121 Z.B. *jrj.n sꜣ=f r sꜥnḫ rn=f*, «Das sein Sohn (gemacht) gestiftet hat (Relativform, siehe Kap. 20), um wiederaufleben zu lassen seinen (d.h. des Vaters) Namen.»

Verbums «sein» einzufügen, wobei die Wahl von Tempus und Modus sich nach dem Kontext richtet:[122]

(j)ḫ.t	*m s.t=s*
S	P

«Die Sache (ist/war/wird sein/möge sein) an ihrem Ort.»

7.2.2 Im Ägyptischen sind je nach Art des Prädikates zwei Arten von nonverbalen Sätzen zu unterscheiden.

- In **Sätzen mit nominalem Prädikat** dient ein nominaler Ausdruck als Prädikat. Dieser kann entweder ein Substantiv, ein Adjektiv oder Partizip, ein Pronomen oder ein Fragewort sein.[123] Sätze mit nominalem Prädikat sind entweder identifizierend («Ich [bin] Isis») oder klassifizierend (Du [bist] ein Gelobter»).[124] Im ersten Fall sind Subjekt und Prädikat spezifisch/determiniert, im zweiten Fall ist das Prädikat nichtspezifisch/indeterminiert. Zur Wortstellung (S – P oder P – S) im Satz mit nominalem Prädikat siehe Kap. 8.
- In **Sätzen mit adverbialem Prädikat** dient eine adverbiale Bestimmung als Prädikat. Dieses kann ein Adverb (oder Interrogativadverb) oder eine präpositionale Bestimmung (ausgenommen *ḥr* / *m* / *r* + Infinitiv, siehe Kap. 7.3.1 und 16.5) sein. Sätze mit adverbialem Prädikat sind situierend, sie drücken ein Vorhandensein aus: «Du (bist) dort», «Er (war) in der Stadt», «Ein Buch (ist/gehört) mir» > «Ich habe ein Buch». Die normale Wortstellung im Satz mit adverbialem Prädikat ist S – P. Näheres siehe Kap. 9.

7.2.3 Bezeichnungen und Einteilung der verschiedenen Satzarten sind nicht einheitlich. Hier eine repräsentative Auswahl:

122 Das Ägyptische hat kein Verbum «sein», das der deutschen Kopula entspricht.

123 Natürlich auch ein substantiviertes resp. nichtsubstantiviertes Partizip (vgl. Kap. 18.2).

124 Es wird in dieser Darstellung auf die Unterscheidung zwischen identifizierenden und spezifizierenden Sätzen verzichtet (vgl. Schenkel, in: Junge [Hg.], Studien zu Sprache und Religion, bes. 162). Eine noch komplexere Einteilung in identifizierende und spezifizierende sowie klassifizierende und qualifizierende Nominalsätze bietet Loprieno, Ancient Egyptian, 104ff.

Sethe (1916)[125]	Nominalsätze			Verbalsätze
	nominale Nominalsätze		adverbiale Nominalsätze	
	mit substantivischem Prädikat	mit adjektivischem Prädikat		
Gardiner, EG (1927/1957)	Non-verbal sentences			Verbal sentences
	with nominal or pronominal predicate	with adjectival predicate	with adverbial predicate	
Loprieno, Ancient Egyptian (1995)	Nominal sentences		Adverbial sentences	Verbal sentences
	with nominal phrase	with adjectival phrase		
Malaise/Winand, Grammaire (1999)	Prédications non verbales			Prédications verbales
	à prédicat substantival	à prédicat adjectival	à prédicat adverbial	

Hier werden die Sätze mit nominalem Prädikat nicht in solche mit substantivischem und solche mit adjektivischem unterteilt, da dies sachlich eigentlich nicht nötig ist. (Unterschiede liegen vielmehr auf der Ebene der Spezifikation/Determination.) Ferner wird die Bezeichnung Adverbialsatz vermieden, da sie beispielsweise im Deutschen für Nebensätze semantisch spezifischer Art gebraucht wird (z.B. Temporal- und Kausalsätze) im Gegensatz zu den Subjekts-, Objekts- und Attributsätzen. Folgende Einteilung ist also einzuprägen:

Sätze mit nonverbalem Prädikat		Sätze mit verbalem Prädikat
mit nominalem Prädikat	mit adverbialem Prädikat	

7.3 Sätze mit verbalem Prädikat

7.3.1 Sätze mit verbalem Prädikat sind einerseits Sätze **mit finiter Verbalform**; andererseits können – und so soll hier die Einteilung vorgenommen werden – auch

125 Kurt Sethe, Der Nominalsatz im Ägyptischen und Koptischen, Leipzig 1916.

Sätze zu ihnen gerechnet werden, deren Prädikat aus **Präposition (*ḥr* / *m* / *r*) + Infinitiv** besteht (und die an sich Sätze mit adverbialem Prädikat sind). Sätze mit verbalem Prädikat drücken Ereignisse und Handlungen sowie durch Vorgänge erreichte Zustände aus.

7.3.2 Die **finiten Verbalformen** unterscheiden beim Subjekt Person, Numerus und Genus durch Endungen.

Synthetische Verbalformen:

<table>
<tr><td rowspan="5">Suffixkonjugation
(Kap. 10–14)</td><td colspan="2">Die übliche Wortstellung ist:
Verb (= Prädikat) – Subjekt – (direktes Objekt) – (indirektes Objekt) – (adverbiale Bestimmung), d.h. V – S (– O). Besondere Regeln gelten bei pronominalen Objekten sowie bei pragmatischem Druck, vgl. Kap. 11.2f.</td></tr>
<tr><td>1a. sḏm=f-Form
(Kap. 10.1)</td><td>«er hört / er hörte»</td></tr>
<tr><td>1b. markierte
sḏm=f-Form
(Kap. 10.2)</td><td>Das markierte sḏm=f ist nicht bei allen Verbklassen sichtbar. Es hat durative/ iterative Bedeutung und wird bei Nominalisierung des Verbalinhalts verwendet (jrr=f, «er tut immer wieder» / «[die Tatsache,] dass er tut»).</td></tr>
<tr><td>1c. die prospektive
sḏm=f-Form und
die subjunktive
sḏm=f-Form
(Kap. 12)</td><td>Prospektiv: «er wird/möge hören»
Subjunktiv: «er soll hören»</td></tr>
<tr><td>2. sḏm.n=f-Form
(Kap. 11)</td><td>«er hörte / er hat gehört / er hatte gehört»
Es handelt sich ursprünglich um ein präsentisches Perfekt, das die sḏm=f-Form zum Ausdruck der Vergangenheit abgelöst hat, und drückt abgeschlossene oder vorzeitige Handlungen aus.</td></tr>
</table>

	3. die Folgetempora (Kap. 14)	*sḏm.jn=f*, «und dann/so hörte er» *sḏm.ḫr=f*, «und dann/so hört er» *sḏm.kꜣ=f*, «und dann/so wird er hören»
	4. *sḏm.w=f*-Form und *sḏm.tw=f*-Form (Kap. 13)	Passive Bedeutung. Die *sḏm.tw=f*-Form mit Kombinationsmöglichkeiten: *sḏm.n.tw=f*, *sḏm.jn.tw=f* usw.
	5. *sḏm.t=f*-Form (Kap. 22.3.5)	Seltene perfektive Form: *r sḏm.t=f*, «bis er gehört hat» *ḏr sdm.t=f*, «seit er gehört hat» *n(j) sḏm.t=f* «ohne dass/bevor er hörte»
Pseudopartizip (Stativ) (Kap.17)	Eine Verbalform, die zwar finit ist (1.–3. Pers.), aber dennoch viel von einem Partizip hat. Die Bedeutung des Pseudopartizips ist resultativ, bei transitiven Verben passiv, bei intransitiven aktiv. Die Wortstellung ist: Nominales Subjekt – Pseudopartizip (= Prädikat), d.h. S – V.	
Relativformen (Kap. 20)	Formen, die in den indoeuropäischen und semitischen Sprachen nicht existieren. Sie drücken das aus, was wir mit einem Relativsatz wiedergeben, und enthalten die Angabe des Subjekts der Handlung dieses Satzteiles: *sḏm(.w)=f* (z.B. «... den er hört»), *sḏm(.w).n=f* (z.B. «... den er gehört hat») usw.	

Analytische Verbalformen:

Pseudoverbale Konstruktion I (Kap. 16.5)	(Partikel +) Subjekt + Präposition + Infinitiv (eigentlich ein Satz mit adverbialem Prädikat): *jw=f ḥr sḏm*, «er (ist) am Hören» > «er hört» *jw=f m šm.t*, «er (ist) beim Gehen» > «er geht» *jw=f r sḏm*, «er (ist) zum Hören hin» > «er wird hören»
Pseudoverbale Konstruktion II (Kap. 17.5)	(Partikel +) Subjekt + Pseudopartizip (Diese Konstruktion ist zu unterscheiden von anderen Verwendungsweisen des Pseudopartizips.)
Konstruktionen mit Hilfsverben (Kap. 23)	Mit Hilfsverben wird das bedeutungstragende Verb resp. die Satzaussage in semantisch-pragmatischer Hinsicht modifiziert.

7.3.3 Die **infiniten Verbalformen** enthalten keine explizite Angabe des Subjektes. Das Ägyptische kennt:

Imperativ (Kap. 15)	Richtet sich an die 2. Pers. Sg. und Pl.
Infinitiv (Kap. 16)	Nomen actionis, substantivierbar[126]
Partizipien (Kap. 18f.)	Perfektiv, imperfektiv, prospektiv, je Aktiv und Passiv, substantivierbar
Negativ-Komplement (Kap. 22)	Unveränderliche Form nach Negationsverb

7.4 Parataxe und Hypotaxe

7.4.1 **Satzreihen** bestehen aus mindestens zwei autonomen Sätzen, das heisst aus Sätzen, die für sich allein grammatisch und semantisch vollständig sind. Illokutive Partikeln (Kap. 4.1.2), durch die Aussagen in den Vordergrund oder in den Hintergrund gerückt werden, also im Kontext mehr oder weniger Gewicht bekommen können, ändern nichts an der syntaktischen Autonomie der Sätze. In der deutschen Übersetzung einer solchen parataktischen Satzreihe ist eine hypotaktische Struktur oft adäquater. Dabei wird aus zwei ägyptischen autonomen Sätzen ein Haupt- und ein Nebensatz (oder in umgekehrter Reihenfolge) gebildet, wobei das Verhältnis zwischen diesen beiden Teilsätzen (Kausalität, Temporalität, Konditionalität, Finalität, Konsekutivität usw.) sich nach dem Kontext richten muss. Beispiele:  *jr(j).n=f ṯ3w n jb ꜥnḫ fnḏ.w=sn*, «Er schuf den Atem des Herzens. Ihre Nasen leben.» > «Er schuf den Atem des Herzens, so dass/damit ihre Nasen leben.»[127]  *ḥḏ.n t3 pḥ.n=j Ptn*, «Die Erde war hell geworden. Ich gelangte nach Peten.» > «Als die Erde hell geworden war, gelangte ich nach Peten.»[128]

7.4.2 Daneben kennt das Ägyptische aber auch die explizite Hypotaxe mittels untergeordneten **Teilsätzen/Nebensätzen**. Ein Nebensatz kann vor oder nach dem

126 Vgl. aber Loprieno, Ancient Egyptian, 89, mit Annahme von verschiedenen auf die Aktionsart bezogenen Varianten des ägyptischen Infinitivs.

127 Merikare C, V, 4f.

128 Sinuhe B 20.

Hauptsatz stehen. Als untergeordnet gekennzeichnet sind Sätze entweder durch die besondere Form oder die besondere Verwendung ihres Prädikates oder durch eine besondere Einleitung (z.B. Konjunktion, Relativpronomen).

7.4.3 **Einbettung** (englisch embedding) bedeutet, dass ein Teil des zugrundeliegenden Satzes (Matrixsatzes) durch einen selbständigen Konstituentensatz realisiert wird. Oder anders gesagt: Die eingebettete Struktur, die eigentlich die Struktur eines Hauptsatzes bzw. eines vollständigen Satzes hat, wird als Teilsatz oder Satzteil (als Konstituentensatz) in einen anderen Satz (Matrixsatz) aufgenommen. Im Deutschen sind eingebettete Sätze häufig Subjekts- oder Objektssätze. Vgl. «Du besuchst mich. Das ehrt mich.» > «Dein Besuch(en) ehrt mich.» > «Dass du mich besuchst, ehrt mich.» und «Ich verstehe: Du zögerst.» > «Ich verstehe dein Zögern.» > «Ich verstehe, dass du zögerst.»

7.4.4 Als Nachbemerkung sei betont, dass sich eine ägyptische Verbalform nicht in jedem beliebigen Zusammenhang durch eine stereotype Standardübersetzung wiedergeben lässt. Die zu wählende Verbalform der Übersetzungssprache (z.B. deutsches Präteritum, Perfekt oder Plusquamperfekt) ergibt sich meist erst aus der Analyse von Verbalform sowie Kotext und Kontext.

Die vokallose ägyptische Schrift und die defektiven Schreibweisen erscheinen den Anfängern zunächst vielleicht als angenehm: Man braucht ja nur die Endungen, nicht aber Vokale und Betonung zu lernen (wie etwa im Hebräischen oder Arabischen). Aber auch hier gilt – und dies insbesondere angesichts der beachtlichen Zahl von funktionsverschiedenen, aber gleich aussehenden *sḏm.=f*-Formen sowie von defektiv geschriebenen Endungen von manchen Verbformen – die Tatsache: Eine formenarme Sprache ist zwar schneller erlernt als eine formenreiche, sie erfordert jedoch geistige Mehrarbeit beim Textverständnis und bei der Übersetzung.

Übung 7

Gönnen Sie sich eine Generalrepetition und vergessen Sie nicht, regelmässig Vokabeln zu lernen (siehe S. 64).

8 Sätze mit nonverbalem Prädikat I: Sätze mit nominalem Prädikat

8.1 Einleitung

8.1.1 Die Elemente, mit denen Sätze mit nominalem Prädikat (vgl. Kap. 7.2, zu den negierten Sätzen mit nominalem Prädikat siehe Kap. 22.2) gebildet werden, sind Substantive, Adjektive, Partizipien, Fragewörter, Pronomina und Demonstrativa. Die deiktischen Kategorien – Demonstrativa und Pronomina – haben geringeren Informationsgehalt (da sie präsupponiert [vorausgesetzt/implizit mitgegeben] sind) und eignen sich als Prädikat/Rhema naturgemäss weniger gut: Im Normalfall sind sie das Subjekt/Thema eines Nominalsatzes. Diese «Thematizität» ist hierarchisch angelegt: Bei den Pronomina liegt die 1. und 2. Pers. in der Skala der Thematizität höher als die 3. Pers. und Demonstrativa, bei der Kategorie der Appellativa liegen determinierte höher als indeterminierte, belebte höher als unbelebte. Fragewörter stellen naturgemäss das Prädikat eines Fragesatzes, da sie vom Hörer etwas noch nicht Bekanntes mitzuteilen oder zu bestätigen oder zu korrigieren erheischen. In den meisten Fällen lassen sich somit Subjekt und Prädikat relativ leicht bestimmen. Zur Veranschaulichung: «Du bist ein X» (S – P); «Ein X ist er» (P – S [Hervorhebung des Prädikates: « … und nicht ein Y]); «Dies ist X» (S – P); «Wer ist Y?» (P – S).

Wenn beide Elemente ein Nomen sind, so spielt die Determiniertheit/Spezifiziertheit (vgl. Kap. 5.3) eine entscheidende Rolle. Ist *ein* Element indeterminiert/nichtspezifisch, so ist dieses das Prädikat (klassifizierender Satz mit nominalem Prädikat): «X ist ein Y» (S – P); «N.N. ist ein Y» (S – P). Sind *beide* Elemente determiniert/spezifisch (identifizierende Sätze mit nominalem Prädikat), so ist das in der Thematizität höherstehende Element das Subjekt. Die Identifizierung gilt implizit auch umgekehrt: «X ist Y» und dadurch implizit auch: «Y ist X» oder «X ↔ Y».

8.1.2 Die Sätze mit nominalem Prädikat des Ägyptischen sind
- zweigliedrig, d.h. aus Subjekt und Prädikat bestehend,
- dreigliedrig, d.h. aus Subjekt, Prädikat und einer sog. Kopula bestehend.

In beiden Fällen ist die Wortstellung nicht einheitlich: S – P oder P – S, Näheres siehe Kap. 8.2–5 resp. 8.6.

8.1.3 Ob im zweigliedrigen Satz mit nominalem Prädikat das Subjekt oder das Prädikat vorne oder hinten steht, hängt weitgehend von der Wortart und der Determiniertheit/Spezifiziertheit der involvierten Elemente ab. Als Hauptregeln können genannt werden (Näheres siehe Kap. 8.2–5):
- Sind beide Elemente Nomina, so steht ein indeterminiertes Prädikat vorne.
- Pronomina (die als Subjekt auftreten) stehen hinten, es sei denn, es handle sich um das selbständige Pronomen; dieses steht in Erstposition.
- Demonstrativa (die ebenfalls als Subjekt vorkommen) stehen hinten.
- Fragewörter stehen vorne – ausser bei selbständigem Pronomen als Subjekt.

8.2 Ohne Pronomen/Demonstrativum/Fragewort

8.2.1 Zweigliedrige Sätze mit je nominalem Subjekt und Prädikat sind solche mit
- je determiniertem/spezifischem Subjekt und Prädikat zum Ausdruck der Identifikation (Kap. 8.2.2f.).
- mit indeterminiertem/nichtspezifischem Prädikat zum Ausdruck einer Qualifikation (Kap. 8.2.4) oder Klassifikation (Kap. 8.2.6).

→ Prädikat Subjekt ↓	det./spez. Nomen	indet./nichtspez. Nomen
det./spez. Nomen	*mk.t=ṯ mk.t Rʿ* (**001**) (S – P / P – S)	*wsḫ s.t=j* (**008**) (P – S)
indet./nichtspez. Nomen	——[129]	——[130]

129 Identifizierende Sätze mit indeterminiertem Subjekt sind eo ipso ausgeschlossen.

130 Qualifizierende/klassifizierende Sätze mit indeterminiertem Subjekt, die vom Deutschen her denkbar sind, kommen nicht vor, da sie allgemeingültige Aussagen ausdrücken, bei denen im Ägyptischen das Subjekt determiniert gedacht ist. Vgl. Beispiel 009. Siehe auch Kap. 21.5.

8.2.2 Es seien zunächst die **identifizierenden Sätze** betrachtet. In diesen Sätzen, in denen beide Elemente (S und P) deteminiert/spezifisch sind, ist die Reihenfolge in der Nennung der beiden Grössen nicht syntaktisch fixiert, sondern eine Angelegenheit der Pragmatik.[131] Ob die neue Information am Anfang steht oder die Grösse, die kotextuell/kontextuell bereits gegeben ist, hängt davon ab, was der Sprecher/Autor dem Hörer/Adressaten zuerst mitteilen möchte, um das beabsichtigte Verständnis seiner Äusserung im gesamten Textfluss zu sichern. Beispiele:

001  *mk.t=ṯ mk.t Rʿ*, «Dein Schutz ist der Schutz des Re.»[132]

002  *Ptḥ ṯsw=n*, «Ptah ist unser Anführer.»[133]

003  *bw.t=f grg*, «[Er tat tagtäglich, was der König lobt.] Sein Abscheu war die Lüge[, er tat sie nicht.].»[134]

004  *rn n mw.t=s Ṯwjꜣ*, «Der Name ihrer Mutter ist *Ṯwjꜣ*.»[135]

005  *Ḏdj rn=f*, «[Es gibt da einen Bürger;] Djedi ist sein Name.»[136]

8.2.3 Der identifizierende Satz kommt im Mittelägyptischen v.a. noch in religiösen Textkorpora und in Namensangaben vor. In den meisten Fällen wird dagegen ein dreigliedriges Schema verwendet (siehe Kap. 8.6).

Die Identifizierung gilt, wie erwähnt, implizit auch umgekehrt: «X ist Y» und dadurch implizit auch: «Y ist X» oder «X ↔ Y». Der «Vice-versa-Effekt» solcher Sätze ist besonders augenfällig, wenn dasselbe Nomen mit verschiedener Possessivangabe

131 Der Begriff Pragmatik kann definiert werden als Untersuchung des Sprachgebrauchs mit Berücksichtigung von Deixis, Implikaturen, Präsuppositionen und Strukturen der Konversation bzw. des Gesprächs. (Nach Lewandowski, Linguistisches Wörterbuch, Bd. 2, 829–831.) Oder anders gesagt: Pragmatik beschäftigt sich nicht mit dem Verhältnis von sprachlichen Zeichen untereinander (das ist das Feld der Syntax), auch nicht mit dem Verhältnis von sprachlichen Zeichen und dem Bezeichneten (das ist das Feld der Semantik), sondern mit dem Verhältnis zwischen den sprachlichen Zeichen und ihren Benutzern. – Vgl. auch Kap. 11.3.

132 Pap. Berlin 3027: Naoko Yamazaki, Zaubersprüche für Mutter und Kind. Papyrus Berlin 3027 (Achet. Schriften zur Ägyptologie B2), Berlin 2003, Taf. 14, Z. 7.

133 Ranke, PN I, 142, 2.

134 Urk. IV, 490, 14.

135 Gedenkskarabäus Amenophis' III.: George Fraser, A Catalogue of the Scarabs Belonging to George Fraser, London 1900, Taf. 10, Nr. 262, Z. 6f.

136 Pap. Westcar 7, 1.

sowohl Subjekt wie auch Prädikat stellt. Dies ist in religiösen und magischen Textkorpora beliebt, wo der Mensch durch Gleichsetzung mit einer Gottheit in die Sphäre der Götter gerückt werden soll (sog. Wechselsätze, siehe auch Kap. 8.6.5). Vgl. nebst Beispiel **001**:

006  *mḫ(y).t=j mḫ(y).t wr.t*, «Meine Flut ist die Grosse Flut (Name einer Göttin).»[137]

007 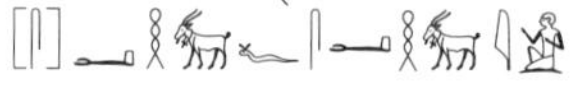 *[s]ʿḫ=f sʿḫ=j*, «Seine Würde ist meine Würde.»[138]

8.2.4 Nun zu den Sätzen mit indeterminiertem/nichtspezifischem Nomen als Prädikat. Beim Prädikat handelt es sich meist um ein Adjektiv/Partizip, wobei der Satz eine **Qualifikation** ausdrückt. Das prädikativ verwendete Adjektiv/Partizip ist (wie im Deutschen, aber nicht wie im Französischen) unveränderlich:

008  *nfr pr=j wsḫ s.t=j*, «Mein Haus ist gut, mein Platz ist weit.»[139]

009  *rš-wj sḏd dp.t.n=f*, «Wie froh ist derjenige, der erzählt, was er (gekostet) erlebt hat.»[140] In dieser generellen Aussage tendiert das Deutsche beim Subjekt zur Indetermination, so dass die entsprechende Übersetzung («Wie froh ist *einer*, …») natürlich nicht als falsch gelten kann.

8.2.5 Anschliessend an das letzte Beispiel ist die **Exklamativ- oder Admirativpartikel**  *-wj* zu erwähnen, die nach einem Adjektiv stehen kann: *nfr-wj*, «wie schön (ist) …!» Sie ist nicht mit dem enklitischen Pronomen der 1. Pers. Sg. *wj* zu verwechseln und auch nicht mit der Endung des maskulinen Duals *-.wj* (obwohl damit die Exklamativpartikel etymologisch verwandt sein dürfte).

8.2.6 Sätze mit indeterminiertem/nichtspezifischem Substantiv als Prädikat drücken dagegen eine **Klassifikation** aus und sind seltener. Vgl.:

137 CT II, 120g (Spr. 107, S1C).

138 CT VII, 171d (Spr. 956, Pap. Gard. III).

139 N.B. In diesem Fall ist der Nominalsatz nicht von einem Verbalsatz mit dem Eigenschaftsverbum *nfr*, «gut sein», in der *sḏm=f*-Form zu unterscheiden (vgl. 10.3.1)! – Sinuhe B 155.

140 Schiffbrüchiger 124.

010  *ḫsbḏ mꜣꜥ šnw=s*[141], «Ihr Haar ist echter Lapislazuli.»[142] Hier gehören Subjekt und Prädikat verschiedenen semantischen Feldern an. Dadurch wird eine Qualifikation ausgedrückt, die einer Metapher (Übertragung)[143] entspricht.

8.3 Mit Pronomen

Ist das Subjekt ein Pronomen, so sieht die Übersicht so aus:[144]

→ Prädikat Subjekt ↓	det./spez. Nomen	indet./nichtspez. Nomen
Pronomen 1. Pers.	*jnk Wsjr* (**011**) (S – P)	*jnk ḏd nfr* (**014**) (S – P)
Pronomen 2. Pers.	*ṯwt jt=j* (**016**) (S – P)	*nfr ṯw ḥnꜥ=j* (**018**) (P – S)
Pronomen 3. Pers.	*ntf sꜣ Wsjr* (**019**) (S – P)	*mḥ-wj sw* (**021**) (P – S)

Bei determiniertem/spezifischem Prädikat wird das pronominale Subjekt stets durch das selbständige Pronomen ausgedrückt. Bei indeterminiertem/nichtspezifischem Prädikat (meist ein Adjektiv), steht in der 2. und 3. Pers. das enklitische Pronomen (sog. *nfr-sw*-Satz [P – S]; selten das selbständige Pronomen [S – P]). In der 1. Pers. steht dagegen aus pragmatischen Gründen meist das selbständige Pronomen (S – P).

141 Im Neuägyptischen wird als Suffixpronomen der 3. Pers. Sg. f. neben auch  verwendet.

142 Pap. Chester Beatty I, Verso, C 1, 4: Alan H. Gardiner, The Chester Beatty Papyri, No. I, London 1931, Taf. 22.

143 Metapher (ohne Vergleichspartikel): «Mein Geliebter … Sein Haupt ist köstliches Feingold, seine Locken sind Dattelrispen»; Vergleich (mit Vergleichspartikel): « … Seine Augen sind wie Tauben an Wasserbächen … seine Lippen sind Lilien gleich, triefend von flüssiger Myrrhe.» (Hoheslied 5,10ff.)

144 Der logisch-semantisch an sich nicht zu erwartende Fall der Identifizierung zweier Personalpronomina ist sehr selten; siehe Sami Uljas, Noun/personal pronoun + personal pronoun as a grammatical construction in Earlier Egyptian, in: JEA 92, 2006, 245–248, zu CT VII, 495g–i/B5C sowie 042 für den dreigliedrigen Nominalsatz.

011  *jnk Wsjr*, «Ich bin Osiris.»[145]

012  *jnk sꜣ=f*, «[Amun, mein Vater ist er.] Ich bin sein Sohn.»[146]

013  *jnk qmꜣ ṯn*, «Ich bin derjenige, der euch erschaffen hat.»[147]

014  *jnk ḏd nfr wḥm nfr*, «Ich bin einer, der Gutes redet und Gutes wiederholt.»[148]

015  *jnk šmsw*, «Ich war ein Gefolgsmann.»[149]

016  *ṯwt jt=j jnk sꜣ=k*, «Du bist mein Vater, (und) ich bin dein Sohn.»[150]

017 

ḥr-nt.t ntk jt n nmḥ h(ꜣ)j n ẖꜣr.t sn n wḏʿ.t šnḏy.t n.t jwtj mw.t=f

«Denn du bist der Vater der Waise, der Mann der Witwe,

der Bruder der Geschiedenen, der Schurz dessen, der keine Mutter hat.»[151]

018  *nfr ṯw ḥnʿ=j*, «Du bist gut mit mir.» > «Du hast es gut bei mir.»[152]

019  *ntf sꜣ Wsjr*, «Er ist der Sohn des Osiris.»[153]

020  *swt nb=n*, «Er ist unser Herr.»[154]

021  *mḥ-w(j) sw m sp pn*, «Wie voll ist (er) es (d.h. das Netz) dies Mal!»[155]

022  *mjw sw m nꜣ n bw nfr jrr(.w)=f*, «Ein Kater ist er in diesem Guten, das er tut.»[156]

145 CT III, 321c (Spr. 239, G1T).

146 Urk. IV, 157, 1.

147 CT II, 1g, (Spr. 76, B2L).

148 Urk. I, 90, 12.

149 Sinuhe R 2.

150 CT I, 207d (Spr. 47, B10Cb).

151 Oasenmann B1, 93–95.

152 Sinuhe B 31.

153 CT IV, 37f (Spr. 286, Sq6C).

154 Grabinschrift: Griffith, Siūṭ and Dêr Rîfeh, Taf. 19 = Montet, in: Kêmi 6, 1936, 161, Kol. 35.

155 Grabinschrift: Henri Wild, Le tombeau de Ti, Bd. 2, Le Caire 1953, Taf. 111.

156 CT IV, 412 (Spr. 335, 164a, Sq7Sq).

8.4 Mit Demonstrativum

8.4.1 In der nichtdirekten Rede haben Demonstrativa, die nur in der 3. Pers. vorhanden sind, häufig innertextlich deiktische Funktion, d.h. sie sind nicht situationsverweisend, sondern anaphorisch (rückverweisend im Text) oder kataphorisch (vorausweisend im Text). Das erklärt die Verhältnisse im ägyptischen Nominalsatz mit einem Demonstrativum als Subjekt.

In Sätzen mit nominalem Prädikat mit einem Demonstrativum als Subjekt hat das Demonstrativum meist nicht mehr die volle deiktische Funktion, sondern *pw* (seltener *nw* oder *nn*) hat die Bedeutung des deutschen «er/sie» oder «es». Das Demonstrativum ist in dieser Funktion im Mittelägyptischen invariabel[157] und steht nach dem Prädikat (P – S): Schema **P – *pw***, «Dieser ist X» > «Er/es ist X».

023  *ḥq ͗=f pw*, «Dieser/er/es ist sein Herrscher.»[158]

024  *dp.t m(w)t nn*, «Dies/es ist der Geschmack des Todes.»[159]

8.4.2 Bei längeren Prädikaten wird das Demonstrativum nach vorne, an die zweite Stelle des Satzes gerückt (Schema $\mathbf{P_{Anfang}}$ **– *pw* –** $\mathbf{P_{Ende}}$), wobei «zweite Stelle» nicht absolut als «Stelle des zweiten Wortes im Satz» zu verstehen ist, da ein direkter Genetiv ja nicht getrennt werden darf. Beispiel:

025  *twt pw n jr.t R*ʿ, «Dies/es ist das Bild des Auges des Re.»[160]

026  *ḥm.t w*ʿ*b pw n R*ʿ, «Sie/es ist die Frau eines Re-Priesters.»[161]

8.4.3 Die folgenden beiden Beispiele bestehen aus einem Pronomen der 1. bzw. 3. Pers. und einem Demonstrativum:

157 Zur Invariabilität vgl. deutsch «Seine Mutter lebt noch. Es (neben: Sie) ist eine tüchtige Frau»; «Schenkst du den Kaffee ein? Onkel Peter tut es schon.»

158 CT VI, 155f (Spr. 554, B1Bo).

159 Sinuhe B 23.

160 Die Genetivverbindung wäre hier natürlich nicht möglich. – CT IV, 249a (Spr. 335, L1NY).

161 Pap. Westcar 9, 9.

027  *jnk pw jnk sꜣ=k jnk Ḥr*, «Ich bin es, ich bin dein Sohn, ich bin Horus.»[162]

028  *ntf pw m mꜣʿ.t*, «Es ist wirklich er.» / «Er ist es wirklich.»[163]

Beide Elemente (S und P) stehen in der Thematizität praktisch auf gleicher Stufe, was besonders im Fall von Pronomen der 3. Pers. und Demonstrativum (das seinerseits auch als Pronomen [der 3. Pers.] zu verstehen ist) der Fall ist.

8.5 Mit Interrogativum

Sätze mit nominalem Prädikat mit Interrogativa (vgl. Kap. 6.6) werden hier gesamthaft behandelt, obgleich durch Interrogativadverbien eingeleitete Sätze (siehe **031** und **034**) zu den Sätzen mit adverbialem Prädikat (Kap. 9) gehören.

8.5.1 Interrogativa stellen in nonverbalen Sätzen das Prädikat. Sie stehen in der Regel am Satzanfang (P – S). Ein pronominales Subjekt wird durch das enklitische Pronomen ausgedrückt. Beispiele (vgl. auch **034a**):

029  *ptr wr.t r […]*, «Was ist das Grössere als […]» > «Was gibt es Grösseres als [meinen Leichnam mit dem Land zu vereinigen, in dem du mich geschaffen hast]?»[164] Sinuhe bittet den unbenannten Gott, ihn wieder in die Heimat zu führen.

030  *ptr ḏd.t n=j nb=j*, «Was ist das, was mein Herr zu mir sagt?» > «Was sagt mein Herr zu mir?»[165]

031  *ṯn(j) Ḥr*, «Wo ist Horus?»[166] Beginn eines Pyramidenspruches.

032 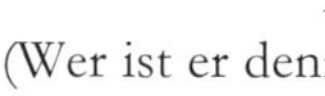 *ptr rf sw*, «[Sage es dem Dolmetscher der Beiden Länder. –] (Wer ist er denn?) Wer ist denn das? [– Der Dolmetscher der Beiden Länder, das ist Thot].»[167]

162 Pyr. 1683b (Spr. 606, N).

163 Sinuhe B 268.

164 Sinuhe B 159f.

165 Substantivierte Relativform, siehe Kap. 20. – Sinuhe B 261.

166 Pyr. 681a (Spr. 388, T).

167 Tb 125: Pap. Nu, Taf. 69, Spr. 125, Kol. 103.

8.5.2 Demgegenüber gibt es auch Fälle, in denen ein pronominales Subjekt in der Form des selbständigen Pronomens als Thema am Anfang steht, dem das Interrogativum als Rhema folgt (S – P).

033  *ṯwt m*, «‹Wer bist du?›, [fragen mich …].»[168] Die Frage an den Verstorbenen (1. Pers.) erfolgt nach einem längeren Dialog.

034  *m tr ṯw* ***ntk sy*** *ḫpr.n=k ṯnj*, «[Spruch, einzutreten nach dem Hinausgehen: Öffne! –] Wer bist du denn? Welcher (Art) bist du? Wo bist du entstanden?»[169]

035  *jnk m tr*, «[Friss mich nicht, denn ich bin rein.] Wer bin ich denn? [Der, der selbständig gekommen ist …].»[170]

8.5.3 Der Unterschied zwischen den beiden Konstruktionen liegt darin,[171] dass die Konstruktion mit dem selbständigen Personalpronomen die Möglichkeit bietet, das kontextuell bereits bekannte Thema an den Anfang zu stellen: «Du, wer bist du?» (**033**), «Du, welcher (Art) bist du?» (*ntk sy* **034b**), «Ich, wer bin ich denn?» (**035**). So kann eine insistierende Fortsetzungsfrage (*ntk sy* **034b**), ausgedrückt werden. Demgegenüber ist eine Frage des Typs *m tr ṯw*, «Wer bist du (denn)»? informatorisch, wie dies in **029** bis **032** sowie in **034a** (*m tr ṯw*) zu Beginn einer Reihe von Fragen der Fall ist.

8.6 Dreigliedrige Schemata

8.6.1 Ursprünglich zur Erstpositionierung des Prädikates dient eine Konstruktion, die im identifizierenden Satz mit nominalem Prädikat üblich ist: das Schema **P –** ***pw*** **– S**.

Aus dem Schema P = Nomen – S = Demonstrativum (Kap. 8.4.2) entwickelt sich der Satz mit nominalem Prädikat mit der sog. Kopula *pw*:

$$[\mathrm{X}]_{\mathrm{P}} - [pw]_{\mathrm{Kopula}} - [\mathrm{Y}]_{\mathrm{S}}$$

«Y ist X».

168 CT III, 95g (Spr. 188, B1L). für .

169 Tb 122: Pap. Nu, Taf. 25, Spr. 122/1, Kol. 2.

170 Tb 40: Pap. Nu, Taf. 21, Spr. 40, Kol. 2.

171 Bei Malaise/Winand, Grammaire, 290, § 477, mit der Erklärung Qualifizierung versus Identifizierung.

036  *bw.t Wsjr pw nhm*, «[Schrei nicht!] Der Abscheu des Osiris ist es, das Schreien.» > «Das Schreien ist Osiris' Abscheu.»[172]

Auch hier wird bei längeren Prädikaten *pw* nach vorne, an die zweite Stelle des Satzes, geschoben, so dass das Schema $\mathbf{P_{Anfang}}$ **–** ***pw*** **–** $\mathbf{P_{Ende}}$ **– S** entsteht (siehe oben Kap. 8.4.2).

037  *[p.t] pw n.t s jwn nfr*, «Der gute Charakter ist der Himmel eines Mannes.»[173]

Mit dem Schema P – *pw* – S soll das Prädikat hervorgehoben und (meist implizit) mit einer anderen Möglichkeit kontrastiert werden: «(Nicht P_1, sondern) P_2 ist S».

Gerne stehen so gebildete Sätze (wie auch Sätze des zweigliedrigen Schemas P – *pw* [Kap. 8.4]) in Sentenzen und in Begründungen: «S ist (wie allgemein bekannt) P», bzw. «… Denn S ist ja P».[174] Vgl. aus der Gattung der Lebenslehren:

038  *nb (j)ḫ.t pw tm gꜣw(.w)*, «[Mach deine Beamten reich …,] (denn) einer, der keine Not leidet, ist ein Besitzender.»[175] Dreigliedriges Schema P – *pw* – S.

039  *sꜥnḫ rn pw n jr(j) sj*, «[Errichte zahlreiche Denkmäler für Gott!] (Denn) das ist (ja) ein Weiterlebenlassen des Namens für den, der es tut.»[176] Zweigliedriges Schema P – *pw* (siehe Kap. 8.4).

8.6.2 Diese Konstruktion (P – *pw* – S), die das Prädikat hervorhebt, hat ihre Emphase jedoch praktisch verloren und ist als normale Ausdrucksweise für den identifizierenden Nominalsatz verwendet worden. Der Grund dafür müsste in dem Vorteil dieser dreiteiligen Konstruktion liegen, nämlich dass sie Eindeutigkeit bezüglich des Subjekt/Prädikat-Verhältnisses bewirkt, da das Demonstrativum grundsätzlich nach dem Prädikat steht. Das Schema S – P mit zwei determinierten Nomina (Kap. 8.2) ist im Mittelägyptischen nur noch selten anzutreffen, und zwar in religiösen Texten,

172 CT I, 150d (Spr. 37, B2Bo).
173 Merikare E 31/P III, 7.
174 So Elke Blumenthal, Die Lehre für König Merikare, in: ZÄS 107, 1980, 23; 29.
175 Merikare E 43/P IV, 7f.
176 Merikare E 63/P VI, 6.

wo der «Vice-versa-Effekt» (S ↔ P) gewollt ist, und ist anderweitig eben durch das Schema P – *pw* – S ersetzt worden.

Allerdings ist die hier über das Schema P – *pw* – S gemachte Feststellung weiter unten wieder zu relativieren, siehe Kap. 8.6.5f.!

8.6.3 Ein anderes dreigliedriges Schema ist **S – P – *pw*.** Es dient nicht dazu, das Subjekt zu fokussieren, sondern das Subjekt zu topikalisieren (vgl. Kap. 11.3). Dieses wird in das Vorfeld des Satzes verschoben (Prolepse). Vgl. deutsch «X – es ist Y» oder prägnanter «Was X betrifft, so ist es Y». (Dieses «Was ... betrifft» ist nicht zu verwechseln mit der Hervorhebung des Subjektes «Es ist X, welcher ...».) Beispiel:

040  *ṯs nḥꜣ-ḥr m dꜣ.t mḥ 440 pw m ꜣw=f*, «Die Sandbank des Schreckgesichts in der Unterwelt (ist) misst 440 Ellen in ihrer Länge.»[177]

Diese Konstruktion ist bei komplizierteren Sätzen mit längerem Subjekt oder Prädikat gut verständlich: Um den etwas unübersichtlichen Satz durchhalten zu können, sagt der Sprecher erst einmal, wovon er sprechen will (Thema), bevor er die Aussage (Rhema) darüber in Angriff nimmt. Damit ist – auf den ägyptischen Satz mit nominalem Prädikat angewandt – die vermutlich ursprüngliche Wortstellung S – P wieder erreicht![178]

8.6.4 An dieser Stelle kann auf das explizite Schema ***jr* – S – P – *pw*** verwiesen werden (zu *jr*, «was ... betrifft», vgl. Kap. 4.1.2), das dem vorhergehenden Schema S – P – *pw* ja sehr ähnlich ist. Es handelt sich hier jedoch um ein zwei- (P – *pw*, vgl. Kap. 8.4.1) und nicht um ein dreigliedriges Schema, wobei das Subjekt *pw* und das topikalisierte Subjekt referenzidentisch sind. Beispiel:

177 Amduat, 7. Stunde, mittleres Register: Hornung, Texte zum Amduat, Bd. 2, 548 (R IIIs).

178 Zur Verdeutlichung ein Beispiel aus dem Alten Reich: «Jeder Mensch (*jr ḥm rmṯ nb*), der wünschen wird, dass er in seinem (eigenen) Grabe (und nicht in einem usurpierten!) bestattet werde, [...] der ist ein vom grossen Gotte Geehrter, einer, der zu seinem Ka geht (d.h. stirbt), nachdem er sehr schön alt geworden ist» (Urk. I, 71, 3–6, nach Edel, Altägyptische Grammatik, 495, § 972).

041  *jr nḥḥ hrw pw jr ḏ.t grḥ pw*, «Was die *nḥḥ*-Ewigkeit betrifft, so ist sie der Tag; was die *ḏ.t*-Ewigkeit betrifft, so ist sie die Nacht.»[179]

[*jr*]$_{\mathrm{E}}$ [*nḥḥ*]$_{\mathrm{topikalisiertes\ S}}$ [*hrw*]$_{\mathrm{P}}$ [*pw*]$_{\mathrm{S}}$

8.6.5 Dem bisher Gesagten widersprechend (vgl. Kap. 8.6.2f.) und insofern merkwürdig sind Sätze, die nach dem verständlichen Inhalt nur durch das Schema **S – *pw* – P** zu analysieren sind. Beispiele:

042  *jnk pw sw*, «Ich bin er.»[180]

043  *swt pw dbḥw n […]*, «(Etwas Honig und Isched-Früchte), das ist der Bedarf von […].»[181]

044  *N.N. pn pw Šw*, «Dieser N.N. ist Schu.»[182]

Wie bei dem Schema S – P – *pw* wird das Subjekt ganz an den Anfang des Satzes verschoben, doch hat *pw* nicht seine übliche Stellung hinter dem Prädikat beibehalten, sondern ist in der Mitte belassen worden – offensichtlich deshalb, weil seine Funktion tatsächlich bereits als Kopula empfunden wurde.

8.6.6 Insofern neben dem Schema P – *pw* – S auch das Schema S – *pw* – P existiert, ist auch der dreiteilige Satz mit nominalem Prädikat (wie der zweiteilige) uneindeutig, was das Subjekt/Prädikat-Verhältnis betrifft. Vgl. das folgende Beispiel:

045  *Nwn pw jt nṯr.w*, «Der Vater der Götter ist Nun.» oder «Nun ist der Vater der Götter.»[183]

Zum pointierten Ausdruck der Gegenseitigkeit eines Besitzverhältnisses dient der sog. Wechselsatz,[184] der sowohl mit dem zwei- (siehe Kap. 8.2.2) als auch mit dem dreigliedrigen Schema vorkommt. Vgl. **001** *mk.t=ṯ mk.t Rʿ*, «Dein Schutz ist der Schutz des Re.» mit:

179 CT IV, 203a–b (Spr. 335, BH1Br).

180 CT VII, 478i (Spr. 1134, B5C).

181 Pap. Boulaq 8 (= Kairo JdE 58043), Kol. 10: Baer, in: ZÄS 93, 1966, 2.

182 CT II, 3d (Spr. 78, B1P).

183 Urk. V, 8, 16.

184 Der Begriff Wechselsatz (englisch balanced sentence) wird auch für eine bestimmte Art von Verbalsätzen verwendet, siehe Kap. 10.4.2f.

046  *N.N. pw ṯw ṯwt pw N.N.*, «Du bist N.N., und N.N. ist du.»[185]

047  *jnk pw s(j) stt pw (w)j ṯs-pẖr*, «Ich bin es, und es ist ich, (und) umgekehrt.»[186]

8.7 *n(j) X* und *n X jmj* zum Ausdruck von Zugehörigkeit und Besitz

8.7.1 Zum Schluss sind zwei besondere Arten von Sätzen mit nominalem Prädikat zu behandeln, die zum Ausdruck von Zugehörigkeit und Besitz dienen.[187] Es sei bereits an dieser Stelle darauf hingewiesen, dass eine dritte Möglichkeit, Zugehörigkeit oder Besitz auszudrücken, innerhalb der Sätze mit adverbialem Prädikat besteht (siehe Kap. 9.4).

8.7.2 Es handelt sich zum einen um Sätze, deren Prädikat aus unveränderlichem *n(j)* + Nominalphrase (Substantiv/Pronomen) besteht; das Prädikat steht grundsätzlich an erster Stelle, das Subjekt folgt nach. Bei *n(j)* handelt es sich vermutlich (– wie beim sog. Genetivadjektiv [vgl. Kap. 5.6.3] und entgegen anderen Autoren – nicht um die Nisbe der Präposition *n*, sondern) um ein Determinativ-Pronomen mit der Bedeutung «der von ...», in der hier besprochenen Verwendung im Sinne von «zugehörig zu ...».[188] Das Grundschema ist also:

[*n(j)* X]$_{\mathbf{P}}$ – S, «Zugehörig zu X ist S».

Bei Aussagen der Zugehörigkeit, in denen sowohl X als auch S ein Substantiv ist, kommen öfters Götternamen vor. In solchen Fällen – häufig Eigennamen – ist die Metathesis aus Respekt (siehe Kap. 2.2.1) zu beachten:

048 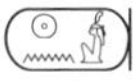 *N(j)-mꜣʿ.t-Rʿ*, «Zugehörig zu Maat ist Re.»

185 Pyr. 703b (Spr. 405, T/M).

186 CT VII, 157c (Spr. 943, Pap. Gard. III). – *ṯz-pẖr: ṯz* = «Ausspruch/Rede», *pẖr* = umwenden/umdrehen».

187 Ein semantischer Unterschied ist zwischen diesen beiden Satzarten nicht auszumachen. Näheres siehe Jenni, in: LingAeg 12, 2004.

188 Dabei ist ägyptisch *n* verwandt mit semitischem *ḏ/š*. Die beste Parallele zu ägyptisch *n(j)* bietet arabisch *ḏū*, fem. *ḏāt*. Zur Interpretation von *n(j)* als Determinativ-Pronomen siehe Antonio Loprieno, Osservazioni sullo sviluppo dell'articolo prepositivo in egiziano e nelle lingue semitiche, in: OrAnt 19, 1980, 1–27; Loprieno, Ancient Egyptian, 118–121.

Im Thronnamen Amenemhats III.  ist grundsätzlich sowohl die Lesung *N(j)-R'-m3'.t*, «Zugehörig zu Re ist Maat», als auch die (korrekte) Lesung *N(j)-m3'.t-R'*, «Zugehörig zur Maat ist Re», möglich. Ebenso ist es auf Anhieb unklar, ob der Eigenname  als *N(j)-Ptḥ-'nḫ*, «Zu Ptah gehörig ist das Leben», oder (korrekterweise) als *N(j)-'nḫ-Ptḥ*, «Zum Leben gehörig ist Ptah», zu verstehen ist.[189]

Ist X pronominal, so wird das enklitische oder das selbständige Pronomen verwendet. Ist S pronominal, so wird das enklitische Pronomen verwendet.

Dabei gehen *n(j)* und das folgende Pronomen eine enge Verbindung ein, die sich zuweilen auch graphisch ausdrückt:

	für 	*n(j) wj*,
	für 	*n(j) sw*,
	für 	*n(j) sj*,
	für 	*n(j) jnk*.

Beispiele:

049  *n(j) ṯw s(j)*, «Zu dir gehörig ist es (das Horusauge)/Es (das Horusauge) gehört dir.»[190] Dieses Beispiel verdeutlicht, dass *n(j)* in Genus und Numerus invariabel ist: Ist das Subjekt feminin, so steht ebenfalls *n(j)* (und nicht etwa *n(j).t*).

050 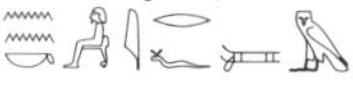 *n(j) (j)nk jrf tm*, «Zu mir gehörig ist doch alles.»[191]

051  *n(j) (j)nk ṯn*, «Zu mir gehörig seid ihr.»[192]

Ist X durch das selbständige Pronomen ausgedrückt, so wird das erste Element, *n(j)*, zuweilen auch unterdrückt: [*Ø jnk*]$_P$ – S, «Zu mir gehörig ist S». Beispiele:

052  *Ø-jnk sj*, «Zu mir gehörig ist sie.»[193]

053  *Ø ntk 'nḫ*, « Dir gehört das Leben/Du hast das Leben.»[194]

189 Vgl. Loprieno, Ancient Egyptian, 119.

190 Pyr. 2033 (Spr. 680, N).

191 CT II, 166c (Spr. 137, B2P).

192 CT III, 367c (Spr. 257, S1Ca).

193 Ranke, PN I, 38, 20.

194 Sinuhe B 263.

In diesen Fällen schliesst der Kontext ein Missverständnis aus (im Falle des zuletzt erwähnten Beispiels *«Du bist das Leben», vgl. Kap. 8.3), da [*Ø ntf*]P – S nur da verwendet zu sein scheint, wo S nicht referenzidentisch mit X ist.

8.7.3 Ein Satz wie «Zugehörig zu 30 Ellen ist er/Er misst 30 Ellen» müsste also **n(j) mḥ 30 sw* lauten. Das ist jedoch deswegen nicht der Fall, weil das Pronomen die Tendenz hat, nach vorne, vor das Nomen zu rücken (ähnlich im Satz mit verbalem Prädikat, vgl. Kap. 11.2.2) und eine enge Verbindung mit *n(j)* einzugehen. Der obengenannte Satz lautet also tatsächlich so:

054 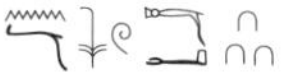 *n(j) sw mḥ 30*, «Sie (die Schlange) ist zugehörig zu 30 Ellen/misst 30 Ellen.»[195]

Ein Missverständnis («30 Ellen sind zugehörig zu ihr») ist auszuschliessen, da das pronominale Element erwartungsgemäss das Subjekt ist (vgl. Kap. 8.1.1).

8.7.4 Zum anderen handelt es sich um Sätze, deren Prädikat aus der Präposition *n* plus unveränderliches *jm(j)* besteht: [*n X jm(j)*]P – S, «Zugehörig zu X ist S». Dieser Satztyp kommt nur mit pronominalem X (Besitzer) vor. Zu merken ist also:

[*n=f jm(j)*]P – S, «Zugehörig zu ihm ist S».

In *jm(j)* ist die Nisbe zur Präposition *m* zu erkennen (siehe Kap. 5.8.6), wobei hier an das sog. (erst in Kap. 9.3.1 zu behandelnde) *m* der Identität oder der Äquivalenz zu denken ist: «Als dem X ist S/Dem X seiend ist S». Ist S pronominal, so wird das enklitische Pronomen verwendet. Beispiele:

055 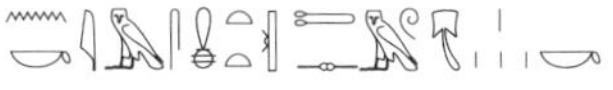 *n=k jm(j) s(j) mjt.t ṯsm.w=k*, «Es (d.h. das Land Retjenu) gehört zu dir wie deine Hunde.»[196]

056  *n=f jm(j) kꜣ.w*, «Ihm gehörig sind die Stiere.»[197]

057  *ʿntjw n=j jm(j) sw*, «Die Myrrhe, zu mir gehörig ist sie.»[198] Der Besitz (*ʿntjw*) steht aus kontextuellen Gründen vorne (Prolepse, vgl. Kap. 11.3) und wird nach *n=j jm(j)* durch *sw* wiederaufgenommen.

195 Schiffbrüchiger 62f.

196 Sinuhe B 222f.

197 CT IV, 2c (Spr. 268, B1Bo).

198 Schiffbrüchiger 151.

Beispiel **055** verdeutlicht, dass *jm(j)* in Genus und Numerus invariabel ist: Ist das Subjekt feminin, so steht ebenfalls *jm(j)* (und nicht etwa *jm(j).t*).

Übung 8

Die am Ende dieses und der folgenden Kapitel stehenden Übungssätze sind jeweils zu transkribieren, zu übersetzen und zu analysieren (Bestimmung der Satztypen, der Verbformen, syntaktischen Elemente usw.). Quellenangaben, Erläuterungen und Hilfen finden sich in den Anmerkungen.

1. 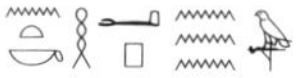 [199]
2.  [200]
3.  [201]
4.  [202]
5.  [203]
6.  [204]
7.  [205]
8.  [206]
9.  [207]
10.  Var.  [208]
11.  [209]

199 Oasenmann B1, 173. – Hapi ist der vergöttlichte Nil, die jährliche Überschwemmung durch diesen Fluss.

200 CT VII, 494c (Spr. 1145, B5C). –  statt zu erwartendem .

201 Pap. Westcar 9, 8f. – Das erste Wort des Satzes ist im Wörterbuch zu finden bei Berücksichtigung einer Lautverschiebung (siehe Kap. 1.2.2). Der Satz enthält einen zusammengesetzten Eigennamen.

202 Pap. Ebers 75, 12: Grundriss der Medizin, Bd. 5, 408, Eb 588. – *wn-mꜣꜥ*, «Richtigkeit».

203 CT IV, 188b–c (Spr. 335, B9Ca). –  *Nwn* ist das vergöttlichte Urwasser, aus dem auch der Nil und dessen Überschwemmung gespiesen werden.

204 CT VI, 72h (Spr. 492, B9C). – *bꜣ*, «Ba/Seele»; *kꜣ*, «Stier», auch bildlich für «Gebieter»; *jmn.t*, «Westen».

205 Sinuhe B 81.

206 CT VII, 219f (Spr. 1002, Pap. Gard. II). – *sꜥb=f*, hier: «wenn er reinigt».

207 CT I, 277c–d (Spr. 65, T1C). – *jꜥtj*, «Übersetzer (?)».

208 Ranke, PN I, 176,14.

209 CT V, 279c (Spr. 431, B1Bob).

9 Sätze mit nonverbalem Prädikat II: Sätze mit adverbialem Prädikat

9.0 Die Sätze mit adverbialem Prädikat, deren Prädikat ein Adverb oder eine Präposition + Infinitiv ist, sollen hier unter Ausnahme der Sätze betrachtet werden, deren Prädikat aus Präposition *ḥr / m / r* + Infinitiv besteht (siehe oben Kap. 7.2.2f., 7.3.1 und 16.5).

9.1 Mit nominalem Subjekt

9.1.1 Das nominale Subjekt ist entweder ein Substantiv oder ein substantiviertes Adjektiv oder Partizip:

058  *ẖr.t=k m pr=k*, «Deine Habe ist in deinem Haus.»[210]

9.1.2 Davor kann eine nichtenklitische Partikel stehen (v.a. *jw* oder *m=k* oder *jsṯ*, vgl. zu deren Funktion Kap. 4.1.1f.).

059  *jw dꜣb.w jm=f ḥnꜥ jꜣrr.wt*, «Feigen sind in ihm (d.h. dem Land Jaa) sowie Trauben.»[211]

Während bei den Sätzen mit nominalem Prädikat die indikativisch bejahende Partikel *jw* sehr selten ist, kommt sie bei den Sätzen mit adverbialem Prädikat in initialer Stellung häufig vor.[212] Unter einem **initialen Satz** ist ein Satz zu verstehen, der nicht mit dem vorhergehenden Satz syntaktisch oder textuell koordiniert ist.[213]

210 Oasenmann B1, 124.

211 Sinuhe B 81f.

212 Vgl. Kap. 9.3.3.

213 Ein nichtinitialer Satz ist in irgendeiner Weise, d.h. sinngemäss oder formal (z.B. durch ein Folgetempus), mit dem vorhergehenden (parataktisch) koordiniert, aber dennoch autonom in dem Sinne, dass er, für sich allein genommen, einen vollständigen Satz bildet. Die kotextuelle Kategorie von initialen und nichtinitialen Sätzen

Initiale Sätze werden u.a. durch die Partikeln *jw* oder *m=k* markiert. Die semantische Funktion von *jw* (Bejahung), die ja an sich verzichtbar ist, entwickelt sich also zu einer syntaktischen und signalisiert im Textfluss eine neue semantische Einheit zwischen Satz und Text. Vgl. Kap. 9.2.

9.1.3 Ein seltenerer Fall von Prolepse (siehe Kap. 11.3) findet sich in dem folgenden Satz mit adverbialem Prädikat. Hier ist das Subjekt ein Nominalausdruck mit indirektem Genetiv: *bꜣk.wt n.t Tꜣ-mḥw*, der durch das vorgezogene Prädikat gesprengt wird.

060  *bꜣk(.wt) m-ꜥ=k n.t Tꜣ-mḥw*, «Die Abgaben des Deltas sind bei dir.»[214]

9.2 Mit pronominalem Subjekt

Ist das Subjekt hingegen pronominal, so steht seltener das selbständige Pronomen, häufiger eine Partikel plus Pronomen. Ist die Partikel *jw*, so wird als Subjekt das Pronominalsuffix angehängt, ist die Partikel *m=k* usw. oder *jsṯ*, so folgt das enklitische Pronomen als Subjekt. Beispiele:

061  *jnk m tꜣ pn ḏ.t*, «Ich bin für immer in diesem Land.»[215]

062  *jw=n m wꜣḏ-wr*, «Wir waren (im Grossen Grünen) auf dem Meer.»[216]

063  *m=k wj r-gs=k*, «Siehe, ich bin bei dir.»[217]

064  *[...] (j)sṯ w(j) m bꜣk=f*, «[...], wobei ich sein Diener war».[218]

ist also nicht mit der syntaktischen Kategorie von Haupt- und Nebensätzen zu verwechseln: Jeder initiale Satz ist ein Hauptsatz, aber nicht jeder nichtinitiale ein Nebensatz. Oder: Jeder Nebensatz ist nichtinitial, aber nicht jeder Hauptsatz ist initial.

214 Merikare E 87f.

215 CT IV, 93q (Spr. 313, B5C).

216 Schiffbrüchiger 33.

217 Schiffbrüchiger 108.

218 Stele London, BM 614: Hieroglyphic Texts, Bd. 1, Taf. 49, Z. 4. – Zu *(j)sṯ* siehe Anm. 34; zu der Funktion von *m* siehe Kap. 9.3.1.

Sofern der Satz mit adverbialem Prädikat nicht semantisch nuanciert werden soll, sei es durch *jn*, d.h. durch das selbständige Pronomen, sei es durch *m=k* oder durch *jsṯ*, sondern neutral formuliert werden soll, bleibt zum Ausdruck des Subjektes kein Pronomen übrig, das an erster Stelle im Satz stehen könnte. Somit ist bei pronominalem Subjekt die Entwicklung von *jw* zu einem morphologischen Signal besonders deutlich (vgl. 9.1.2). Im Gegensatz zu Sätzen mit nominalem Subjekt entwickelt *jw* bei pronominalem Subjekt (*jw=f*) im Laufe der Sprachgeschichte eine syntaktische Funktion, die nicht Initialität, sondern Nichtinitialität ausdrückt. Das oben gegebene Beispiel **062** steht in folgendem Zusammenhang: «Der Sturm war losgebrochen, (als) wir auf dem Meer waren, bevor wir Land erreicht hatten.»

9.3 Situationsgebundene Identifikation

9.3.1 Die **Präposition** ***m*** drückt u.a. auch **Identität oder Äquivalenz** aus, annäherungsweise durch deutsches «als» (vgl. französisch «en tant que») wiederzugeben. Vgl. den folgenden Satz mit verbalem Prädikat, in welchem *jwtj …* in der adverbialen Bestimmung *m jwtj [...]* referenzidentisch mit dem direkten Objekt *sw* ist:

065 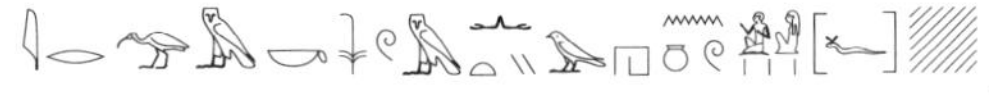 *jr gm(j)=k sw m jwtj hnw=f ////* *[...]*, «Wenn du ihn findest als einen, dessen Angehörige nicht //// sind, [...]».[219] Zum negativen Relativpronomen *jwtj* siehe Kap. 21.3.2

9.3.2 Durch den **prädikativen Gebrauch der Präposition** ***m*** in der erwähnten Bedeutung entsteht der Satz mit adverbialem Prädikat des Schemas **S – [*m X*]$_{\mathbf{P}}$** mit der Bedeutung («S ist als X» >) «S ist P». Beispiel:

066  *jb=j m snnw=j*, «[Ich war allein,] (nur) mein Herz war (mein Zweiter) mein Gefährte.»[220]

In einem solchen Fall sind Subjekt und Prädikat referenzidentisch. Vgl. **jw=f m sš*, «er ist ein/der Schreiber», und im Gegensatz dazu **jw=f m pr*, «er ist im Haus».

219 Merikare M II, 6.

220 Schiffbrüchiger 42.

9.3.3 Es fragt sich nun, was der Unterschied ist zwischen dem Satz mit adverbialem Prädikat dieses Schemas S – [*m* X]P in der Bedeutung «S ist P» und dem identifizierenden Satz mit nominalem Prädikat (vgl. Kap. 8.1–4) mit der vordergründig gleichen Bedeutung «S ist P». Grundsätzliche funktionale Unterschiede zwischen den beiden Arten von Sätzen mit nonverbalem Prädikat sind:

Sätze mit nominalem Prädikat:	Sätze mit adverbialem Prädikat:
[Nomen]S – [Nomen]P	[Nomen]S – [Präp. + Nomen]P
Existenz («es ist/es existiert»; «il est/il existe»)	Präsenz («es gibt/es ist vorhanden»; «il y a/there is»)
Identifizierend oder klassifizierend	Situierend

Im Gegensatz zu Sätzen, die Existenz ausdrücken, sind solche, die Vorhandensein oder Präsenz ausdrücken – nach Einsicht der allgemeinen Sprachwissenschaft[221] – häufig auf spezifische Individuen und spezifische Orte bezogen.

Eine thetische Aussage präsentiert durch eine sehr enge Verbindung zwischen Subjekt und Prädikat (oder durch S = Ø) eine Aussage als etwas Ganzes; eine thetische Aussage stellt diese als gegeben und unrelativierbar hin. Sie beschreibt die Szenerie. Sätze mit nominalem Prädikat sind grundsätzlich eher thetisch. Eine kategorische Aussage dagegen ist eine Behauptung; sie gibt über ein bestimmtes Subjekt Auskunft. Sie analysiert einen Gegenstand und fügt im fortschreitenden Text eine neue Information hinzu. Je mehr ein Subjekt referentiell, kontextuell gegeben und kotextuell etabliert ist, desto eher ist die Prädikation kategorisch.[222] Sätze mit adverbialem Prädikat sind in der Regel kategorisch.

Dadurch wird verständlich, dass Sätze mit nominalem Prädikat nur in Ausnahmefällen durch *jw* eingeleitet werden. Eine Aussage, die durch *jw* bejaht werden kann, muss ja grundsätzlich kategorisch, d.h. eine Behauptung, sein.[223]

221 Nach Anna Wierzbicka, Semantics. Primes and Universals, Oxford/New York 1996, 83f.

222 Siehe Hans-Jürgen Sasse, The Thetic/Categorical Distinction Revisited, in: Linguistics 25, 1987, 511–580; Loprieno, Ancient Egyptian, 109–112; 122, zu den thetischen nominalen Nominalsätzen mit *pw*.

223 Hierzu zwei Beispiele: Der Fürst von Retjenu, Amunenschi, sagt zu Sinuhe: 018 *nfr ṯw ḥnʿ=j*, «Du wirst es bei mir gut haben[, (denn) du wirst die Sprache Ägyptens hören].» Diese Voraussage kommt unerwartet und stellt die ganze Aussage (das Wohlsein Sinuhes bei Amunenschi) als gegeben hin, weil, wie es im Anschluss heisst, Amunenschi über Sinuhe bereits Informationen hat. Kategorisch ist dagegen das folgende Beispiel mit *jw*: *jw nfr sw m pꜣ hrw r sf m jr(j).t rḏy m ḥr=f*, «Er ist heute *sogar* noch vollkommener als ge-

Die eingangs von Kap. 9.3.3 gestellte Frage lässt sich nun beantworten: Wählt der Sprecher zum Ausdruck eines Satzes «Er ist mein Sohn» den Satz mit nominalem Prädikat (**ntf sꜣ=j*), so drückt er damit etwas Grundsätzliches, Allgemeingültiges aus oder er belässt die Aussage unmarkiert. Wählt er dagegen den Satz mit adverbialem Prädikat S – [*m* X]$_P$ (**jw=f m sꜣ=j*), so situiert er S in/als P. Dadurch markiert er, dass die Aussage **situationsgebunden** ist. Die Prädikation ist in diesem Fall akzidentiell und nicht essentiell (wie im Satz mit nominalem Prädikat). Gilt die Prädikation nicht allgemein, sondern unter besonderen Umständen, so gilt sie implizit für einen anderen Umstand (oder für andere Umstände) nicht.[224] In unserem erfundenen Beispiel wäre im zweiten Fall (**jw=f m sꜣ=j*) an eine Adoptionssituation zu denken: «Er ist nun mein Sohn/Er gilt jetzt als mein Sohn.» Von den folgenden Beispielen ist das erste bereits bekannt:

066 *jb=j m snnw=j*, «[Darauf wurde ich an Land (gegeben) gespült durch eine Welle des Meeres. Ich verbrachte drei Tage, indem ich allein war –] (nur) mein Herz war mein (Zweiter) Gefährte – [(und) indem ich im Innern eines Verstecks aus Gehölz lag, umarmte ich den Schatten]», drückt aus, dass der Schiffbrüchige damals, als er auf der Insel gestrandet war, ganz allein war. Sein Alleinsein war vorübergehend.

067  *jw ms jtrw m snf*, «Es ist doch so: Der Nil ist Blut.»[225] Der Passus aus einem Abschnitt mit toposhaften Klagen über die eingetretene Situation beklagt die Brutalität der Zeit mit dem Bild des neuerdings oder vorübergehend blutigen Stromes.

068  *stwt m jr(j) mn.t*, «Wer für Ausgleich sorgen sollte, ist einer, der Leid verursacht.»[226] Der Satz stammt aus einem Abschnitt, der zu dem literarischen Topos der Klagen gehört, die häufig, wie hier, den Gegen-

stern bei der Ausführung dessen, was ihm aufgetragen wurde» (Norman de Garis Davies/Nina de Garis Davies, The Tombs of Two Officials, London 1923, Taf. 26).

224 Vgl. James E. Hoch, Middle Egyptian Grammar (SSEA Publication XV), Mississauga/Toronto 1997, 34: «What follows *m* is usually a secondary feature or an acquired (or temporary) feature. In other words, it serves to identify people and things by function rather than by essence. The *m* of predication cannot be employed when the connection between the two members is inherent or intrinsic.» Schenkel, Tübinger Einführung, 139: Der «Substantivalsatz [...] bezeichnet einen allgemein-gültigen Sachverhalt (‹Ich bin von Natur aus Schreiber.› oder ‹Ich bin der Typ des/eines Schreibers.›)»; der «Adverbialsatz [...] bezeichnet die temporäre Rolle (‹Ich bin derzeit Schreiber.› oder ‹Ich habe die Funktion/Rolle des/eines Schreibers.›).»

225 Admonitions 2,10.

226 Oasenmann B1, 281f.

satz des guten Einst mit dem schlechten Jetzt ausdrücken.

069  *qsn pw srḫy m sꜣꜣ*, «[Das Richterkollegium, das den Bedrängten richtet, – du weisst, dass es nicht milde ist.] Schlimm ist es, (wenn) der Ankläger ein Weiser ist.»[227] In dem Fall, dass der Ankläger clever ist, stellt das Totengericht für den betreffenden Angeklagten eine Gefahr dar. Es liegt ein Satz des Typs S – [*m* X]P vor, der seinerseits in einen Satz mit nominalem Prädikat des Typs P *pw* S eingebettet (vgl. Kap. 7.4.3) ist: Das Subjekt des Satzes mit nominalem Prädikat ist der Satz mit adverbialem Prädikat. Wörtlich: «Schlimm ist: der Ankläger ist ein Weiser.»:

P – *pw* – S
|
S – [*m* X]P

oder: [*qsn*]P [*pw*]Kopula [[*srḫy*]S [*m sꜣꜣ*]P]S

9.3.4 Der Satz mit adverbialem Prädikat **mit der Präposition *r*** (Schema **S – [*r* X]P**) ist als Pendant zu dem in Kap. 9.3.2 besprochenen Schema S – [*m* X]P zu sehen, das unmarkiert ist, was das Tempus betrifft. Dagegen drückt S – [*r* X]P einen Zustand in der **Zukunft** aus. Diese Satzart ist sehr viel seltener. Beispiele:

070  *jw=f r smr m-m sr.w*, «Er wird/soll ein ‹Freund› sein unter den Beamten.»[228] Dies sagt der König über den heimgekehrten Sinuhe.

071  *jw mḥ-jb r ꜥhw*, «[Das Leben des Weitblickenden wird respektiert,] (aber) der Vertrauensselige wird ein Leidender sein/könnte zu einem Leidenden werden.»[229] In einem Abschnitt mit Ermahnungen an den künftigen König wird gesagt, was bei Unachtsamkeit passieren wird.

227 Merikare E 54.

228 Sinuhe B 280f.

229 Merikare E 39.

9.4 Die Präposition *n* zum Ausdruck von Zugehörigkeit und Besitz

9.4.1 Ein Satz mit der Präposition *n* wie

072  *jw ns.t n=j*, «Der Thron gehört mir.»[230]

bedarf nach Kap. 9.1 keiner weiteren Erklärung. Er folgt dem Schema S – [*n* X]P. Was allerdings zu diesem Satztyp zu bemerken ist, ist einerseits die Stellung des pronominalen Dativs: Ist eine einleitende Partikel vorhanden, so kann der pronominale Dativ vor das Subjekt treten (*jw n=f* – S):

073  *jw n=j ꜥnḫ jnk nb=f*, «(Denn) mir gehörig ist das Leben; ich bin sein (d.h. des Lebens) Herr.»[231]

074  *jw n=k ṯꜣw nḏm n mḥy.t*, «Dir gehört der angenehme Nordwind.»[232]

075  *ḥꜣ n=j ḫnw.w ḫmm{.j}(.w)*, «Ach (wären mir) hätte ich doch unbekannte Aussprüche!»[233]

9.4.2 Andererseits stellt sich die Frage nach dem Verhältnis dieses Satztyps zu den beiden bereits in Kap. 8.7 besprochenen Satztypen (*n(j)* X – S [Kap. 8.7.2f.] und *n* X *jm(j)* – S [Kap. 8.7.4]). Kap. 9.3.3 enthält die Antwort: Sätze mit adverbialem Prädikat sind kategorisch, Sätze mit nominalem Prädikat dagegen meist thetisch. Die in Kap. 9.4.1 gegebenen Beispiele formulieren die Aussage als Behauptung und können den kategorischen Aussagetyp zusätzlich durch *jw* markieren. Die thetischen Beispiele von Kap. 8.7 dagegen stellen die Aussagen als gegeben und nicht weiter hinterfragbar dar.[234] Das folgende Beispiel kombiniert beide Satztypen:

230 CT III, 88i (Spr. 187, B1L).

231 CT VII, 467b–c (Spr. 1130, B9C).

232 Stele des Tscheniaa: T. Eric Peet, The Cemeteries of Abydos, Bd. 2 (EEF 34), London 1914, Taf. 23, Abb. 5, Z. 5.

233 Chacheperraseneb (Pap. BM 5645), Recto, Z. 2: R. B. Parkinson, The Text of *Khakheperreseneb*: New Readings of EA 5645, and an Unpublished Ostracon, in: JEA 83, 1997, 56.

234 Näheres siehe Jenni, in: LingAeg 12, 2004.

076  *jw n=k grḥ n(j) ntk hrw Wsjr*, «[Möge der Tag erglänzen im Osten des Himmels, möge er dort leuchten über deiner Brust.] Dir ist (eigentlich) die Nacht gehörig, (aber) dir gehört (dann wunderbarerweise) der Tag, Osiris!»[235]

Übung 9

1.  236
2.  237
3.  238
4.  239
5.  240
6.  241
7.  242
8.  243
9.  244
10.  245
11.  246
12.  247

235 CT I, 254f (Spr. 60, B10Ca).

236 Sinuhe B 309f. – *ḫsw.t*, «Gunst».

237 Sinuhe B 68.

238 Schiffbrüchiger 67f. – *m-bꜣḥ*, «vor».

239 Sinuhe B 93f. – *dꜣr*, «Gebieter».

240 Ranke, PN I, 28, 14. – Es handelt sich um einen Personennamen. Namen können im Ägyptischen (wie in den semitischen Sprachen) die Form von Sätzen (mit verbalem oder nonverbalem Prädikat) haben.

241 Pap. Westcar 11, 24. – *ʿ.t*, «Kammer»; das Subjekt bezieht sich auf (einen Sack) Gerste.

242 Urk. IV, 1547, 9. – Es wird geschildert, wie der König in den Kampf zieht.

243 Oasenmann B1, 126.

244 Sinuhe B 77.

245 Urk. IV, 689, 4.

246 Urk. IV, 2, 10. – *wʿw*, «Soldat».

247 Oasenmann B1, 208. – *mnjw*, «(Vieh-)Hirte».

10 Morphologie des Verbs

10.1 Verbklassen

10.1.1 Nachdem von der Bildung der Nomina bereits in Kap. 5.1 die Rede war, soll an dieser Stelle eine Übersicht über die Bildung der Verben gegeben werden, deren Kenntnis Voraussetzung für die folgenden Kapitel ist. Die Einteilung der ägyptischen Verben in Klassen erfolgt nach Anzahl und Zusammensetzung der **Radikale** (Wurzelkonsonanten):

- mit zwei Radikalen = zweiradikalige Verben (Abk.: **2rad.**),
  z.B. *mn*, «bleiben»;
- mit zwei Radikalen, deren letzter geminiert (verdoppelt) ist = Verba secundae/mediae (scil. radicalis) geminatae («Secundaegeminatae/Mediaegeminatae») (Abk.: **IIgem.**),
  z.B. *wnn*, «sein»;
- mit drei Radikalen = dreiradikalige Verben (Abk.: **3rad.**),
  z.B. *sḏm*, «hören»;
- mit drei Radikalen, deren letzter geminiert ist = Verba tertiae (scil. radicalis) geminatae («Tertiae geminatae») (Abk.: **IIIgem.**),
  z.B. *pḫrr*, «laufen»;
- mit drei Radikalen, deren letzter ein schwacher Konsonant ist = Verba tertiae (scil. radicalis) infirmae («Tertiaeinfirmverben») (Abk.: **IIIinf.**),
  z.B. *mrj*, «lieben»; *sꜣw*, «bewachen»;
- mit vier Radikalen (Abk.: **4rad.**)
  z.B. *wsṯn*, «schreiten»;
- mit vier Radikalen, deren letzter ein schwacher Konsonant ist = Verba quartae (scil. radicalis) infirmae («Quartaeinfirmae») (Abk.: **IVinf.**),
  z.B. *msḏj*, «hassen».

Die 3rad. Verben sind die häufigsten, die 4rad. und die IIIgem. die seltensten. Einige Verben haben die Verbklasse gewechselt, z.B. *ḫmj* > *ḫm*, «nicht wissen».

Bei Verba ultimae infirmae wird der letzte Radikal meist nicht geschrieben (sog. Defektivschreibung).

Zuweilen werden auch Verba secundae infirmae (IIinf.), z.B. *sj* / *js* / *jsj* (?), «gehen», oder gar einradikalige Verben (so das defektive Verb *j*, «sagen») postuliert.[248]

10.1.2 Von allen diesen Kategorien können **Kausativa** gebildet werden, indem der betreffenden Verbalwurzel das Präfix *s-* vorangestellt wird (Abk.: kaus. 2rad., kaus. IIIinf. usw.). Dadurch entstehen Kausativbildungen wie z.B. 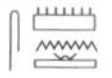 *smn* «dauern lassen/veranlassen, dass dauert»,  *smsj*, «gebären machen/Geburtshilfe leisten».

10.1.3 Reduplikation des ganzen oder eines Teiles des Verbalstammes tritt z.B. auf in  *ḫbḫb*, «gewaltsam eindringen/niedertreten»,  *nftft*, «springend fliehen» (neben *ftft*, springen/hüpfen»),  *ḥbꜣbꜣ*, «watscheln».

10.1.4 Die Begriffe Reduplikation (Ableitung durch vollständige oder teilweise Wiederholung der Wurzel, des Stammes oder des ganzen Wortes ohne oder mit teilweiser Abänderung des Lautbestandes) und Gemination (Konsonantenverdoppelung in der Formenbildung) werden oftmals unscharf verwendet.[249]

10.1.5 Daneben gibt es sog. **unregelmässige Verben** wie

-  /  /  *rd̲(j)*, «geben», das viele Formen ohne den ersten Radikal *r* schreibt: / /  *(r)d̲(j)*. In der Transkription wird der Wechsel von *d̲* zu *d* hier (wie meist auch andernorts) nicht berücksichtigt. Bei fehlendem wird hier stets *(r)dj* geschrieben (andernorts meist *d̲j*). Vgl. auch Kap. 10.1.6.
- **jwj* dürfte die ursprüngliche Wurzel eines Verbs mit der Bedeutung «kommen» sein.[250] Die Formen teilen sich folgendermassen auf:

  jwj:  /  und

  jjj:  / .

10.1.6 Bei Formen mit Defektivschreibung von Verba ultimae infirmae empfiehlt es sich, den nicht geschriebenen schwachen Konsonanten in Klammern anzugeben:

248 Loprieno, Ancient Egyptian, 52.

249 Vgl. Jansen-Winkeln, in: LingAeg 5, 1997, 123 mit Anm. 4; Schenkel, Tübinger Einführung,178.

250 Siehe dazu Malaise/Winand, Grammaire, 197f., § 339.

 *mr(j)*  /  *rḏ(j)*  *jw(j)*  *jj(j)*

 *(r)ḏ(j)*  *(j)w(j)*

10.2 Tempus, Aspekt, Aktionsart und Modus

10.2.1 «**Tempus**» (englisch «tense») wird (wie auch bei den Begriffen Aspekt und Modus) einerseits für Inhaltliches (z.B. Vergangenheit, Vorvergangenheit, Zukunft) verwendet, andererseits für Formales, d.h. die grammatische Form (z.B. das lateinische Plusquamperfekt, das ägyptische *sḏm.n=f*). Die Kategorie Tempus gibt mit Hilfe der Verbalflexion oder durch lexikalische Mittel zeitliche Relationen an.[251] Die Relationen bestehen zwischen verschiedenen Zeiten:

– **Sprechzeit** ist die Zeit, in der eine Äusserung gemacht wird.
– **Aktuelle Zeit** oder **Bezugszeit**[252] ist die Zeit, über die eine Äusserung gemacht wird.
– **Situationszeit** ist die Zeit, für die das Ausgesagte (Zustand, Vorgang, Handlung) Geltung hat.

Stellen wir uns folgendes Beispiel vor: Ein Richter befragt einen Zeugen: «Was sahen Sie, als Sie den Raum betraten?» Der Zeuge antwortet: «Ein Mann lag auf dem Boden.» Die Aussage des Zeugen bezieht sich auf die Tatsache, dass ein Mann auf dem Boden liegt. Die Sprechzeit ist die Zeit der richterlichen Zeugenbefragung. Die Bezugszeit ist der Moment, in dem der Zeuge den Raum betritt. Die Situationszeit ist die Zeit, während derer der Mann auf dem Boden liegt. Im allgemeinen gilt:

251 Das folgende nach Wolfgang Klein, Time in Language, London/New York 1994. Das Neue an dieser Erklärung des Begriffes Tempus ist die Einsicht, dass die sog. Aktuelle Zeit oder Bezugszeit und die sog. Situationszeit zu unterscheiden sind. Bisher wurden nebst der Sprechzeit die sog. Ereigniszeit (entsprechend der Situationszeit) und die sog. Referenzzeit (Zeit, zu der die Ereigniszeit entweder vor-, gleich- oder nachzeitig ist) unterschieden. Dieses System (Vergangenheit: Ereigniszeit < Referenzzeit, Gegenwart: Ereigniszeit = Referenzzeit, Zukunft: Ereigniszeit > Referenzzeit) hat jedoch den Nachteil, dass der Begriff Referenzzeit zu wenig klar definiert oder ungenügend ist. Vgl. Klein, 24–26. – Zu Tempus, Aspekt und Aktionsart (Kap. 10.2.1–3) im Ägyptischen vgl. Jean Winand, Temps et aspects en égyptien. Une approche sémantique (Probleme der Ägyptologie, Bd. 26), Leiden/Boston 2006; ders., A Semantic Approach to the Egyptian Language: The Case of Time and Aspect. Towards a New Paradigm, in: LingAeg 14, 2006, 451–472.

252 Bei Klein (vorangehende Anm.) «topic time» genannt.

– **Vergangenheit**: Sprechzeit nach Bezugszeit
– **Gegenwart**: Sprechzeit eingeschlossen in Bezugszeit
– **Zukunft**: Sprechzeit vor Bezugszeit

10.2.2 Das Verhältnis von Bezugszeit und Situationszeit bestimmt den **Aspekt**.

Bezugszeit eingeschlossen in der Situationszeit: **imperfektiver Aspekt**. (Der Vorgang ist schon vor und noch nach der Zeit, über die die Äusserung gemacht wird, im Gange.)	In dem oben gegebenen Beispiel der Zeugenbefragung steht der Satz «*Ein Mann lag auf dem Boden*» im imperfektiven Aspekt. Der Mann lag schon dort, bevor der Zeuge eintrat, und wird noch eine Weile dort gelegen haben.
Bezugszeit teilweise vor oder teilweise nach der Situationszeit: **perfektiver Aspekt**. (Die Äusserung trifft den kritischen Moment, in dem sich der Vorgang realisiert.)	Fragt der Richter einen Zeugen: «Was beobachteten Sie zwischen 16 und 19 Uhr?» Und der Zeuge berichtet nebst anderen Tätigkeiten seiner Gefährtin: «*Sie schlief; erst kurz vor 19 Uhr erwachte sie und ging in die Küche*», so stehen diese Sätze im perfektiven Aspekt.
Bezugszeit nach der Situationszeit: **perfektischer Aspekt**. (Die Äusserung betrifft den Zustand, der nach der Realisierung des Vorgangs eintritt.)	Der Richter fragt einen Zeugen: «Was geschah an jenem Tag am Morgen?» Der Zeuge antwortet: «*Ich hatte gerade gefrühstückt*, da klingelte das Telephon.» Der Satz des Zeugen über sein Frühstücken steht im perfektischen Aspekt.
Bezugszeit vor der Situationszeit: **prospektiver Aspekt**. (Der Vorgang ist in der Zeit, über die die Äusserung gemacht wird, noch nicht realisiert.)	In der Fortsetzung seines Berichtes sagt der Zeuge: «Ich dachte: *Jetzt werde ich zuerst die Kollegen benachrichtigen*». Die erzählte Absicht des Zeugen steht im prospektiven Aspekt.

Der perfektische ist zuweilen als Unterkategorie des perfektiven Aspekts verstanden.

10.2.3 Der Aspekt ist eng mit der **Aktionsart** verbunden. Diese ist eine semantische Kategorie des Verbs, die den verbalen Vorgang in seiner je besonderen Art und Weise charakterisiert. Die Aktionsarten bringen Verschiedenheiten zum Ausdruck, die nicht in der (subjektiven) Auffassung des Sprechers bestehen, sondern durch die (objektive) lexikalische Bedeutung konstituiert werden. Aktionsarten gliedern die Verben nach **semantischen Kriterien**; dagegen wird bei der Aspekt-Korrelation genau die gleiche Handlung bezeichnet.[253] Folgende Beispiele aus dem Deutschen verdeutlichen verschiedene Aktionsarten:

- inchoativ (auch: incohativ)/ingressiv: «entbrennen» (von «brennen»),
- iterativ/frequentativ: «streicheln» (zu «streichen»),
- intensiv: «zucken» (zu «ziehen»),
- resultativ: «besteigen» (zu «steigen»),
- kausativ: «tränken» (zu «trinken»),
- faktitiv: «füllen» (zu «voll sein»),
- durativ: «faulen» (zu «faul sein»), «kommen»,
- punktuell: «erreichen»,
- telisch (Ziel vorgesehen): «zerbrechen»,
- atelisch (Ziel nicht vorgesehen): «sehen»,
- multiphasal (Sequenzen unterscheidbar): «hüpfen»,
- monophasal (Kontinuität): «sehen»,
- transformationell (Änderung in der Situation des Objekts): «zerbrechen», «erröten»,
- nichttransformationell (Objekt nicht verändert): «sehen».

Die vier an letzter Stelle genannten, auf Vendler[254] zurückgehenden Oppositionspaare haben sich, nicht nur in der ägyptischen Sprachwissenschaft, zur Einteilung der Verben als besser geeignet erwiesen als die Unterscheidung nach Transitivität/Intransitivität, bei der syntaktische und semantische Kriterien vermischt werden.[255]

253 Nach Lewandowski, Linguistisches Wörterbuch, Bd. 1, 37f., s.v. Aktionsart.

254 Zeno Vendler, Linguistics in Philosophy, London 1967, 97–121.

255 Vgl. Malaise/Winand, Grammaire, 198f., § 342; 209f., § 354. Die Unterscheidung nach Transitivität/Intransitivität sieht folgendermassen aus: transitive Verben in aktiver Diathese: «hören», transitive Verben in passiver Diathese: «gehört werden», intransitive Verben der Bewegung: «herabsteigen», intransitive Zustands- und Eigenschaftsverben: «gut sein», intransitive Vorgangsverben (selten): «werden», «entstehen», «sterben».

Hier ist zu erwähnen, dass das Ägyptische lexikalisch oft nicht zwischen dem Beginn und dem Verlauf einer Handlung («werden» und «sein») unterscheidet:  *ḥmsj*, «sitzend sein = sitzen» (durativ) oder «sitzend werden = sich setzen» (inchoativ).[256] Etliche Verben haben sowohl transitive als auch intransitive (und reflexive) Bedeutung: z.B.  *w'b*, «rein sein/reinigen/sich reinigen».

Die Aktionsart eines Verbs kann modifiziert werden durch verschiedene Wortbildungselemente (Kausativierung durch das Präfix *s*-, z.B. telisches  *s'nḫ*, «beleben/am Leben erhalten» zu atelischem  *'nḫ*, «leben») und Umschreibungen (z.B. mittels Hilfsverben; siehe Kap. 12.2.3; Kap. 23).[257]

Aktionsart und Aspekt können in einer sprachlichen Äusserung verschiedentlich miteinander kombiniert werden. Bestimmte Verbindungen sind semantisch wahrscheinlicher als andere. So ist z.B. die durative Aktionsart mit dem imperfektiven Aspekt häufig (siehe auch Kap. 10.4.2), doch ist diese Kombination (allgemeinsprachwissenschaftlich) nicht zwingend.[258] Das ägyptische Pseudopartizip (auch Stativ genannt; siehe Kap. 17), eine perfektiv-perfektische Form, ist meist mit der faktitiven oder resultativen Aktionsart kombiniert, so dass z.B. aus punktuellem, telischem «öffnen» duratives, atelisches «offen sein» wird oder aus inchoativem «erwachen» duratives «wach sein/wachen». Diese Kombination ist jedoch nicht in allen Gebrauchsweisen zwingend (siehe Kap. 17.3).

256 Das ist nicht aussergewöhnlich; vgl. englisch *to learn* im Sinne von «lernen» (durativ) und von «(eine Neuigkeit o.ä.) erfahren» (punktuell).

257 Möglichkeiten der Modifikation der Aktionsart im Deutschen: Durch die Vorsilbe «be-» (entstanden aus «bei») entsteht aus «greifen» ein separates Verb, das Kompositum «begreifen», das voll konjugierbar ist wie das Simplex «greifen»; ebenso «fällen» als Ableitung von «fallen». Andere lexikalische Möglichkeiten zur Variation der Aktionsart sind die Verwendung von Adverbien («Sie liest täglich die Zeitung»), die Umschreibung mittels eines Formverbs («beginnen zu …»), der Einsatz der Valenz («Er schreibt» anstelle von «Er schreibt [regelmässig] Bücher», im Sinne von «Er ist Schriftsteller»; «Er trinkt», im Sinne von «Er ist Alkoholiker»), u.ä. – Zum Begriff der Valenz: Die Struktur eines Satzes wird von der Valenz (syntaktische Wertigkeit) eines Verbs bestimmt. Es gibt einwertige (— schläft), zweiwertige (— sieht —) und dreiwertige (— gibt — —) Verben. Auf der semantischen Ebene ist auch die Valenz von Nomina zu beobachten. Ein Beispiel für ein sog. einstelliges Nomen ist «Baum», Beispiel für zweistellige Nomina (d.h. mit einer Leerstelle): «Sohn (von) —», «Hoffnung (auf) —», «gierig (nach) —», «zufrieden (mit) —».

258 Ein Gegenbeispiel aus dem Griechischen (durative Aktionsart bei perfektivem Aorist) zitiert Holger Gzella, Tempus, Aspekt und Modalität im Reichsaramäischen, Wiesbaden 2004, 92 mit Anm. 109; ferner 95 mit Anm. 124.

10.2.4 Mit dem semantischen Begriff **Modus** wird in der Linguistik die Haltung oder Meinung des Sprechers gegenüber einer Aussage bezeichnet.[259] Der Modus charakterisiert die Wirklichkeit eines in einer Aussage (in einem Satz) formulierten Ereignisses, indem er die möglichen Wirklichkeiten (sog. Ereignis-Welten) mit den tatsächlichen Wirklichkeiten, auf die der Sprecher sich bezieht, (sog. Referenz-Welten) vergleicht. Sagt der Sprecher z.B.: «Peter hat ein Bild gemalt», so stimmt die Ereignis-Welt und die Referenz-Welt überein. Sagt er jedoch: «Peter hat anscheinend ein Bild gemalt», so sind die beiden Welten nicht identisch, und das Ereignis ist hypothetisch möglich.

Der Modus wird als **epistemisch** bezeichnet,[260] wenn die Ereignis-Welt vor dem Hintergrund verschiedener alternativer Welten charakterisiert wird, die zu der betreffenden Zeit ebenfalls denkbar wären. Der epistemische Modus handelt von alternativen Welten zu einer gegebenen Zeit. Er zielt also auf Notwendigkeit oder Möglichkeit. Eine Auswahl solcher Aussagen: «Peter hat anscheinend ein Bild gemalt», «Peter dürfte ein Bild gemalt haben», «Peter hat, wie ich gehört habe, ein Bild gemalt», «Ich bin sicher, dass Peter ein Bild gemalt hat», «Peter hat tatsächlich ein Bild gemalt».

Der Modus wird als **deontisch** bezeichnet,[261] wenn die Ereignis-Welt als eine Modifizierung der Referenzwelt charakterisiert wird. In der wirklichen Welt gibt es zu jeder Zeit eine Anzahl von möglichen Welten, die sich daraus ergeben können. Der deontische Modus schränkt die resultierenden Welten ein durch den Bezug auf ein Ereignis, das einer oder mehrerer der resultierenden Welten angehört. Er handelt von alternativen Welten, die sich aus einer gegebenen Welt und Zeit ergeben. Er zielt also auf Obliegenheit und Erlaubnis. Eine Auswahl solcher Aussagen: «Peter muss das Bild malen», «Peter ist verpflichtet, das Bild zu malen», «Peter hat das Bild zu malen», «Peter sollte das Bild malen», «Peter darf das Bild malen», «Man hat Peter erlaubt, das Bild zu malen».

259 Das folgende nach Sandra Chung/Alan Timberlake, Tense, Aspect and Mood, in: Timothy Shopen (Hg.), Language Typology and Syntactic Description, Bd. 3 Grammatical Categories and the Lexicon, Cambridge etc. 1985, 202–258.

260 Griechisch ἐπιστήμη, «Wissen».

261 Griechisch τὸ δέον, «das, was verbindlich ist».

Diese beiden modalen Subkategorien sind erstens nicht immer scharf zu trennen (nicht nur im Deutschen). Vgl. das Beispiel «Peter muss jetzt das Bild malen», das bedeuten kann: «Es ist Peters Obliegenheit, jetzt das Bild zu malen» (deontisch) oder aber: «Peter ist jetzt aller Wahrscheinlichkeit daran, das Bild zu malen» (epistemisch). Zweitens sind Situationen in der Zukunft – im Gegensatz zu Situationen in der Gegenwart und in der Vergangenheit – eher möglich als wirklich. Die Zukunft ist also eine semantische Kategorie, wo Tempus und Modus ineinander übergehen.

10.3 Die *sḏm=f*-Form

10.3.1 Bei der *sḏm=f*-Form **mit nominalem Subjekt** tritt dieses hinter die Verbalwurzel: *  *sḏm ḫftj.w*, «die Feinde hören». Das Verb selber erscheint also immer in derselben Form, egal ob das Subjekt im Singular oder im Plural steht, maskulinum oder femininum ist. Dies ist auch der Fall bei der *sḏm=f*-Form **mit pronominalem Subjekt**, bei der das Pronominalsuffix (siehe Kap. 6.1) an die Verbalwurzel angehängt wird.  *sḏm=f* ist also die 3. Pers. Sg. m. der *sḏm=f*-Form des Verbs *sḏm*, «hören» mit der Standardübersetzung «er hört». Eine andere Transkription der Formen mit pronominalem Subjekt ist *sḏm.f*.

Das Determinativ steht stets nach der Verbalwurzel und vor dem Subjekt, z.B.  *hꜣb=tw*, «man schickt».

Die Formen der Verbalwurzeln sind:

- IIIinf.: *mrj*
- IIgem.: *wnn / wn, mꜣꜣ / mꜣ*
- Bei den Verba ult. inf. wird der letzte Radikal meist nicht geschrieben. Beispiel:  *mr(j)=f* (in anderen Transkriptionssystemen auch durch *mr=f* oder *mrj=f* wiedergegeben).

Beachtenswert ist die Tatsache, dass das pronominale Subjekt der 1. Pers. Sg. zuweilen nicht markiert ist: 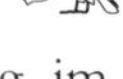 *sḏm(=j)*, «ich höre»!

Zur Wortstellung im Satz mit nominalen oder pronominalen Objekten vgl. Kap. 7.3.2 und 11.2.

10.3.2 Ursprünglich war die *sḏm=f*-Form ein perfektisches Vergangenheitstempus (Präteritum). Im Mittelägyptischen vertritt sie nur noch selten diesen Aspekt (sog. historisches Perfekt) – als Ersatz dient nun die *sḏm.n=f*-Form (siehe Kap. 11) –, es sei denn zusammen mit der Negation *n(j)* (siehe Kap. 22.3.1).

Die häufigere Verwendung der *sḏm=f*-Form im Mittelägyptischen ist dagegen diejenige als aspektuell unspezifisches Vergangenheits- oder Gegenwartstempus.

10.3.3 Für die Übersetzung der *sḏm=f*-Form kommt also ein deutsches Präsens oder eine Vergangenheitsform in Frage. Sie richtet sich nach dem Kontext. Besonders dann, wenn als Tempus nicht Gegenwart vorliegt, sondern Vergangenheit, ist die *sḏm=f*-Form einer weiter vorne stehenden Vergangenheitsform nach Möglichkeit syntaktisch anzuschliessen: entweder durch den einfachsten Konjunktionalsatz mit «und/auch» oder durch einen deutschen Nebensatz mit einer Konjunktion – v.a. als Umstandssatz («indem/wobei»)[262], als Kausalsatz («denn/weil»/Hauptsatz mit «… ja») oder als Temporalsatz («als/wenn/wie»). Die *sḏm=f*-Form steht sowohl in initialen (dann meist von einer Partikel begleitet [z.B. *jw sḏm=f*]) wie auch in nichtinitialen Sätzen (vgl. Anm. 213). Beispiele:

077  *m=k jn(j)=t(w) n=k wḏ pn n nswt*, «Siehe, man bringt dir diesen Brief des Königs.»[263] Aus einer direkten Rede. Gegenwart. Syntaktisch selbständig, eingeleitet durch die Partikel *m=k*.

078  *wḏ nṯr pn […] (r)ḏ(j)=f n=sn mw*, «[Verweilen der Majestät dieses grossen Gottes in der Tiefe …] Dieser Gott befiehlt […] Er gibt ihnen Wasser […].»[264] Nach einem überschriftartigen Satz beschreibende Aufzählung dessen, was der Sonnengott während der sechsten Nachtstunde in der Unterwelt tut. Gegenwart.

079  *ḥʿ(j).kꜣ=sn mꜣ=sn ṯw*, «Und dann werden sie jubeln, wenn sie dich sehen.»[265] Temporalsatz nach dem Folgetempus *sḏm.kꜣ=f* (siehe Kap. 14.1).

262 Wir verstehen hier unter dem Begriff Umstandssätze Nebensätze, die Begleitumstände angeben und mit «wobei/indem» eingeleitet werden (also zu den Modalsätzen gehören), und nicht Nebensätze im allgemeinen (nach anderer Terminologie z.B. «Umstandssatz der Zeit»).

263 Sinuhe B 181.

264 Amduat, 6. Stunde, Einleitung: Hornung, Texte zum Amduat, Bd. 2, 456–458 (Th III).

265 Urk. IV, 569, 10f.

080   〔hieroglyphs〕 *ḏd=f n=j* [...], «[Da lachte er über mich, über das, was ich gesagt hatte, da es ihm sinnlos erschien,] und er sagte zu mir: [...]».[266] Konjunktionalsatz
mit «und».

081   〔hieroglyphs〕 *jr(j)=tw r=k*, «[Was ist das, was du getan hast,] so dass man gegen dich
(handelte) handeln musste?»[267] Syntaktisch abhängig: Konsekutivsatz. Deon-
tischer Modus. Vergangenheit.

10.4   Die markierte *sḏm=f*-Form (*jrr=f*)

10.4.1 Die markierte *sḏm=f*-Form ist nur in den Verbklassen **IIIinf.** und **IIgem.**
sowie **IVinf. (teilweise)** erkennbar, und zwar durch Reduplikation des letzten starken Radikals: 〔hiero〕 *mrr=f*, 〔hiero〕 *jrr=f* (IIIinf.), 〔hiero〕 *wnn=f*, 〔hiero〕 *mꜣꜣ=f*
(selten 〔hiero〕 *mꜣ=f*) (IIgem.). Die Standardübersetzung ist dieselbe wie bei der
nichtmarkierten *sḏm=f*-Form, ebenso die Konstruktion mit pronominalem bzw.
nominalem Subjekt.
   Das markierte *sḏm=f* von *rḏj* lautet 〔hiero〕 / 〔hiero〕 *(r)dd*. Verbformen, die wie z.B.
〔hiero〕 und 〔hiero〕 geschrieben sind, können gegebenenfalls als *wnn=f, jrr=f* (nicht
als *wn=f, jr(j)=f*) aufzufassen sein – in diesem Fall wäre das Zweikonsonantenzei-
chen ohne phonetisches Komplement geschrieben. Vgl. z.B. die Parallelversionen in
CT III, 25b (Spr. 167) 〔hiero〕 (S1C) und 〔hiero〕 (B2Bo).

10.4.2 Im Gegensatz zu der nichtmarkierten *sḏm=f*-Form ist die markierte *sḏm=f*-
Form ein imperfektives Vergangenheits- oder Gegenwartstempus, das andernorts
imperfektives oder imperfektisches *sḏm=f*[268] oder aber Generalis oder Aorist[269] genannt wird. Häufig ist bei einer solchen imperfektiven Handlung eine nichtpunktuelle, d.h. durative, iterative oder habituelle, Aktionsart auszumachen (siehe **082f.**).
   Nach dem Rückgang der Verwendung der nichtmarkierten *sḏm=f*-Form als perfektisches Vergangenheitstempus und der vermehrten Verwendung für aspektuell
unspezifische Handlungen oder Vorgänge (Kap. 10.3.2) spezialisierte sich die mar-

---

266 Schiffbrüchiger 150.
267 Sinuhe B 183.
268 So bei Gardiner, EG, 350–360, § 438–446.
269 Dazu Schenkel, Tübinger Einführung, 26; 88; 309.

kierte *sḏm=f*-Form – auf pragmatisch-semantischer Ebene – auf den imperfektiven/generellen Aspekt (und die nichtpunktuelle Aktionsart) des Verbalinhalts. Von daher war sie – auf syntaktischer Ebene – geeignet für den Gebrauch bei Nominalisierung des Verbalinhalts.

Nominalisierung eines Verbalinhalts ermöglicht dessen Einbettung in eine übergeordnete syntaktische Struktur: Der nominalisierte Satz steht anstelle eines Nomens.[270] In der deutschen Übersetzung kann dies ausgedrückt werden durch einen «dass»-Satz: *jrr=f*, «(die Tatsache,) dass er tut». Die markierte *sḏm=f*-Form in syntaktischer Abhängigkeit kommt somit in nominalisierten Teilsätzen vor, insbesondere:

als Komplement einer Nominalphrase	nach Präpositionen/Konjunktionen	**084**
	nach Nomen regens (dir. und indir. Gen.)	**085, 086**
als Subjekt/Thema	im Subjektssatz [*sḏm*]$_{P}$ – [*jrr=f*]$_{S}$	**087**
	im parataktischen (virtuellen) Temporal- / Konditionalsatz: [*jrr=f*]$_{S}$ – [*sḏm=f*]$_{P}$	**088**
	im sog. Wechselsatz: [*jrr=f*]$_{S=P}$ – [*jrr=f*]$_{P=S}$	**089**
	bei pragmatischem Druck[271] zur Hervorhebung einer adverbialen Bestimmung oder eines näherbestimmenden Satzes, die als Adjunct fungieren: [*jrr=f*]$_{S}$ – [Adjunct]$_{P}$	**090, 091**
als Prädikat/Rhema	im *pw*-Satz: [*jrr=f*]$_{P}$ – [*pw*]$_{S}$	**092**
als Objekt	im Objektssatz: [*sḏm*]$_{P}$ – [=*f*]$_{S}$ – [*jrr=f*]$_{O}$	**093**
bei Ellipse	in Überschriften mit eigenem Subjekt	**094**

270 Daher auch substantivisches *sḏm=f* genannt. – Einen Überblick über die Wissenschaftsgeschichte der sog. emphatischen Formen (sog. Polotskysche Revolution) bietet Wolfgang Schenkel, Einführung in die altägyptische Sprachwissenschaft, Darmstadt 1990, 145–158. Eine Darstellung der sog. Standard-Theorie (basierend auf der Polotskyschen Theorie der emphatischen Formen) bietet Leo Depuydt, The Standard Theory of the «Emphatic» Forms in Classical (Middle) Egyptian: A Historical Survey, in: OLP 14, 1983, 13–54. Kritik an Grundsätzlichem der Standard-Theorie formulieren nebst anderen Ritter, Verbalsystem; Mark Collier, Grounding, Cognition and Metaphor in the Grammar of Middle Egyptian, in: LingAeg 4, 1994, 57–87, mit Literatur in Anm. 4. – Die Diskussionen um diese markierte *sḏm=f*-Form sind gewiss noch nicht abgeschlossen; so wird künftig die in der jüngeren allgemeinlinguistischen Forschung besser erforschte Kategorie der Modalität zu berücksichtigen sein.

271 Zum Begriff der Pragmatik siehe Anm. 131. – Vgl. Ritter, Verbalsystem, 80ff.; 248.

10.4.3 Beispiele und weitere Erläuterungen:

082  *(r)ḏd st jmj-rꜣ pr wr Rnsj sꜣ Mrw* [sic] *(r)ḏd=f st n ḫnms=f*, «[So gab man ihm täglich 4 Brote und 2 Krug Bier.] Der Oberhausvorsteher Rensi, der Sohn des Meru [sic, vgl. Kap. 2.2.1], pflegte sie (ihm) zu geben; der pflegte sie seinem Freund zu geben, [(und d)er war es, der sie ihm gab].»[272] Die beiden Formen *(r)ḏd* und *(r)ḏd=f* stehen morphologisch gesehen nach unserer Terminologie in der markierten *sḏm=f*-Form. Die Interpretation der Textstelle zeigt, dass habituelle Bedeutung vorliegt: Das Geben von Brot und Bier geschieht gewohnheitsmässig, täglich. Der imperfektive Aspekt wird durch die Verwendung der markierten *sḏm=f*-Form (die bei dem Verb *rḏj* möglich ist) ausgedrückt.

083  *ḫnt(j)=k (r)ḏd=tw n=k jꜣ(w) ḫdd=k (r)ḏd=tw n=k sꜣ-tꜣ*, «(Immer wenn) du nach Süden fährst, gibt man dir (wiederholt) Lobpreis; immer wenn du nach Norden fährst, gibt man dir (immer wieder) *sꜣ-tꜣ*.»[273] Die vier Sätze bilden zwei Paare, deren beide Teilsätze je in einem temporalen/konditionalen Verhältnis mit iterativer Bedeutung zueinander stehen, wie die Interpretation zeigt: Die regelmässige Fahrt ist von wiederholtem Lobpreis begleitet («Immer wenn ..., dann immer ...»). Die Imperfektivität kann bei drei der vier Verben durch die markierte *sḏm=f*-Form ausgedrücktwerden; eine Form *ḫntt=k* von dem Verbum IVinf. *ḫntj* ist offenbar unüblich.

084  *jr(j) ḥm=k m mrr=f*, «Deine Majestät möge handeln durch/nach dem Prinzip der Tatsache, dass sie wünscht.» > «Deine Majestät möge handeln, wie immer sie will.» / «Deine Majestät möge tun, was sie möchte.»[274] In dem von Sinuhe gegenüber dem König Geäusserten steht das Verb *mrr=f* nach der Präposition *m*, d.h. in der Position eines Nomens; die Präposition wird dadurch zur Konjunktion. Die Konjunktion *m*, «während/indem» (siehe Kap. 24.2.1), muss hier etwas freier mit «wie (immer)» übersetzt werden.

272 Oasenmann B1, 116.

273 Tempel der Hatschepsut: Édouard Naville, The Temple of Deir el-Bahari, Bd. 4, London [1901], Taf. 114, 18. Kol. von rechts. – *rḏj sꜣ-tꜣ* bedeutet etwa «Ehre bezeigen».

274 Sinuhe B 263.

085  *n-mr(w).t wnn jmꜣḫ=f ḫr nb=f*, «Wegen der Liebe von der Tatsache, dass seine Ehrung sei bei seinem Herrn.» > «Damit seine Ehrung von seiten seines Herrn stattfinde.»[275] Der Ausdruck *n-mrw.t …* besteht eigentlich aus der Präposition *n* + Substantiv *mrw.t*, auf das ein direkter Genetiv folgt, und wird als Präposition mit der Bedeutung «um … willen» verwendet. Folgt eine Verbform (hier eine *sḏm=f*-Form), so wird die Präposition zur Konjunktion («damit»); vgl. Kap. 24.2.1. Die markierte *sḏm=f*-Form steht wie ein Nomen als direkter Genetiv nach einem Substantiv.

086  *šms jb=k tr n wnn=k*, «Folge deinem Herzen zur Zeit der Tatsache, dass du bist/existierst.» > «Folge deinem Herzen, solange du lebst.»[276] Die markierte Form steht anstelle des Nomen rectum beim indirekten Genetiv.

087 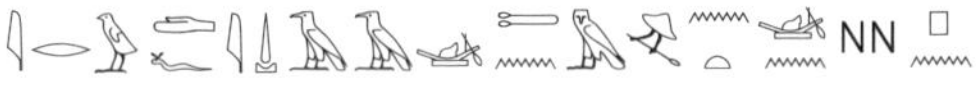 *jr wdf {j}ḏꜣꜣ=ṯn mḫn.t n N.N. pn […]*, «Wenn sich verzögert die Tatsache, dass ihr überfahrt die Barke diesem N.N., […]». > «Wenn es sich verzögert, dass ihr diesem N.N. die Barke hinüberfahrt, […]».[277] Der Satz, in dem die markierte *sḏm=f*-Form von *ḏꜣj*, «(hin)überfahren», steht, ist das Subjekt zu *wdf*, das in der *sḏm=f*-Form steht. Der Subjektssatz ist in den Bedingungssatz (zur Konjunktion *jr*, «wenn», siehe Kap. 4.2.6 und 24.2.4) eingebettet:

sḏm *=f* P– **S**

| | oder: [*wdf*]P [*{j}ḏꜣꜣ=ṯn*]S.

jrr=f **P – S**

088  *hꜣꜣ=sn r tꜣ m ḥfꜣ.w hꜣy=j m qꜣb(.w)=sn*, «(Die Tatsache,) dass sie zur Erde hinabgehen als Schlangen, (bedeutet:) ich werde hinabgehen in ihren Windungen.» > «Gehen sie hinab zur Erde als Schlangen, so werde ich hinabgehen in ihren Windungen.»[278] Die beiden Teilsätze, deren erster eine markierte *sḏm=f*-Form und deren zweiter eine prospektive *sḏm=f*-Form (*hꜣy=j*, vgl. 12.1) enthält, stehen als Thema und Rhema in syntaktischer Abhängigkeit zueinander:

275 Urk. I, 21, 2; nach Erman, Altägyptische Grammatik, 233, § 500.
276 Ptahhotep 186 (P).
277 Pyr. 1223a (Spr. 529, P).
278 CT III, 24a (Spr. 167, B1C).

[*ḫꜣꜣ=sn r tꜣ m ḥfꜣ.w*]$_{\text{Thema}}$ – [*ḫꜣy=j m qꜣb.w=sn*]$_{\text{Rhema}}$.

Es handelt sich sinngemäss um einen Konditional-/Temporalsatz.[279]

089  *prr=ṯn r p.t m nr.wt prr=j ḥr tp.t ḏnḥ.w=ṯn*, «Die Tatsache, dass ihr zum Himmel aufsteigt als Geier, (bedeutet) die Tatsache, dass ich aufsteige an der Spitze eurer Flügel.» > «Steigt ihr zum Himmel auf als Geier, so steige ich auf an der Spitze eurer Flügel.»[280]

Der seltene sog. Wechselsatz[281] – ein Sonderfall, der v.a. aus religiösen und magischen Texten bekannt ist – besteht aus zwei Teilsätzen, die je als parataktischer Konditional-/Temporalsatz aufzufassen sind und die sich gegenseitig bedingen (Vice-versa-Effekt, vgl. Kap. 8.2.2). Schema:

markierte *sḏm=f*-Form – markierte *sḏm=f*-Form,

«Die Tatsache, dass … (ist/bedeutet) die Tatsache, dass …»

(– und umgekehrt).

090  *wnn=n n=f*, «[Die Länder sagen:] Die Tatsache, dass wir existieren, (ist) seinetwegen.» > «Wir existieren (nur) seinetwegen. [Er ist ein König, den Re zum Herrscher gemacht hat, den Amun gross gemacht hat].»[282]

Soll eine adverbiale Bestimmung (vgl. Kap. 5.7) betont werden, so kann dies nicht durch Prolepse (Linksverschiebung) geschehen, da diese bei präpositionalen Ausdrücken und Adverbien im Ägyptischen im allgemeinen nicht vorkommt (ausgenommen temporale Adverbien).[283] Anstelle einer Prolepse wird die Wortstellung also belassen, aber die markierte *sḏm=f*-Form verwendet. Durch die Nominalisierung des Verbalinhalts wird dieser zum Thema, die adverbiale Bestimmung zum Rhema und dadurch hervorgehoben. Die Hervorhebung der adverbialen Bestimmung (hier des Adjuncts) bedeutet, dass dieses zum Rhema (neue Information; in Sätzen ohne besondere Betonung stellt das Prädikat das Rhema, das Subjekt stellt das Thema) des Satzes wird; das Prädikat (Verb samt Subjekt!) in der nominalisierten Form wird dadurch zum Thema; es tritt an die Stelle eines Nomens: [*wnn=n*]$_{\text{Thema}}$ – [*n=f*]$_{\text{Rhema}}$.

279 Vgl. Malaise/Winand, Grammaire, 385f., § 620.

280 CT III, 61f–g (Spr. 175, B1C).

281 Der Begriff Wechselsatz (englisch balanced sentence) wurde bereits bei den nominalen Nominalsätzen verwendet, siehe Kap. 8.6.5.

282 Urk. IV, 17, 15.

283 Hintze, in: LingAeg 5, 1997.

Nicht jede adverbiale Bestimmung oder jeder präpositionale Ausdruck in einem Satz mit markierter *sḏm=f*-Form ist hervorgehoben: Bei einem Satz wie **prr=f m pr*, «Er geht aus dem Haus» ist *m pr* Komplement (nicht Adjunct) zu dem Verbum *prj*, «gehen», ohne das der Satz *prr=f*, «Er geht», sinnlos wäre. Auf dieser adverbialen Bestimmung kann also aus pragmatischen Gründen keine besondere Betonung liegen (es käme bei dieser Auffassung eine so unsinnige Übersetzung heraus wie: «Es ist aus dem Haus, dass er herausgeht / Aus dem *Haus* geht er heraus»[284]) – es sei denn in Ausnahmefällen, die nur durch pragmatischen Druck zustande kommen.[285] Der Satz **prr=f m pr* ist also wie ein normaler Satz mit verbalem Prädikat so aufzufassen:

[*prr*]$_{\text{Prädikat/Rhema}}$ – [*=f*]$_{\text{Subjekt/Thema}}$ – [*m pr*]$_{\text{ADV = Komplement}}$,

«Er geht (wiederholt) aus dem Haus.»

091 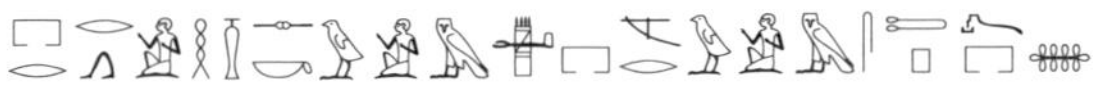 *prr=j ḥs(j).kwj m ꜥḥ mr(j).w=j m stp-sꜣ*, «Die Tatsache, dass ich herauskam, (war:) ich war mit Auszeichnung versehen im Palast, war beliebt im Palastinnern.» > «(Nicht anders) als einer, der im Palast mit Auszeichnung versehen worden war und im Palastinnern Beliebtheit erlangt hatte, kam ich heraus.»[286] (Zum Pseudopartizip *ḥsj.kwj*, «ich bin gelobt worden», siehe Kap. 17.) Der Beamte rühmt sich, dass er nach dem (zuvor erwähnten) ihm bereiteten festlichen Empfang in der Königsresidenz beim König nachhaltig gut angeschrieben ist. Die Teilsätze sind so aufzufassen:

[*prr=j*]$_{\text{Thema}}$ – [*ḥs(j).kwj m ꜥḥ*
mr(j).w=j m stp-sꜣ]$_{\text{Rhema}}$.

284 So beispielsweise bei Wolfgang Schenkel, Die altägyptische Suffixkonjugation. Theorie der innerägyptischen Entstehung aus Nomina actionis, Wiesbaden 1975 (ÄA 32), 54. – Vgl. gegen diesen Punkt der sog. Standardgrammatik besonders Ritter, Verbalsystem.

285 Solche Fälle sind am ehesten in religiösen und magischen Texten anzutreffen. Vgl. Ritter, Verbalsystem, 245.

286 Stele München, Glyptothek WAF Nr. 35 (alt Nr. 40): Spiegelberg, Grabsteine, Taf. 2, Nr. 3, Z. 17.

092  *jr rw(j).t n.t ḥꜣtj rww=f sw pw ḥr mnḏ=f jꜣbj*, «Was (den Ausdruck) Bewegung des Herzens betrifft, (so bedeutet das,) dass es sich (*sw*) auf der linken Seite seiner Brust bewegt.»[287] In dieser medizinischen Erklärung ist die markierte *sḏm=f*-Form in einen Satz mit nominalem Prädikat des Typs P - *pw* (Kap. 8.4 und 8.6.4) eingebettet:

[*jr*]E [*rw(j).t n.t ḥꜣtj*]topikalisiertes S [*rww=f sw*]P [*pw*]S [*ḥr mnḏ=f jꜣbj*]ADV

093 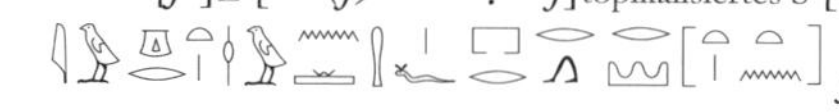 *jw grt wḏ.n ḥm=f prr(=j) r ḫꜣs[.t tn]*, «Seine Majestät hatte aber angeordnet, dass ich in dieses Wüstenland gehen solle.»[288] Der Objektssatz steht in der – ziemlich seltenen – indirekten Rede nach einem Verbum des Befehls. Ansonsten steht nach Wunsch/Befehl/Veranlassen die subjunktivische *sḏm=f*-Form (vgl. Kap. 12.2). *wḏ.n ḥm=f* ist eine *sḏm.n=f*-Form (vgl. Kap. 11.1). Der Objektssatz ist in den Aussagesatz eingebettet:

sḏm.n=f – Nomen
P – S – O
|
jrr=f
P – S

oder: [*wḏ.n*]P [*ḥm=f*]S [*prr(=j)*]O.

094  *ḥꜥꜥ jmn.t nfr.t m ḫsfw s pw*, (Der folgende Spruch handelt von der / Spruch von der) «Tatsache, dass sich der schöne Westen freut beim Nahen dieses Mannes».[289] Der Satz mit markierter *sḏm=f*-Form steht in einer elliptischen Konstruktion. Der zu ergänzende Teil ist weggelassen, weil er im Kontext einer Spruchsammlung selbstverständlich ist. Es handelt sich um eine Überschrift mit eigenem Subjekt zu einem Spruch der Sargtexte. Ohne eigenes Subjekt würde eine Überschrift mit dem Infinitiv ausgedrückt werden (vgl. Kap. 16 mit **149**, **150**, **153**).

10.4.4 Wenn es so wäre, dass im Falle einiger Verbalstämme bei Nominalisierung des Verbalinhalts, also z.B. im Objektssatz oder nach Präposition, statt der unmarkierten

287 Pap. Ebers 101, 11f.: Grundriss der Medizin, Bd. 5, 10, Eb 855n.

288 Hammamat Nr. 113, Z. 10.

289 CT V, 28c (Spr. 366, B1C).

sḏm=f-Form stets die markierte *sḏm=f*-Form verwendet würde, so müsste die Form *jrr=f* ziemlich häufig anzutreffen sein, und zwar auch dann, wenn der Aspekt nicht imperfektiv ist, sondern perfektiv/perfektisch oder prospektiv. Dies ist aber keineswegs der Fall.[290] Im Mittelägyptischen kann jede Form der Suffixkonjugation wie ein Nomen eingebettet werden. Die markierte *sḏm=f*-Form war dazu jedoch privilegiert, was sich v.a. daran zeigt, dass sie im neueren Ägyptisch – dann in der Form *j.sḏm=f* bzw. *j.jr(j)=f sḏm* – als nominale Verbalform etabliert war. Im Mittelägyptischen ist die Markierung von Tempus/Aspekt durch die Wahl der Form der Suffixkonjugation noch stark im Vordergrund, so dass eine Form wie nominal verwendetes *jrr=f* eher selten in einem Zusammenhang vorkommt, der nicht irgendwie imperfektiv zu deuten ist. Bei Nominalisierung des Verbalinhalts wird somit die syntaktische zugunsten der aspektuellen Opposition neutralisiert. Vgl. das folgende Beispiel:

095  *[...] ḥr ndj=k Wsjr jr tꜣ*, «[...] weil du Osiris zu Boden geworfen hast».[291]

10.4.5 Zur Rekapitulation: «Er geht/ging» bedeutet in neutraler, unmarkierter Funktion *šm=f* oder *sbj=f*. Soll das Gehen als imperfektiv, insbesondere iterativ («Er geht/ging immer wieder») oder habituell («Er pflegt/pflegte zu gehen») markiert werden, so wäre *šm=f* oder *sbb=f* zu erwarten. (Das Verb *šm* ist zweiradikalig und kann keine Reduplikation zeigen!) Wird «Er geht/ging» syntaktisch eingebettet und nominalisiert («[die Tatsache,] dass er geht/ging»), so wäre vom Verb *šm* die Form *šm=f* zu erwarten, vom Verb *sbj* jedoch *sbj=f* oder *sbb=f*:

	Perfektiv; aspektuell unmarkiertes Vergangenheits- oder Gegenwartstempus	Imperfektiv; Nominalisierung des Verbalinhalts («[die Tatsache,] dass er hört[e]»)
2rad.	*mn=f*	*mn=f*
IIgem.	*wn(n)=f*	*wnn=f*
3rad.	*sḏm=f*	*sḏm=f*
IIIgem.	*pḥrr=f*	*pḥrr=f*

290 Gerade nach Präposition/Konjunktion sind ganz verschiedene Formen der Suffixkonjugation (oder der Infinitiv) möglich, wie die Übersichtstabellen bei Malaise/Winand, Grammaire, 607f., § 969f., zeigen.

291 Pyr. 957c (Spr. 477, W).

IIIinf.	*jrj=f*	*jrr=f*	
4rad.	*wsṯn=f*	*wsṯn=f*	
IVinf.	*mꜣwj=f, nṯrj=f*	*mꜣwj=f*	*nṯrr=f*

Übung 10

1.  292
2.  293
3.  294
4.  295
5.  296
6.  297
7. 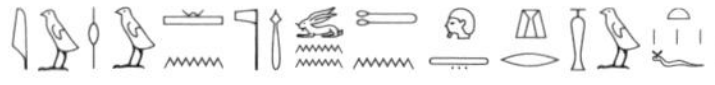 298
8. 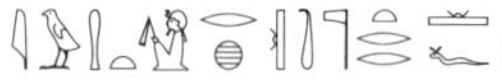 299
9.  300
10.  301

292 Urk. IV, 561, 15. – *ḏbꜣ*, «vergelten»; *wꜣs*, «Macht»; *ꜥnḫ.w*, «die Lebenden».

293 Urk. IV, 567, 5. – *dwꜣ*, «preisen»; *nfrw*, «Vollkommenheit».

294 Sinuhe B 43.

295 Urk. IV, 571, 8. – Aus der Rede einer Gottheit.

296 Urk. IV, 613, 4.

297 Sinuhe B 165. – *ḥtp*, «möge gnädig sein»; *ḥtp.t*, «Barmherzigkeit».

298 Stele London, BM 175: Hieroglyphic Texts, Bd. 2, Taf. 2, Z. 4. – *wḏ.n*, «hat befohlen».

299 Urk. IV, 363, 6. – Das Wort *ḥm*, «Majestät», ist hier als Femininum, *ḥm.t*, verwendet, weil es sich auf die Königin Hatschepsut bezieht; *rḫ.tj* ist 3. Sg. f. des Pseudopartizips, «sie weiss» (das Subjekt steht voraus); *=f* bezieht sich auf den Gott Amun.

300 Merikare E 132–134.

301 Merikare E 55, korrigiert nach M IV, 10. – *mnj.t*, «Sterben/Tod»; *rḏ(j).w sp.w=f*, «seine Taten werden gelegt»; *ꜥḥꜥ.w*, «Haufen/Endbetrag».

11 Die *sḏm.n=f*-Form und Grundsätzliches zur Wortstellung

11.1 Die *sḏm.n=f*-Form

11.1.1 Die *sḏm=f*-Form zeichnet sich durch ein *-.n* nach der Verbalwurzel aus. Es steht nach einem allfälligen Determinativ und wird nie von der Verbalwurzel getrennt. Die Formen mit nominalem und pronominalem Subjekt entsprechen denjenigen der *sḏm=f*-Form. Das Tempus ist Vergangenheit. Die *sḏm.n=f*-Form hat nach und nach die *sḏm=f*-Form zum Ausdruck der Vergangenheit abgelöst. Beispiele:  *sḏm.n=f*, «er hörte/er hat gehört/er hatte gehört», *  *h³(j).n nb=f*, «sein Herr kam herab/ist herabgekommen/war herabgekommen».

Das pronominale Subjekt der 1. Pers. Sg. wird zuweilen nicht geschrieben:  *jn(j).n(=j)*, «ich brachte».

Ob die IIgem. geminieren oder nicht, ist nach den Lehrbüchern, die sich dazu äussern, unentschieden:[302] *m³(³).n=f*.

Verba ultimae *n* können diesen dritten Radikal an das Bildeelement *n* assimilieren, so dass *n* in der Schrift nur einmal erscheint:  *fg(n).n=f*, «er hat sich entleert». Von *wnn*, «sein», kommt daher sowohl  als auch  vor.

11.1.2 Das Vergangenheitstempus der Übersetzung richtet sich nach dem Kontext. Auch hier ist zu prüfen, ob der Satz untergeordnet werden kann. Beispiele:

096  *pḥ.n=k nn ḥr sy jšs.t*, «Weswegen (*ḥr sy jšs.t*) bist du hierher gekommen?»[303]

302 Vgl. beispielsweise Erhart Graefe, Mittelägyptisch für Anfänger, Wiesbaden 1997, 78, mit Dieter Mueller, A Concise Introduction to Middle Egyptian Grammar, Lethbridge 1975, 81f.

303 Sinuhe R 58.

097  *rḏ(j).n=f wj m-ḥꜣ.t ẖrd.w=f*, «Er stellte mich an die Spitze seiner Kinder. [Er verheiratete mich mit seiner ältesten Tochter …]»[304] Sinuhe schildert, was mit ihm bei Amunenschi in Palästina geschah. Es handelt sich um eine Aufzählung mehrerer voneinander unabhängiger Geschehnisse, die als Hauptsätze wiederzugeben sind.

098  *ḫ(wj).n=k ḫꜣs.wt*, «[Und seine Majestät sagte: Siehe, (jetzt) bist du da,] (nachdem) du in den fremden Ländern umhergezogen bist.»[305] Der Satz verhält sich vorzeitig zum Vorhergehenden und kann als temporaler Nebensatz mit der deutschen Konjunktion «nachdem» wiedergegeben werden.

11.1.3 Die *sḏm.n=f*-Form war ursprünglich ein präsentisches Perfekt.[306] Daher erklärt sich der **deklarative Gebrauch** der *sḏm.n=f*-Form, die präsentisch wiederzugeben ist.

Nach der **Sprechakttheorie** von John L. Austin haben im Grunde alle Äusserungen performativen Charakter: Etwas sagen heisst etwas tun. Oder: Mit Sprache kann man nicht nur über Dinge reden, sondern auch etwas mit ihr «tun». Danach sind Äusserungen in diverse Klassen von Illokutionen (Sprechakte im Hinblick auf ihre kommunikative Funktion) zu unterteilen, die alle irgendwie performativ sind. Nach John R. Searle gibt es folgende Klassen:

– Repräsentativa (Feststellungen, Behauptungen, Vorhersagen, Explikationen, Klassifikationen, Diagnosen, Beschreibungen),
– Direktiva (Anordnungen, Befehle, Bitten, Weissagungen, Gebete, Anträge, Gesuche, Ratschläge),
– Kommissiva (Versprechen, Gelübde, Gelöbnisse, Drohungen, Wetten, Anerbieten, Verträge, Garantien),
– Expressiva (Bedankungen, Beglückwünschungen, Entschuldigungen, Beileidsbezeigungen, Klagen, Willkommensheissungen) und

304 Sinuhe B 78.

305 Sinuhe B 257.

306 Englisch «present perfect». «Präsentisch» für die Zeit, «Perfekt» für den Aspekt: eine gegenwärtige, abgeschlossene Handlung.

– Deklarativa (z.B. Kriegserklärung, Exkommunikation, Trauung, Taufe, Schenkung, Ernennung, Abdankung, Kündigung, Entlassung).[307]

Bei dem deklarativen Gebrauch der *sḏm.n=f*-Form handelt es sich nicht einfach um ein «synchrones Präsens» im sog. Koinzidenzfall, d.h. in Fällen, in denen der Sprechakt und die Handlung zusammenfallen (z.B. «Ich gebe dir jetzt/hiermit das Buch»), sondern um einen performativen Sprechakt, der für die ausgesprochene Handlung selbst steht und institutionell gebunden ist. Wenn der Vereinspräsident sagt: «Die Sitzung ist eröffnet.», so muss er dazu keine bestimmte Handlung ausführen, die Sitzung wird nur durch diesen vom Präsidenten (und nur von ihm, weil er dazu legitimiert ist) gesprochenen Satz eröffnet.[308]

Die Übersetzung einer solchen deklarativen (auch: rituellen) *sḏm.n=f*-Form mit deutschem «**hiermit …**» wirkt zwar etwas formell oder umständlich, aber feierlich und eignet sich für den häufigsten Fall dieses Gebrauchs der *sḏm.n=f*-Form in Götterreden: «Hiermit gebe ich dir …».[309] Die Gabe der Gottheit an den König ist meist abstrakt (lange Regierungszeit, Gesundheit, Macht, Sieg usw.), umso deutlicher ist hier der deklarative (vs. synchrone) Charakter. Diese Götterreden in Szenen auf Tempelwänden stehen meist in abgekürzter Schreibweise in Kolumnen, wobei das pronominale Subjekt regelmässig nicht geschrieben ist. Beispiel: *ḏ(d) mdw: (r)ḏ(j).n(=j) n=k ʿnḫ wꜣs nb*, «Worte zu sprechen: Hiermit gebe ich dir jegliches Leben und Glück.»

Vgl. Abb. 5, S. 36.

11.1.4 Bei dem Verb *rḫ*, «erfahren/(er)kennen/wissen», ist zu beachten, dass *rḫ.n=f* neben «er hat erfahren/erkannt» sinngemäss auch «er weiss/kennt» (Präsens) bedeutet.

307 Nach Andreas Wagner, Sprechakte und Sprachaktanalyse im Alten Testament, Berlin/New York 1997.

308 Vgl. Pascal Vernus, «Ritual» *SḎM.N.F* and Some Values of the «Accompli» in the Bible and in the Koran, in: Sarah Israelit-Groll (Hg.), Pharaonic Egypt, the Bible and Christianity, Jerusalem 1985, 307–316.

309 Françoise Labrique, Le *sḏm.n.f* «rituel» à Edfou: le sens est roi, in: GM 106, 1988, 56, übersetzt: «solennellement, je te tue (*ḫb.n.j*) les adversaires».

11.2 Die Wortstellung im Satz mit einem Verb der Suffixkonjugation

Nachdem bereits in Kap. 7.2 auf die übliche Wortstellung **Verb – Subjekt – (direktes Objekt) – (indirektes Objekt) – (adverbiale Bestimmung)** hingewiesen worden ist, sind nun die Verhältnisse bei pronominalen Objekten (Kap. 11.2.1f.)[310] und bei Hinzutreten von Partikeln (Kap. 11.2.3f.) zu betrachten.

11.2.1 Ein pronominales indirektes Objekt (dativisches *n=*) tritt vor nominales Subjekt; in der Positionshierarchie steht das Suffixpronomen vor dem enklitischen Pronomen und dieses vor dem Nomen:

**rḏj.n sr sš n ḥm.t*	«Es hat gegeben der Beamte den Brief der Frau.»
	> «Der Beamte hat der Frau den Brief gegeben.»
**rḏj.n sw sr n ḥm.t*	«Es hat gegeben ihn der Beamte der Frau.»
	> «Der Beamte hat ihn der Frau gegeben.»
rḏj.n* ***n=s* *sr sš*	«Es hat gegeben ihr der Beamte den Brief.»
	> «Der Beamte hat ihr den Brief gegeben.»
rḏj.n* ***n=s* *sw sr*	«Es hat gegeben ihr ihn der Beamte.»
	> «Der Beamte hat ihn ihr gegeben.»

11.2.2 Ein pronominales indirektes Objekt (dativisches *n=*) steht regelmässig vor dem direkten Objekt:

**rḏj.n=f sš n ḥm.t*	«Es hat gegeben er den Brief der Frau.»
	> «Er hat der Frau den Brief gegeben.»
**rḏj.n=f sw n ḥm.t*	«Es hat gegeben er ihn der Frau.»
	> «Er hat ihn der Frau gegeben.»
rḏj.n=f* ***n=s* *sš*	«Es hat gegeben er ihr den Brief.»
	> «Er hat ihr den Brief gegeben.»
rḏj.n=f* ***n=s* *sw*	«Es hat gegeben er ihr ihn.»
	> «Er hat ihn ihr gegeben.»

11.2.3 **Enklitische Partikeln** stehen grundsätzlich an der zweitmöglichen Stelle, d.h. vor dem nominalen Subjekt und unmittelbar nach dem pronominalen Subjekt:

310 Zu Ausnahmen vgl. Schenkel, Tübinger Einführung, 276f.

**rḏj.n rf sr sš n ḥm.t*	«Es hat gegeben doch der Beamte den Brief der Frau.»
	> «Doch der Beamte hat der Frau den Brief gegeben.»
**rḏj.n=f rf sš n ḥm.t*	«Es hat gegeben er doch den Brief der Frau.»
	> «Doch er hat der Frau den Brief gegeben.»

11.2.4 Bei den Formen *sḏm=f* oder *sḏm.n=f* in Verbindung mit der Partikel *jw* bestehen folgende Möglichkeiten. Tritt zu der *sḏm=f*-Form die Partikel *jw* hinzu, so ergeben sich zwei mögliche Schemata:

	mit pronominalem Subjekt	mit nominalem Subjekt:
1.	*jw sḏm=f*	*jw sḏm* S
2.	*jw=f sḏm=f*	*jw* S *sḏm=f*

Steht *jw* vor der *sḏm.n=f*-Form, so ist – im Gegensatz zum Altägyptischen – im Mittelägyptischen nur noch der erste Fall möglich:

	mit pronominalem Subjekt	mit nominalem Subjekt:
1.	*jw sḏm.n=f*	*jw sḏm.n* S

Das hier mit 2. bezeichnete Schema stellt das Subjekt vor das Verb. Aus der Grundregel der Wortstellung (V – S – O) wird somit S – V – O. (Vgl. Kap. 11.3.)

11.3 Prolepse

11.3.1 Die normale Wortstellung im Satz mit verbalem Prädikat kann allerdings verändert werden, wenn **pragmatische Umstände** dies verlangen. Am häufigsten ist die **Prolepse** (Linksverschiebung). In Verbalsätzen wird der vorgezogene nominale Satzteil im Restsatz durch ein **anaphorisches Pronomen** vertreten (Rückverweis), so dass der Restsatz ein vollständiger Satz ist, der sich auch in der Wortstellung von einem gewöhnlichen (Haupt-)Satz nicht unterscheidet. Beispiele:

099  *jw rꜣ n s nḥm=f sw*, «Der Mund eines Mannes, er rettet ihn.» > «Der Mund eines Mannes aber rettet ihn.»[311] Das Subjekt *rꜣ n s* steht in Prolepse und wird durch *=f* wiederaufgenommen.

311 Schiffbrüchiger 17f.

102 *tꜣ=n pḥ=n sw*, «Unser Land, wir haben es erreicht.» > «Wir haben nun unser Land erreicht.» Das direkte Objekt steht in Prolepse; es wird durch *sw* wiederaufgenommen.

Prolepse ermöglicht es dem Sprecher, zuerst den Gegenstand (Thema) zu nennen, über den er eine Aussage (Rhema) machen möchte. Dieses Verfahren dient folgenden Zwecken:

11.3.2 Stilistische Variation der Wortstellung:

– Komplexere, längere Satzteile werden isoliert. Der Sprecher entledigt sich zu Beginn einer Äusserung eines mehrteiligen Satzteiles, bevor er die Aussage darüber in Angriff nimmt (**Sprecherökonomie**).

100  *wꜥ jm nb mꜥkꜣ jb=f nḫt ꜥ=f r sn.nw=f*, «Jeder (davon) von ihnen, sein Herz war tapferer, sein Arm war stärker als (Herz und Arm) seines Gefährten.»[312] Zu beachten sind die anaphorischen Suffixpronomina *=f*. Wie müsste der Satz in sog. normaler Worstellung lauten?

– Durch die Voranstellung eines Satzteils kommen andere Satzteile hintereinander zu stehen, die in normaler Satzstellung auseinandergerissen wären. Die so erreichte Kontiguität von Satzteilen steuert das vom Sprecher anvisierte Verständnis des Adressaten (**Hörer-/Leserfreundlichkeit**).

101  *jw bꜣk.t tn n.t Mrrj jb=s ꜥnḫ(.w) r=f*, «Diese Dienerin des *Mrrj*, ihr Herz ist lebendig in Bezug auf es.» > «Diese Dienerin des *Mrrj* ist getröstet.»[313] Die Form *ꜥnḫ(.w)* ist ein Pseudopartizip, das nach dem Subjekt stehen muss (siehe Kap. 17). In der Form **jw jb bꜣk.t tn n.t Mrrj ꜥnḫ(.w) r=f* bestünde die Gefahr, dass der Hörer *ꜥnḫ(.w)* auf *Mrrj* bezieht (*jb* und *Mrrj* sind Sg. m.). Zu beachten ist das anaphorische Suffixpronomen *=s*.

312 Schiffbrüchiger 99f.

313 Pap. Boulaq 8 (= Kairo JdE 58043), Kol. 8: Baer, in: ZÄS 93, 1966, 2.

– Innerhalb einer Satzfolge kann eine Umstellung der normalen Wortstellung als **rhetorisches oder prosodisches Mittel** dienen.[314]

102 

pḥ.n=n pḥ.wj Wꜣwꜣ.t sn(j).n=n Snm.t

m=k rf n jj=n m ḥtp tꜣ=n pḥ=n ***sw***

«Wir haben das Ende von Wawat erreicht, wir haben Senmet passiert.

Sieh doch, wir sind wohlbehalten zurückgekehrt, unser Land, wir haben es erreicht.» > «[…] unser Land nun haben wir erreicht.»[315]

Mit *tꜣ=n pḥ=n sw* anstelle von **pḥ=n tꜣ=n* wird das Ziel (das direkte Objekt) – «unser Land» – hervorgehoben, und Anfang und Ende des Doppelverses stehen in chiastischer Form (unter Verwendung desselben Verbs: *pḥ.n=n pḥ.wj Wꜣwꜣ.t / tꜣ=n pḥ=n sw*).

103  *nt.w jm=s n(j) sp(j) wʿ* ***jm***, [«Dann war das Schiff gesunken.] Die, die darin waren – nicht einer blieb mehr übrig darin/davon.»[316] Durch die Vorausnahme des Subjekts wird das Prädikat später genannt und und hat *wʿ jm* als grammatisches Subjekt. Die Spannung wird (anders als in der normalen Wortstellung **n(j) sp(j) wʿ m nt.w jm=s*) erhöht.

11.3.3 Hervorhebung eines Satzteils:

– Ein Satzteil wird vorgezogen, weil er kontextuell bereits bekannt ist oder kotextuell an das Vorhergehende anknüpft (kotextuell/kontextuell höherer Bekanntheitsgrad, **Topikalisierung**). Der betreffende Satzteil ist häufig durch die Partikel *jr* eingeleitet. In dem Beispiel «Was übrigens unser Gespräch von gestern betrifft, so habe ich davon A. erzählt» hat «unser Gespräch von gestern» (das Topic) den höheren Erwartungs-/Bekanntheitsgrad als «ich habe A. davon erzählt» (das Comment).

314 In metrischer Hinsicht kann durch Prolepse die Anzahl Kola eines Verses erhöht werden. – Zur Metrik vgl. Günter Burkard, Metrik, Prosodie und formaler Aufbau ägyptischer literarischer Texte, in: Antonio Loprieno (Hg.), Ancient Egyptian Literature (PÄ 10), Leiden 1996, 447–463.

315 Schiffbrüchiger 8–11.

316 Schiffbrüchiger 38f.

104  *jr nt.t nb.t m sš ḥr pꜣ šfdw sḏm st*, «Was alles betrifft, das auf dieser Papyrusrolle geschrieben ist, höre es!»[317] Für den Leser, der am Anfang der Lektüre eines Papyrus steht, mag das, was folgt, inhaltlich eine Neuigkeit sein, aber die Tatsache, dass noch etwas folgt, ist evident. Das topikalisierte Objekt wird nach dem Imperativ durch *st* wiederaufgenommen.

105  *jr jr(j).w n=f rꜣ pn n(j) sk(j).n=f r nḥḥ*, «Was den betrifft, für den dieser Spruch gemacht ist: er kann nicht vergehen ewiglich.»[318] Das topikalisierte Subjekt wird in Form des Suffixes der Suffixkonjugation wiederaufgenommen.

– Ein Satzteil wird vorgezogen, weil er den höheren Neuigkeitsgrad hat und in kotextuellem Kontrast steht (**Fokussierung**). Ist der betreffende Satzteil das Subjekt, so wird er durch die Partikel *jn* eingeleitet. In dem Beispiel «Nein, es ist B., der mich danach gefragt hat» hat das Element «B.» (der Fokus) den höheren Neuigkeitsgrad als «er hat mich danach gefragt» (die Präsupposition).[319]

106  *jn Rꜥ-wsr rḏ(j)=f n=sn ḏbꜣ jrj*, «Es ist Rauser, der ihnen Ersatz dafür geben wird.»[320] Der Satz antwortet auf die implizite Frage: «Wer wird ihnen Ersatz geben?» Das fokussierte Subjekt erscheint als Suffix der prospektiven *sḏm=f*-Form wieder (vgl. Kap. 18.3.1).

11.3.4 **Pronominale Satzteile in Prolepse** sind erwartungsgemäss Subjekt (da Pronomina von hoher Thematizität sind). Steht ein pronominales Subjekt in Prolepse, so wird bei Fokussierung das selbständige Pronomen verwendet (vgl. die besonderen Regeln in Kap. 18.3.1), ansonsten die Partikel *jw* + Suffixpronomen (vgl. Kap. 11.2.4) oder die Partikel *m=k*, «siehe!», + enklitisches Pronomen als Subjekt (siehe oben **087** *m=k rf n jj=n*) oder selten (v.a. in religiösen Texten seit dem Neuen Reich) das uneingeleitete enklitische Pronomen (*sw sḏm=f*, wörtlich: «er, er hört»), z.B.

317 Kagemni 2, 4f.: Alan H. Gardiner, The Instruction Addressed to Kagemni and his Brethren, in: JEA 32, 1946, 71–74.

318 Tb 137A: Pap. Nu, Taf. 77, Spr. 137A, Kol. 29f.

319 Vgl. Loprieno, Der ägyptische Satz, mit Literatur; Malaise/Winand, Grammaire, 667–683, § 1047–1076.

320 Pap. Westcar 11, 25f.

107  *sn ḥtw=sn n Rʿ jꜣkb=sn n nṯr ʿꜣ*, «[Diese Götter …] Sie, sie jammern um Re (und) klagen um den grossen Gott.» > «[…] Sie nun jammern […]».[321]

Übung 11

1.  322
2.  323
3.  324
4.  325
5.  326
6.  327
7.  328
8.  329

321 Pfortenbuch, 3. Stunde, unteres Register, 14. Szene: Hornung, Buch von den Pforten, 84 (Haremhab).

322 Sinuhe B 27f.

323 Pap. Westcar 6, 24.

324 Urk. IV, 345, 6.

325 Heqanacht, Taf. 30, Kol. 3f. – *mjnꜣ*, «hierher», *ḫnty.t*, «Fahrt nach Süden»; *ʿq.w*, « Einkünfte/Rationen».

326 Neferti:, § 8e: Pap. Petersburg 1116 B, Z. 38. – *rḏj*, hier «zeigen»; *snj-mnj* / *snj-mn.t*, «Katastrophe/Umsturz».

327 Pap. Westcar 8, 8. –  *Ḏdj* ist Personenname.

328 Schiffbrüchiger 86f. – *ʿḥʿ.n*, «Dann …» (vgl. Kap. 23.4).

329 Himmelskuh, 25, Vers 266, S I, Kol. 81.

12 Die prospektive und die subjunktive *s<u>d</u>m=f*-Form

12.0 Die beiden im folgenden als prospektives und subjunktives *s<u>d</u>m=f* unterschiedenen Formen der Suffixkonjugation sind im Mitteleägyptischen nicht mehr konsequent unterschieden. Man spricht deshalb auch von der «prospektiven *s<u>d</u>m=f*-Form», die den alten Prospektiv und Subjunktiv einschliesst. Es handelt sich um modale Varianten der *s<u>d</u>m=f*-Form.

12.1 Die prospektive *s<u>d</u>m=f*-Form

Die prospektive *s<u>d</u>m=f*-Form unterscheidet sich von der unmarkierten *s<u>d</u>m=f*-Form sehr oft nicht. Bei den Verba IIIinf. und bei den Kausativa steht in Pleneschreibung nach der Verbalwurzel die Endung *-w* oder *-y*: 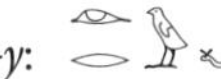 *jrjw=f*,  *jry=f*;  *s<u>dd</u>w=f* («erzählen»). Die Verba IIgem. zeigen Gemination:  *wnn=f*,  *mꜣꜣ=f*.

Die prospektive *s<u>d</u>m=f*-Form drückt einen Vorgang oder eine Handlung aus, der/die weder vergangen noch gegenwärtig, sondern **zukünftig oder gewünscht** ist (Futurum/epistemischer Modus resp. Optativ/deontischer Modus; vgl. Kap. 10.2.4): *s<u>d</u>m=f*, «er wird/möge hören». Beispiel:

108 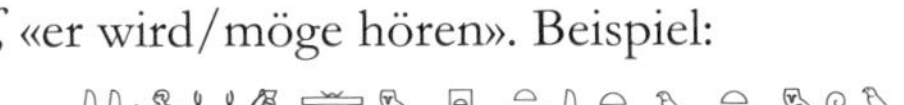 *jry=j kꜣ.t m ḥw.t ꜥꜣ.t n jt=j (J)tmw*, «[Nachdem ich die Opferbrote der Götter festgesetzt habe,] werde ich ein Werk vollbringen im grossen Tempel für meinen Vater Atum.»[330] Sesostris I. beschliesst in einer Thronsitzung, in Heliopolis einen Tempel zu errichten.

330 Pap. Berlin 3029, I, Z. 15: A. de Buck, The Building Inscription of the Berlin Leather Roll, in: Studia Aegyptiaca, Bd. 1 (Analecta Orientalia, Bd. 17), Roma 1938, 50.

12.2 Die subjunktive *sḏm=f*-Form

12.2.1 Der sog. Subjunktiv ist eine deontische Modalform, die eine **Aufforderung** oder einen **Befehl** ausdrückt; sie wird auch Jussiv genannt. Als erste Übersetzung eignet sich diejenige mit dem deutschen Hilfsverb «sollen»: *sḏm=f*, «er soll hören». Die Abgrenzung der subjunktiven *sḏm=f*-Form zur prospektiven *sḏm=f*-Form ist nicht immer deutlich (siehe Kap. 12.0).

Die IIrad. Verben zeigen ein *j*.-Präfix: *j.nḏ=f*, «er soll schützen», die IIgem. zeigen keine Gemination: *wn=f*; die IIIinf. schreiben zuweilen *y*: *hꜣy=f* neben *hꜣ(j)=f*.

Besondere Formen zeigen folgende Verben: *mꜣꜣ*: *mꜣ.n=f* (vgl. Kap. 11.1.1!); *jwj*: *jw(j).t=f*; *jnj*: *jn(j).t=f* (vgl. Kap. 16.2; 22.3.5!).

Die subjunktive *sḏm=f*-Form wird von allen Personen gebildet; für die 2. Pers. steht in syntaktisch unabhängiger Position jedoch meist der Imperativ (vgl. Kap. 15). Die Verwendung des Subjunktivs in der 1. Pers. drückt eine Selbstaufforderung aus (Kohortativ): «Ich will …!», «Lasst uns …!». Beispiel:

109 *m=ṯ n jr(j)=n ꜥ.t jm=s*, «Siehe: (wir –)[331] wir wollen eine Weile in ihr/darin verbringen.»[332] Der Mann versucht, die Frau mit einer Selbstaufforderung (im Plural) zu überreden, ein Schäferstündchen im lauschigen Gartenpavillon zu verbringen.

12.2.2 Nach Verben des Befehlens kann auch die markierte *sḏm=f*-Form stehen (vgl. Kap. 10.4.3, **093**) – dies ist vermutlich dann der Fall, wenn der Objektssatz als indirekte Rede aufgefasst ist. In der direkten Rede nach einem Verb des Befehlens ist der Subjunktiv zu erwarten. Beispiel:

110 *wḏ.n Jnpw ḫntj sḥ-nṯr hꜣy=k m sbꜣ m dwꜣ-nṯr*, «Anubis, der Gebieter der Gotteshalle, hat befohlen: Du sollst herabsteigen als Stern, als Morgenstern.»[333]

331 Zu dieser Konstruktion siehe Winfried Barta, Das Personalpronomen der *wj*-Reihe als Proklitikon im adverbiellen Nominalsatz, in: ZÄS 112, 1985, 94–104. – Die Lesung *m=tn*, «Seht», ist im gegebenen Zusammenhang auszuschliessen. Vgl. auch *m=k rf n jj=n m ḥtp* in Beispiel 102.

332 Pap. Westcar 2, 6.

333 Pyr. 1295a (Spr. 536, P).

Doch ist ein dass-Satz in solchen Fällen vielleicht die bessere deutsche Übersetzung.

12.2.3 Besonders zu merken ist, dass meist die **subjunktive *sḏm=f*-Form nach dem Verb *rḏj*** steht, wodurch mit dem folgenden bedeutungstragenden Verb (in der subjunktiven *sḏm=f*-Form) zusammen eine analytische **Kausativform** entsteht:  *rḏj=f sḏm=j*, «Er gibt (Anweisung): ich soll hören» > «er veranlasst, dass ich höre»/«er lässt/macht mich hören».[334] Beispiel:

111  *ḏd=j wr.t (r)ḏj=j sḏm=ṯn (r)ḏj=j rḫ=ṯn sḫr n nḥḥ*, «Ich sage Grosses, so dass ich euch hören und wissen lasse einen Ratschlag für die Zukunft.»[335]

Übung 12

1. 
2.  [336]
3.  [337]
4.  [338]
5.  [339]
6.  [340]
7.  [341]

334 Vgl. Jansen-Winkeln, in: GM 146, 1995, 54.

335 Stele Kairo, CG 20538, II, Z. 9.

336 Pap. Westcar 7, 24.

337 CT II 219e (Spr. 148, S1P).

338 Urk. IV, 509, 4.

339 Sinuhe B 157.

340 Stele Paris, Louvre C 12: Sethe, Lesestücke, 76, Z. 7. – *r³-pr*, «Kultbezirk»;  *³bḏw* (Ortsname).

341 Oasenmann B1, 60f.

13 Die passiven Formen der Suffixkonjugation

13.1 Übersicht

Das ältere Ägyptisch kennt zwei Arten von Suffixkonjugationen mit passiver Bedeutung.[342] Ihre Verwendungsweisen sind noch Gegenstand der Diskussion,[343] doch können folgende Entsprechungen zu den aktiven Formen angenommen werden:

Aktiv	*sḏm.w=f*-Passiv	*tw*-Passive
nichtmarkierte *sḏm=f*-Form		*sḏm.tw=f*
markierte *sḏm=f*-Form (*jrr=f*)		*jrr.tw=f*
prospektive und subjunktive *sḏm=f*-Form	*sḏm.w=f*	*sḏm.tw=f*
sḏm.n=f-Form	*sḏm.w=f*	*sḏm.n.tw=f*
Folgetempora (Kap. 14)		*sḏm.jn.tw=f* usw.

13.2 Das *sḏm.w=f*-Passiv

Diese Form weist bei Pleneschreibung (v.a. bei nominalem Subjekt) eine Endung *-.w* nach dem Verbalstamm auf: *sḏm.w=f*. Bei Defektivschreibung gleicht sie der unmarkierten *sḏm=f*-Form. Es gibt keine markierten Formen entsprechend der aktiven *jrr=f*-Form. Die Verba ult. inf. bilden zuweilen Formen mit *-.y*: *msy=f* (< *msj.w=f*) und sind somit nicht von der prospektiven *sḏm=f*-Form zu unterscheiden.

112 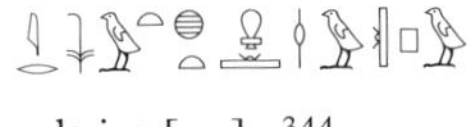 *jr swt ḫtm(.w) wḏ pw*, «Wenn aber dieses Dekret versiegelt ist […]».[344]

342 Zu der passiven *sḏmm=f*-Form, die aber nicht von allen Verbalklassen gebildet wird, siehe Andréas Stauder, Earlier Egyptian Passive Forms Associated with Reduplication, in: LingAeg 16, 2008, 171–196.

343 An neueren Werken seien genannt: Loprieno, Ancient Egyptian, 83–85; Reintges, Passive Voice; Malaise/Winand, Grammaire, 413–428, § 659–688.

344 CT II, 174j (Spr. 142, Sq3Sq).

113  *m=ṯn js jr(j.w) (j)ḫ.t [. . .]*, «Seht doch, es wurde etwas getan[, was vormals nicht geschehen war].»[345]

13.3 Die *-.tw*-Passive

Das *-.tw*-Passiv kann von allen Formen der Suffixkonjugation gebildet werden, indem *-.tw* vor das Subjekt tritt.[346] So entsteht *sḏm.tw=f*, «er wird gehört», *sḏm.n.tw=f*, «er ist gehört worden» usw. Bei nominalem Subjekt ist diese Form nicht vom Aktiv zu unterscheiden, Beispiel: **sḏm=tw s / sḏm.tw s*, «man hört den Mann/der Mann wird gehört». Determinative stehen vor den formativen Elementen: Det. + *-.n, -.jn, -.ḫr* und *-.kꜣ* (siehe Kap. 14) + *-.tw* + Subjekt: * *ms(j).n.tw=j*, «ich bin geboren worden». Wenn allerdings *-.tw* nur geschrieben ist, so schwankt dessen Stellung aus graphischen Gründen. Vgl.:  *ms(j).t(w)=f*, «er wird geboren», mit  *swr.t(w)=f*, «er/es wird getrunken».[347] Beispiele:

114  *šsp.t(w) ʿ=f jr sḫ.t ḥtp*, «Sein Arm wird ergriffen werden beim Opfergefilde.»[348]

115  *qrs.t(w)=k*, «Du wirst bestattet werden.»[349]

116  *dgg.tw=f mj Rʿ wbn=f*, «Er (d.h. der König) wird betrachtet wie Re, wenn er (d.h. Re) aufgeht.»[350] Markierte *sḏm.tw=f*-Form von *dgj* in habitueller Bedeutung.

117  *jr(j).n.tw nn ḥr m*, «Weswegen wurde dies getan?»[351]

118  *jn(j).jn.tw=f n=f*, «[. . .] und dann wurde er ihm gebracht.»[352]

345 Admonitions 7, 1.

346 Die Erklärung, dass es sich bei diesem Element ursprünglich um das unpersönliche Pronomen («man») handle, ist aufzugeben, siehe umfassend Reintges, Passive Voice; Malaise/Winand, Grammaire, 414f., § 661.

347 Beispiele nach Gardiner, EG, 325, § 410.

348 Pyr. 1253d (Spr. 530, M).

349 Schiffbrüchiger 169.

350 Urk. IV, 19, 6.

351 Urk. IV, 365, 11.

352 Pap. Westcar 4, 24.

13.4 Nichtnennung und Nennung des Agens

13.4.1 Das grammatische Subjekt bezeichnet: im Aktiv das **Agens** eines agentiven Verbs bzw. das erste Argument[353] eines nichtagentiven Verbs, im Passiv das **Patiens** einer Handlung: «Du schreibst» vs. «Der Brief wird geschrieben». In einem deutschen Satz wie «Der Brief wird von dir geschrieben» ist «Brief» das Patiens und die 2. Pers. Sg. das Agens.

13.4.2 Das Passiv ermöglicht Aussagen, in denen – entgegen der normalen pragmatischen Situation – der Täter einer Handlung nicht als Subjekt thematisiert wird. Solche agenslosen Aussagen sind als der Kernbereich des Passivs beschrieben worden. Ob die Nennung des Agens in einer passiven Konstruktion möglich ist oder nicht und ob sie paradigmatisch ist oder nicht, ist in den verschiedenen Sprachen, die ein Passiv kennen, unterschiedlich. Im Falle der indoeuropäischen Sprachen macht z.B. das Deutsche regen Gebrauch des Passivs mit Agens, wohingegen das Englische und die romanischen Sprachen sehr viel sparsamer sind. Die afroasiatischen Sprachen hingegen kennen ursprünglich kein paradigmatisches Passiv mit Angabe des Agens.[354] Das Vorhandensein einer Gruppe von – offensichtlich paradigmatischen – passiven Konstruktionen mit der Angabe eines Agens hebt das Ägyptische aus der Gruppe der afroasiatischen Sprachen heraus. **Agenslose Passiv-Konstruktionen** werden verwendet,[355]

1. wenn das Agens nicht bekannt ist («O Osiris N.N., nimm dir das Horusauge. Es wird nicht von dir losgelöst werden»[356]) oder
2. wenn das Agens nicht genannt zu werden braucht, weil der Hörer es leicht
   a) aus dem Kontext ableiten kann (Aus einem Abschnitt über militärisches Eingreifen in Südpalästina: «Ich bin zu Schiff gefahren mit den Truppen [...] Jeder Rebell unter ihnen wurde getötet»[357] [Agens: «von mir»]) oder

353 Als Argument wird hier das Subjekt oder dessen Leerstelle bezeichnet.

354 Nur selten wird ein Urheber oder ein Instrument zu einer passiven Handlung mit einer Präposition eingeführt. Und Konstruktionen wie z.B. arabisch *min nāḥiyati* ..., *min ǧihati* ..., «von seiten ...», sind neuere, unter dem Einfluss der europäischen Sprachen entstandene Konstruktionen.

355 Beispiele nach Reintges, Passive Voice.

356 Pyr. 94a (Spr. 155).

357 Urk. I, 104f.

b) aus seiner Erfahrungswelt ableiten kann («Mutterkühe werden geschlachtet am *wꜣg*-Fest»[358] [Agens: von den an diesem Fest beteiligten Priestern]).

13.4.3 Auch wenn agenslose Passivkonstruktionen im Ägyptischen ungleich häufiger sind und als Kernbestand zu bezeichnen sind, besteht hier jedoch die Möglichkeit, auch in einer Passiv-Konstruktion das Agens anzugeben,[359] sei es durch *jn*, sei es durch *m-ꜥ*. Häufiger kommt ***jn*** vor. Beispiele:

119  *wḏꜥ(.w) n=k sbꜣ jn Sšꜣ.t*, «Die Tür wird für dich aufgebrochen von (der Göttin) Seschat.»[360]

120  *n(j)-sp jr(j).t(w) jꜣ.t tn (j)n bꜣk nb ḏr-bꜣḥ*, «Niemals ist dieses Amt ausgeübt worden von irgend einem Diener früher.»[361]

121  *rḏ(j).n=f jr(j).t(w) n(=j) js m jmnt.t jn ḥmw.t n.t ḥm=f*, «[…] nachdem er veranlasst hatte, dass mir ein Grab angefertigt werde im Westen durch die Handwerkerschaft seiner Majestät.»[362]

Anstelle von *jn* wird der präpositionale Ausdruck ***m-ꜥ***, «durch den Arm von/von seiten/mittels/von/mit/durch», verwendet, wenn das Prädikat weggelassen ist (weil es selbstverständlich ist).[363] Beispiele:

122  *nn js gm(j).t.n(=j)* [Relativ-Form, siehe Kap. 20] *m-ꜥ jt=j*, «Es ist nicht (das), was ich gefunden habe (nämlich das Getane) durch meinen Vater.»[364]

358 Pyr. 716c (Spr. 408).

359 Zum Unterschied zwischen passiver Konstruktion mit Angabe des Agens und aktiver Konstruktion siehe Jenni, in: ZÄS 134, 2007, 129.

360 CT I, 33d (Spr. 10, B2Bo).

361 Urk. I, 106, 3.

362 Stele des Sarenput: Detlef Franke, Das Heiligtum des Heqaib auf Elephantine (SAGA 9), Heidelberg 1994, 177–189; Taf. 3, Z. 17f. – Aa 28  statt M 40 .

363 Siehe Antonio Loprieno, Linguistics in the Year 2000, in: Zahi Hawass (Hg.), Egyptology at the Dawn of the Twenty-first Century. Proceedings of the Eighth International Congress of Egyptology, Cairo 2000, Cairo/New York 2003, Bd. 3, 79–85.

364 Stele Chicago, Oriental Institute Nr. 16.956, Z. 6f.: Dows Dunham, Naga-ed-Dêr Stelae of the First Intermediate Period, Oxford/London 1937, Nr. 84; Taf. 32.

123  *n(j) gm(j).t.n(=j) js pw m-ʿ ḥr(j)-tp wn m spꜣ.t tn tp(j)-ʿ.w(j)*, «Dies ist nicht (das), was ich gefunden habe (Relativform, siehe Kap. 20) (nämlich das Getane) durch einen früheren Nomarchen in diesem Gau.»[365]

124 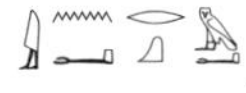 *jj(j).n(=j) ʿrq(.w)=Ø* [siehe Kap. 13.5.1] *m-ʿ(=j)*, «Ich kehrte zurück, nachdem es fertig (gemacht) worden war durch mich/von mir.»[366]

13.5 Nichtnennung des Patiens

Dass in einer passiven Konstruktion das Patiens genannt wird, ist natürlich der Normalfall, denn es ist ja das Subjekt des Satzes. Das Patiens kann aber auch unterdrückt werden (S = Ø); es handelt sich dann um ein sog. unpersönliches Passiv. In solchen Sätzen mit unpersönlichem Passiv und ohne Angabe des Agens ist die Handlung/der Vorgang an sich von Bedeutung. Sie enthalten fast immer eine adverbiale Bestimmung.

13.5.1 Passiv-Formen von transitiven Verben kommen in **unpersönlicher Verwendung** vor: *sḏm.w=Ø*, «(es) wird gehört». Das unterdrückte (pronominale) Subjekt kann dem Kontext entnommen werden. Beispiele:

125  *ms(j).n.t(w)=Ø n jt=ṯn*, «(Es) ist geboren worden für euren Vater.»[367] Patiens: Osiris.

126 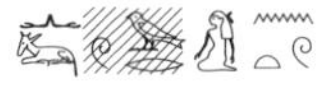 *n(j) jwr.n.tw=Ø*, «[Die Frauen sind unfruchtbar geworden.] (Es) wird nicht mehr empfangen/(Es) kann nicht mehr empfangen werden.»[368] Patiens: Kinder. (Zur Negation siehe Kap. 22.3.2.)

365 Urk. I, 254, 10.

366 Urk. I, 220, 7 (Boston MFA 134431; Dows Dunham, The Biographical Inscriptions of Nekhebu in Boston and Cairo, in: JEA 24, 1938, 1–8). In diesem Beispiel ist *ʿrq* offensichtlich als Hilfsverb (siehe Kap. 23.1) zu verstehen.

367 Pyr. 179a (Spr. 219, W).

368 Admonitions 2, 4.

13.5.2 **Intransitive Verben** können **passiv verwendet** werden (*sḏm.w=f, sḏm.tw=f*). Da intransitive Verben kein direktes Objekt bei sich haben, kann in passiver Diathese ein Patiens/Subjekt nicht vorhanden sein. Beispiele:

127  *jw ḥ ʿ(j.w)=Ø n=k jn bjkjw ng(.w)=Ø n=k jn smn*, «(Es) wird geschrien für dich von dem Falken, es wird gegackert für dich von der *smn*-Gans.»[369] Das Agens ist mit *jn* angeschlossen.

128  *jw ḫnt(j.w)=Ø r bw jj(j).n=sn jm m hrw pn*, «[Sechs weitere Nubier kamen an …] (Es) wird nach Süden gefahren zu dem Ort, von dem sie gekommen sind an jenem Tag.»[370] Das Agens ist dem Kontext zu entnehmen: die erwähnten Nubier.

Übung 13

1.  371
2.  372
3.  373
4.  374
5.  375
6. 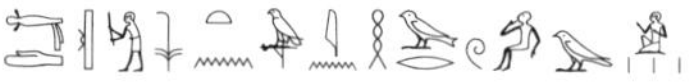 376
7.  377
8.  378

369 CT I, 73d–74b (Spr. 24, B1P).

370 Semnah despatch Nr. 1: Paul C. Smither, The Semnah Despatches, in: JEA 31, 1945, Taf. 2, Z. 13.

371 Oasenmann B1, 339f. – *qrs*, «begraben».

372 Urk. IV, 772, 4f. – *jr(j).wt*, «das zu Tuende»; *nb* statt *nb.t*; *rꜣ-pr*, «Tempel».

373 Sinuhe R 22f.

374 Pap. Ebers 39, 17: Grundriss der Medizin, Bd. 5, 158, Eb 198. Vorausgehend ein medizinisches Rezept.

375 Pyr. 262b (Spr. 248, W).

376 Admonitions 7, 1f.

377 Sinuhe B 199f.

378 Pap. Westcar 11, 5f. – *ẖrd*, «Kind».

14 Die Folgetempora *sḏm.jn=f*, *sḏm.ḫr=f* und *sḏm.kꜣ=f*

14.1 Form und Funktion

14.1.1 Eine seltenere Untergruppe der Suffixkonjugation bilden drei finite Verbalformen, die hier **Folgetempora** genannt werden.[379] Sie drücken in der Vergangenheit, Gegenwart bzw. Zukunft eine Handlung oder einen Vorgang aus, die oder der aufgrund des zuvor Geschehenen geschieht, d.h. **zeitlich oder logisch auf das Vorangehende folgt**. Diese Folgetempora werden in der deutschen Übersetzung am besten zunächst mit «Und so …/Und dann …» eingeleitet:

Vergangenheit (meist in narrativen Texten):		*sḏm.jn=f*	«und dann/so hörte er»
Gegenwart; auch jussivische Bedeutung:		*sḏm.ḫr=f*	«und dann/so hört er / soll er hören»
Zukunft; auch prospektivische Bedeutung:		*sḏm.kꜣ=f*	«und dann/so wird/möge er hören»

Sätze mit einem Folgetempus sind keine Konsekutivsätze («so dass»), sondern stellen meist Hauptsätze dar. Sie können als Apodosis (Nachsatz) in Konditionalsätzen vorkommen (vgl. **134** und Satz 5 von Übung 14A sowie Kap. 24.4.2). In diesem Fall ist natürlich «und» in der Übersetzung wegzulassen: «Wenn …, so …».

14.1.2 Was die Formen betrifft, so ist lediglich folgendes zu merken: Die IIIinf. reduplizieren nie. Bei den IIgem. zeigt nur die Form *sḏm.ḫr=f* Gemination (*wn.jn=f*, *mꜣꜣ.ḫr=f*); die Form *sḏm.kꜣ=f* ist von den IIgem. nicht belegt.

379 Sie werden seit neuerem auch als *contingent tenses* bezeichnet. So Leo Depuydt, The Contingent Tenses of Egyptian, in: Or 58, 1989, 1–27. Vgl. Vernus, Future, 71, Anm. 63.

14.1.3 Die Form *sḏm.jn=f*, die eine Handlung oder einen Vorgang in der Vergangenheit ausdrückt, steht meist in narrativen Texten. Die Form *sḏm.ḫr=f* steht für Handlungen oder Vorgänge der Gegenwart und hat auch jussivische Bedeutung («Und dann soll …»). Beispiele:

129  *ḏd.jn Ḏdj […] ḏd.jn ḥm=f […] ḏd.jn Ḏdj […]*, «Und dann sagte Djedi […] Und dann sagte seine Majestät […] Und dann sagte Djedi […]».[380]

130  *ḏd.jn sḫtj pn sꜣ Mrw tnm.ḫr=f*, «[Da liess er (d.h. der Obergütervorsteher Rensi, der Sohn Merus) zwei Diener mit einer Peitsche gegen ihn (d.h. den Oasenmann) vorgehen, und sie schlugen alle seine Glieder damit.] Und dann sagte dieser Oasenmann: Der Sohn Merus irrt also [(denn) er ist blind gegen das, was er sieht …]».[381] Das Subjekt steht in Prolepse und wird durch *=f* wiederaufgenommen (siehe Kap. 11.3.1).

131 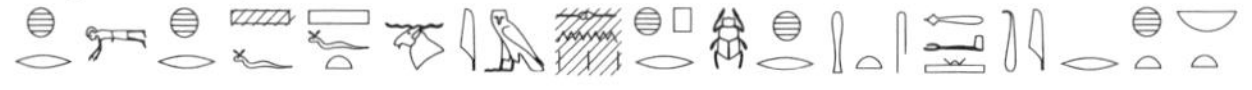 *ḫr.ḫr šfšf.t jm=sn ḫpr.ḫr ḥm.t=s ꜥꜣ.tj r (j)ḫ.t nb.t*, «[Sagt sie (d.h. Königin Hatschepsut) zu den Leuten: ‹Hört!›,] so fällt Respekt auf sie, und ihre Majestät wird über die Massen grossartig.»[382] (*ꜥꜣ.tj* ist Pseudopartizip, siehe Kap. 17.)

132  *rd(j).ḫr.t(w)=f ḥr gs=f wꜥ*, «[Wenn ich sehe …,] dann soll er auf seine eine Seite gelegt werden.»[383] Der Satz stammt aus einem veterinärmedizinischen Papyrus. Es geht um die Behandlung eines Stieres mit Blähungen und beginnt mit der Diagnose («Wenn ich sehe …»), worauf die entsprechende Therapie empfohlen wird.

380 Pap. Westcar 9, 7ff.

381 Oasenmann B1, 218f.

382 Urk. IV, 245, 16f. – Das Wort *ḥm*, «Majestät», ist hier als Femininum, *ḥm.t*, verwendet, weil es sich auf die Königin Hatschepsut bezieht.

383 Pap. UC 32036 (lot LV.2), Kol. 20f.: Collier/Quirke, UCL Lahun Papyri: Religious, 54.

133  *srd.kꜣ st ḥm.t=ṯ ḏs=ṯ [m ḫnt(j)]-š [ḥr gs.wj] ḥw.t-nṯr=j*, (Amun spricht zur Königin Hatschepsut:) «Und dann wird/möge deine Majestät selbst sie (d.h. die Bäume) pflanzen im Garten zu beiden Seiten meines Tempels.»[384]

134  *pr(j).kꜣ Ḥʿpj r p.t*, «[Wenn du mich aber nicht hervorgehen lässt …,] dann wird Hapi zum Himmel emporsteigen.»[385]

14.2 Alternative Konstruktionen

Von den eben besprochenen Folgetempora wurden die Formen ***sḏm.ḫr=f*** und ***sḏm.kꜣ=f*** im Laufe der Zeit zunehmend durch Konstruktionen ersetzt, bei denen die Elemente *ḫr* bzw. *kꜣ* vor das Verb treten. Im ersten Schema kommt dadurch eine Form zustande, die aussieht wie ein Schema Partikel + *sḏm=f*, im zweiten und jüngeren Schema rückt das Subjekt ebenfalls vor das Verb, wird aber durch das Suffixpronomen wiederaufgenommen:

1. mit pronominalem Subjekt:	*ḫr sḏm=f*	*kꜣ sḏm=f*
mit nominalem Subjekt:	*ḫr sḏm* S	*kꜣ sḏm* S
2. mit pronominalem Subjekt:	*ḫr=f sḏm=f*	*kꜣ=f sḏm=f*
mit nominalem Subjekt:	*ḫr* S *sḏm=f*	*kꜣ* S *sḏm=f*

Übung 14A

1.  [386]
2.  [387]

384 Urk. IV, 346, 16. – Das Wort *ḥm*, «Majestät», ist hier als Femininum, *ḥm.t*, verwendet, weil es sich auf die Königin Hatschepsut bezieht.

385 Tb 65: Suzanne Ratié, Le papyrus de Neferoubenef (Louvre III 93) (BdÉ 43), Le Caire 1968, Taf. 12, 290f.

386 Oasenmann B1, 83.

387 Pap. Hearst 2, 9: Grundriss der Medizin, Bd. 5, 282, H 25. Teil eines Rezeptes; es geht um die Zubereitung eines Produktes aus gekochtem Weizen. – *ʿtḫ*, «durchseihen».

3.  388

4.  389

5. 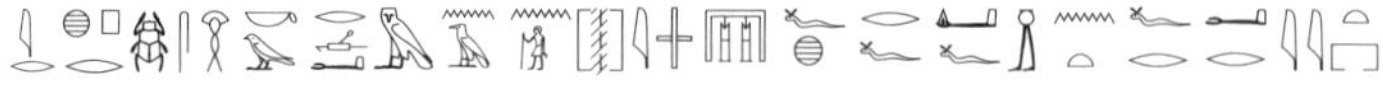 390

Übung 14B

Welche Fehler sind bei den folgenden Sätzen in Transkription und/oder Übersetzung unterlaufen? (Es ist von einem korrekten Hieroglyphentext auszugehen und zu prüfen, ob Transkription und Übersetzung mit dem Hieroglyphentext übereinstimmen, und ob Übersetzung und Transkription übereinstimmen.)

a) * 

wḏ.n mw.t n sn.t=s

«Die Mutter ihrer Schwester hat befohlen.»

b) * 

rḏ(j).n=s wḏ mw.t=k

«Der Befehl deiner Mutter ist ihr gegeben worden.»

c) * 

pr(j) n mw.t=j

«Meine Mutter ist hinausgegangen.» oder: «Ich gehe für meine Mutter hinaus.»

388 Grabinschrift: Norman de Garis Davies, The Tomb of Rekh-mi-rēʿ at Thebes, New York 1943, Bd. 2, Taf. 15, Kol. 12. – Das Zitat besteht aus zwei Sätzen.

389 Urk. IV, 1090, 7f. – für ; *jr(j) mjt.t nꜣ*, «(tuend Gleiches von diesem >) der ebenso handelt».

390 Urk. IV, 1107, 4f. – *jr*, hier «wenn», *sk*, «Beschwerde»; *ḫꜣ=f* das Suffixpronomen bezieht sich auf den Wesir; *ʿry.t*: siehe *ʿrr.t*.

15 Der Imperativ

15.1 Formen und Bedeutung des Imperativs

15.1.1 Der Imperativ ist eine deontische Modalform (vgl. Kap. 10.2.4), die nur von der 2. Pers. gebildet wird. Die Formen des Imperativs unterscheiden nur Singular und Plural (nicht aber das Genus). Das Subjekt der 2. Pers. wird nicht eigens ausgedrückt.

– Singular: affixloser Verbalstamm: *sḏm*, «höre!», *jrj*, «tue!», *qb*, «sei kühl!», *mꜣꜣ* oder *mꜣ*, «sieh!».
– Plural: Verbalstamm mit einer Endung *-.w*: *ḏd.w*, «sagt!», bei den Verba IIIinf. zuweilen (*-j.w* >) *-y*: *jry*, «tuet!». Die Endung ist in den allermeisten Fällen aber nicht geschrieben. Im Normalfall ist der Plural entweder gar nicht gekennzeichnet (so dass die Form mit derjenigen des Singulars identisch ist): *sḏm(.w)*, «höret!», oder aber mit Pluralstrichen versehen: *sḏm.w*, «höret!».

15.1.2 Besondere Formen sind zu lernen von folgenden Verben:

«geben»:	Imperative von dem Stamm *rḏj* sind sehr selten. Weit gebräuchlicher ist ***jmj*, «gib!»**. Man merke sich die verschiedenen Schreibweisen: , geschrieben mit Aa 13 (*jm*) und D 38, wobei das Komplement *m* aus ästhetischen Gründen vor *jm* steht. D 38 kann durch D 37 oder D 36 ersetzt sein: , . Das Zeichen Aa13 ( ) mit der Lesung *m* hat zu der Schreibweise geführt.
«kommen»:	Der Imperativ von *jjj* / *jwj*, «kommen», ist sehr selten. Dafür tritt ***my*, «komm!»,** ein, geschrieben: , auch , häufiger jedoch , oder .

«nehmen»:	Zu merken ist eine Form, die nur in religiösen Texten vorkommt: ***m*, «nimm!»**, mit der Schreibung . Dieser Imperativ kommt nur mit folgendem Dativ vor: *m n=k*, «nimm dir!». Aufgrund der in dieser Wendung vorkommenden Lautfolge *m – n* wird sie gerne mit dem Zeichen T 01 für *mn(w)* geschrieben: .
«nicht tun/ nicht sein»:	Das sog. Negationsverb *jmj* ( ), dessen Gebrauch erst bei den Negationen behandelt wird (siehe Kap. 22.5), soll hier bereits im Imperativ vorgestellt werden, um Verwechslungsfehlern frühzeitig vorzubeugen. Der Imperativ lautet ***m*, «tue nicht!»**, geschrieben .
«gehen»:	/ / *js(j)*, **«geh/eile!»**, ist der Imperativ des Verbs / / *sbj*, «gehen/führen/bringen».

15.2 Pronominale Erweiterungen beim Imperativ

15.2.1 Die pronominalen Erweiterungen beim Imperativ dienten ursprünglich der Verstärkung oder Verdeutlichung des morphologisch schwach markierten Imperativs. Durch die Zufügung eines reflexiven pronominalen Elementes der 2. Pers. wird das Subjekt des Imperativs explizit genannt: «Tu (es), du!». Dies kann auf drei verschiedene Arten realisiert werden, nämlich durch die Zufügung

- des enklitischen Pronomens der 2. Pers. oder durch die Präposition *n* + Suffixpronomen der 2. Pers. (Kap. 15.2.2),
- durch die Präposition *r* + Suffixpronomen der 2. Pers. (Kap. 15.2.3).

15.2.2 Das **enklitische Pronomen der 2. Pers.** steht in Sätzen ohne direktes Objekt, die **Präposition *n* + Suffixpronomen der 2. Pers.** in Sätzen mit direktem Objekt.[391] Stimmt die Valenz (vgl. Anm. 257) des Verbs der Übersetzung mit dem

391 Dieser Sachverhalt lässt sich auf das ursprünglich (split-)ergativische System des Ägyptischen zurückführen, wenn in *n* die Ergativmarkierung *jn* gesehen wird, die im historischen Ägyptisch zu der Partikel zur Markierung des Agens (siehe Kap. 4.1.2; 13.4.3) geworden ist. Das ergativische *jn* ist also phonetisch mit der Präposition *n* zusammengefallen. Im historischen Ägyptischen ist *ṯw* nach Imperativ zum reflexiven Akkusativ, *n=k* zum reflexiven Dativ geworden. (Ergativ-absolutivische Sprachen drücken [im Gegensatz zu den nominativ-akkusativischen Sprachen] das Subjekt eines intransitiven Verbs durch den passivischen unmarkierten Absolutus aus. Bei transitiven Verben steht dagegen das Subjekt einer Handlung, das in die-

Ägyptischen überein, so kann *n=k* mit «dir» und *ṯw* mit «dich» wiedergegeben werden; ansonsten sind die Pronomina in der Übersetzung wegzulassen. Beispiele:

135 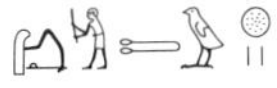 *ʿḥꜣ ṯw zp 2*, «[Ich betrachte dich als verantwortlich dafür. Sei sehr tüchtig beim Ackerbau!] Bemühe dich sehr!»[392]

136  *wḏʿ ṯw ḏs=k*, «Triff selbst eine Entscheidung/Entscheide du selber!»[393]

137 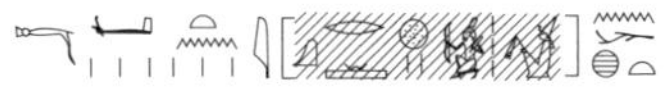 *mḥ.w ṯn jqr zp 2 mšʿ=j nḫt*, «Erfüllt (die Aufgabe) […]» > «Führt die Eroberung ganz perfekt durch, meine siegreichen Krieger!»[394] Aus der Anweisung Thutmosis' III. zur Eroberung Megiddos.

138  *jr(j) n=k mrw n pḥ-jb*, «[…], (dann) beschaffe dir Vertrauensleute!»[395]

139  *ʿpr n=k bꜣw m nfr.wt nb.t n.t ẖnw*, «Rüste dir eine Barke aus mit jeglichen Schönen (scil. Frauen) des Palastes!»[396]

140  *sḫꜣ n=k hrw n qrs*, «Denk an den Tag des Begräbnisses!»[397]

15.2.3 Die **Präposition** *r* **+ Pronominalsuffix der 2. Pers.** nach dem Imperativ dient dem Sprecher dazu, den Adressaten zur Akzeptanz des Befehls zu bewegen. Der Imperativ mit *r=k* drückt eine höfliche oder eindringliche Bitte aus. Anders als bei *ṯw* und *n=k* ist das Pronomen der 2. Pers. hier nicht semantisch referenzidentisch, sondern nur formal referenzidentisch. Als Übersetzung eignet sich oft der deutsche Imperativ mit Zufügung von «doch» oder «bitte». Beispiele:

sen Fällen dem Agens [Täter] entspricht, im Ergativ und das Patiens [«Objekt»] im Absolutus.) Siehe Hanna Jenni, Die pronominalen Erweiterungen beim Imperativ und der Ausdruck verbaler Reflexivität im Ägyptischen, in: ZÄS 132, 2005, 112–122.

392 Heqanacht, Taf. 28, Kol. 13.

393 Oasenmann B2, 133.

394 Urk. IV, 660, 5.

395 Ptahhotep 233 (P).

396 Pap. Westcar 5, 3f.

397 Sinuhe B 190.

141  *mj r=k n sšm.w=k nṯr=n*, «Komm doch zu deinen Bildern, unser Gott!»[398] Zu beachten ist in dieser häufigen Wendung die Stellung des Determinativs des Imperativs *mj* nach der Partikel.

142  *sꜣw ṯw [...] sḏm r=k [...]*, «Pass auf [, dass ein Verständiger nicht sage:] ‹Hör bitte zu! [Wenn du wünschst ...›]».[399]

143  *nḏnḏ r=k ḥnꜥ ḫm mj rḫ*, «[...] (sondern) frage nach Rat beim Unwissenden wie beim Wissenden!»[400]

15.2.4 Bei der unveränderlichen **Partikel**  /  *jrf* / *rf* (vgl. 4.1.3) bezieht sich die 3. Pers. des Pronomens auf den im Imperativ formulierten Verbalinhalt.

144  *hꜣ(j) rf m nfrw.t*, «Steig doch ein in die *nfrw.t*-Barke!»[401]

Dieses Beispiel ist erklärbar als «Steig ein in Bezug auf es (das Einsteigen)!», im Sinne von «Einsteigen ist es, was du zu tun hast.» Auch für diese Verstärkung des Imperativs eignet sich als Übersetzung die Zufügung einer sog. Abtönungspartikel wie «doch», «schon», «nur», «jetzt» usw. zum Ausdruck der Modalität (Dringlichkeit [«hör schon!»], Ungeduld [«hör mal!»] o.ä.).

15.3 Besonderheiten

15.3.1 Eine weitere modale Färbung ergibt sich durch die **Partikel**  /  *mj*, was mit «bitte» oder «doch» übersetzt werden kann. Beispiel:

145  *njs(.w) mj n=j rjr.t=j*, «Ruft mir bitte mein Auge!»[402]

15.3.2 Sehr selten trifft man eine **Umschreibung des Imperativs mit** ***jrj***. Dabei steht das Verb *jrj*, «machen/tun», im Imperativ, das bedeutungstragende Verb folgt im Infinitiv (siehe Kap. 16). *jrj sḏm* bedeutet wörtlich «mache (zu) hören», was *nicht*

398 Amduat, 8. Stunde, mittleres Register, zweite Szene: Hornung, Amduat, Bd. 2, 612 (Th III).

399 Ptahhotep 612 (P).

400 Ptahhotep 54 (P).

401 CT V, 247d (Spr. 414, B2Bo).

402 Himmelskuh, 1, Vers 11, S I, Kol. 3.

kausative Bedeutung hat (diese Konstruktion mit *jrj* ist nicht zu verwechseln mit dem Verb *rḏj* + Subjunktiv, vgl. Kap. 12.2.3), sondern kommt einem verstärkten Imperativ sehr nahe. Die Umschreibung mit *jrj* ist im Altägyptischen besonders bei Verba 4rad. und IVinf. zu beobachten[403] und scheint später auch bei anderen Verbklassen verbreitet gewesen zu sein. Sie dürfte ihrer analytischen Form wegen aus der Umgangssprache stammen. In dem folgenden Beispiel aus der Erzählung des Sinuhe wird durch die Verwendung dieser Form in direkter Rede Lebendigkeit erreicht und die innere Beteiligung des Sprechers ausgedrückt.[404]

146  *jr(j) n=k jw(j).t r Km.t*, «Mache zurück(zu)kehren nach Ägypten.» > «(Los,) kehre nach Ägypten zurück!»[405]

Übung 15

1.  406
2.  407
3.  408
4.  409
5.  410
6.  411

403 Edel, Altägyptische Grammatik, 302, § 624.

404 Dass die Form als «expression de l'impatience» zu verstehen ist (de Buck, Grammaire élémentaire du moyen égyptien, Leiden 1967, 96), ist nicht der Form an sich zuzuschreiben. Gardiner, EG, 259, § 338, 1, bringt als weiteres Beispiel: *jrj wꜣḥ-tp m X* neben *wꜣḥ-tp m X*, «Multipliziere X (n mal)!»

405 Sinuhe B 188.

406 Lehre Amenemhats, § 5b: Pap. Millingen, I, Z. 9. – *qꜣj-m-ḏr.t*, («Hoch-mit-der-Hand» >) «Totenklage»: \ statt | ; im Pap. Sallier II, 7, mit Determinativ .

407 Lehre eines Mannes, § 19, 6: DeM 1399, Z. 3: Hans-W. Fischer-Elfert, Die Lehre eines Mannes für seinen Sohn (ÄA 60), Wiesbaden 1999.

408 Ptahhotep 37 (L2). – *sbꜣ*, «lehren/unterrichten».

409 Pap. Westcar 8, 3.

410 Merikare E 127–129. – Lies *ḫr(.t)*.

411 Tb 125: Pap. Nebseni, Taf. 93, Spr. 125, Kol. 94.

16 Der Infinitiv

16.1 Die Formen des Infinitivs

16.1.1 Der Infinitiv spaltet sich formal in zwei Gruppen auf: Je nach Klassenzugehörigkeit eines Verbs (siehe Kap. 10.1.1) wird die Form gebildet entweder mit einer Endung -.Ø (sog. maskuliner Infinitiv) oder mit einer Endung *-.t* (sog. femininer Infinitiv; *-.t* vor einem allfälligen Determinativ)[412]:

Endung -.Ø	2rad.	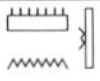	*mn*, «bleiben»
	3rad.		*sḏm*, «hören»
	4rad.	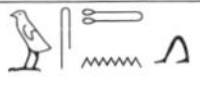	*wsṯn*, «schreiten»
	Redupl. / 5rad.		*nftft*, «springen»
	IIgem. (geminierend)		*wnn*, «sein»
	Kaus. 3rad.		*sʿnḫ*, «leben lassen»
	Kaus. IVinf.		*smꜣwj*, «erneuern»
	Kaus. IIgem.		*sqbb*, «kühlen»
Endung *-.t*	IIIinf.	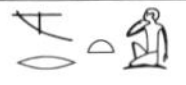	*mr(j).t*, «lieben»
	Kaus. 2rad.	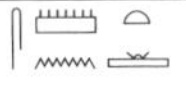	*smn.t*, «bestehen lassen»
Endung -.Ø oder *-.t*	IVinf.		*mꜣwj*, «neu sein»
			*ḥms(j).t*, «sitzen»
	Kaus. IIIinf.		*smsj*, «gebären lassen»
			*sqdw.t*, «segeln»

412 Somit ist der Infinitiv oft nicht zu unterscheiden von einem Substantiv des entsprechenden Verbs. Oder umgekehrt gesagt: Wörter, zu denen im Wörterbuch eine substantivische Übersetzung gegeben ist, könnten im Grunde genommen Infinitive sein, die sich im Laufe der Zeit verselbständigt haben (mit paradigmatischem Plural usw.). (Vgl. Jürgen Osing, Die Nominalbildung des Ägyptischen, Mainz 1976, Bd. 1, 36ff.)

Die Verba ultimae infirmae verlieren vermutlich stets den schwachen Konsonanten *j* vor der Endung *-.t*. Aus didaktischen Gründen wird er hier in der Transkription jedoch – in Klammern gesetzt – beibehalten.

16.1.2 Unregelmässige Verben:
«kommen»:  /  *jj(j).t* oder  *jw(j).t*,
«bringen»:  *jn(j).t*,
«sehen»: *mꜣꜣ* oder *mꜣ*.
Eine Ausnahme bildet das Verb *šm*, «gehen», mit dem Infinitiv  *šm.t*.

16.2 Eigenschaften des Infinitivs

16.2.1 Der Infinitiv ist, wie sein Name besagt, unbegrenzt, nicht festgelegt auf weitere Indikatoren, indem er nur den Verbalinhalt angibt. Er hat (wie die Partizipien) sowohl verbalen («hören/zu hören») als auch nominalen («[das/ein] Hören») Charakter. Der Infinitiv wird auch Verbalnomen genannt; er hat aber im Gegensatz zu den übrigen Nomina nicht die Möglichkeit, einen Plural zu bilden.

Es gibt im Ägyptischen nur einen Infinitiv; Diathese, Tempus oder Aspekt werden (im Unterschied zu anderen Sprachen) nicht unterschieden. In den allermeisten Fällen hat der Infinitiv aktive Bedeutung. Zuweilen ist zu überlegen, ob ein Infinitiv aufgrund des Kontextes passiv wiederzugeben ist. Beispiele:

147  *jw(=j) r wḏꜥ ḥnꜥ=f jn nṯr ꜥꜣ*, «Ich werde zusammen mit ihm gerichtet werden durch den grossen Gott.»[413] Zur Konstruktion *r*+ Infinitiv siehe Kap. 16.5.3.

148 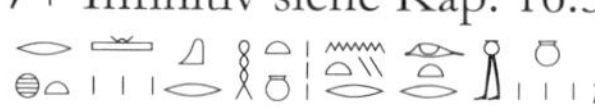 *rḫt qrḥ.t ntj r jr(j).t r jn.w*, «Liste der Töpferware, die gemacht zu werden ist/zu machen ist für den Tribut.»[414]

16.2.2 Der Infinitiv wird gerne dann verwendet, wenn kein Agens vorhanden ist; dieses ist durch den Kontext gegeben.

413 Urk. I, 218, 13.

414 Pap. UC 32193 (lot IX.1), Recto, Z. 2: Collier/Quirke, UCL Lahun Papyri: Accounts, 70.

149  *rꜣ n pr(j).t m hrw*, «Spruch für das Herausgehen am Tage» (jedes Toten resp. desjenigen, für den dieser Spruch auf sein Totenbuchexemplar geschrieben ist).[415]

150  *wnn m sš n Rꜥ*, (Spruch, der handelt von dem) «Werden zu einem Schreiber des Re» (jedes Toten resp. desjenigen Toten, für den dieser Spruch auf seinen Sarg geschrieben ist).[416]

151  *skꜣ m ḫnn*, (Das Bild zeigt das) «Mit der Hacke Arbeiten» (der Arbeiter, die nicht genauer spezifiziert werden müssen).[417]

Dieser Fall ist häufig in Überschriften zu Sprüchen der religiösen Textkorpora (**149**, **150**, **153**). Wird jedoch das Agens bezeichnet, so steht die markierte *sḏm=f*-Form (**152**, vgl. 10.4.2f. mit **094**). Die beiden folgenden Beispiele stehen am Anfang resp. am Ende des Spruches 219 der Sargtexte (beide als Rubra geschrieben):

152  *ṯss sw s ḥr gs=f ///////*, (Der folgende Spruch handelt von der Tatsache, dass:) «Ein Mann erhebt sich auf seine /////// Seite.»[418]

153 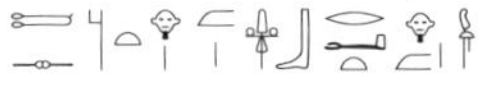 *ṯs(j).t ḥr gs jꜣb(j) rḏ(j).t ḥr gs jmn(j)*, (Der vorhergehende Spruch handelte von dem) «Sich Erheben auf die linke Seite (und sich) (Geben) Wenden auf die rechte Seite.»[419]

Seltener wird – wie beim Passiv – das nominale Agens am Ende des Satzes durch *jn* eingeführt:

154  *šd(j).t sꜣḫ.w jn ẖr(j).w-ḥb(.t)*, «Rezitieren der Verklärungen seitens der/durch die Vorlesepriester […]».[420] Es handelt sich um eine Beischrift: (Dieses Bild zeigt) «das Rezitieren der Verklärungen durch die Vorlesepriester […]».

Dem entspricht bei pronominalem Agens die Zufügung des selbständigen Pronomens, in dem ja *jn* enthalten ist (Kap. 6.2.1). Beispiel:

415 Totenbuch, passim.

416 CT III, 357a (Spr. 254, S1Ca).

417 Grab des Chnumhotep [II.]: Beni Hasan, Bd. 1, Taf. 29, 3. Register.

418 CT III, 199a (Spr. 219, B2L).

419 CT III, 200g (Spr. 219, B1L). – ist Variante zu (U 39).

420 Grab des Uchhotep: Aylward A. Blackman, The Rock Tombs of Meir, London 1915, Bd. 3, Taf. 23, 2. Register.

155 *[...] ḥnʿ pr(j).t ntsn m-sꜣ ḥm-kꜣ=f*, «[...] sowie das Hinausgehen durch sie hinter seinem Totenpriester.»[421]

156 *[...] m ḏd st ntf r-gs jr(j)-sšm*, «[...] durch das es Sagen seinerseits/durch ihn in Gegenwart des Verantwortlichen.»[422]

Häufiger als mit *jn* ist jedoch die Angabe des Agens mit genetivischer Konstruktion (Kap. 16.2.3 und 16.2.5; vgl. **155** mit **157**).

16.2.3 Bei intransitiven Verben ist ein auf den Infinitiv folgendes Nomen das Agens («hinausgehen»: *wer?*) und ist – entsprechend dem nominalen Charakter des Infinitivs – als Genetivus subiectivus zu interpretieren:

157 *prj.t sm*, «das Hinausgehen des Sem-Priesters»[423]

Die Entsprechung mit einem Pronomen wird erwartungsgemäss mit dem Suffixpronomen realisiert: *prj.t=f*, «sein Hinausgehen», *pr(j).t=k*, «dein Hinausgehen», *prj.t=j*, «mein Hinausgehen». (Im Falle eines endungslosen Infinitivs sieht die Form aus wie die *sḏm=f*-Form und Infinitive mit der Endung *-.t* wie die erst später [Kap. 22.3.5] zu besprechende Form *sḏm.t=f* und wie eine feminine Relativform [Kap. 20.1.2]).

16.2.4 Ist bei einem transitiven (mehrwertigen [vgl. Anm. 257]) Verb nur eine Stelle besetzt, so ist das dem Infinitiv folgende Wort das Patiens («aushauen»: *was?*) und nicht das Agens («aushauen»: *wer?*). Im Falle eines Nomens ist es – wiederum dem nominalen Charakter des Infinitivs nach – als Genetivus obiectivus zu interpretieren.

158 *šꜣd ḫr.t n.t ḥm=f*, «[Ich sah] das Aushauen des Grabes seiner Majestät[, indem ich allein war].»[424] Das Agens ist nicht genannt.

Ganz parallel dazu wird nun auch ein pronominales Patiens durch das Pronominalsuffix (und *nicht* etwa durch das im Satz mit verbalem Prädikat verwendete enklitische Pronomen) ausgedrückt: *sḏm=f*, «das ihn Hören», *sḏm=k*,

421 Grabinschrift: Griffith, Siūṭ and Dêr Rîfeh, Taf. 8 = Montet, in: Kêmi 3, 1930, 64, Kol. 307.

422 Urk. IV, 1088, 14.

423 Grab des Chnumhotep [II.]: Beni Hasan, Bd. 1, Taf. 24, Z. 3.

424 Urk. IV, 57, 3.

«das dich Hören»,  *sḏm=j*, «das mich Hören». (Zur Mehrdeutigkeit solcher Formen siehe am Ende von Kap. 16.2.3.) Beispiel:

159  *wꜣḥ=f wj nn dmj.t=j*, «[Er (der Schlangengott) nahm mich in seinen Mund ...] und setzte mich ab, ohne mich zu stossen.»[425] (Zur Negation *nn* vor Infinitiv vgl. Kap. 22.2.6.)

16.2.5 Sind bei einem transitiven (mehrwertigen) Verb beide Stellen besetzt, so folgt dem Infinitiv erwartungsgemäss das Agens in der Position des Genetivus subiectivus; das Patiens (als direktes Objekt des verbal gedachten Infinitivs) wie auch allfällige andere Ergänzungen nehmen ihre im Satz mit verbalem Prädikat übliche Stelle ein. Beispiele:

160 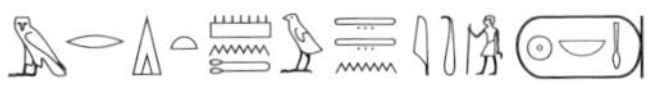 *[...] m rḏ(j).t Mnṯw tꜣ.wj n jtj Nb-ḫrw-Rꜥ* «[Ein guter Anfang ereignete sich] durch das Geben Months die beiden Länder dem Landesherrn *Nb-ḫrw-Rꜥ*» > «[...] indem Month die beiden Länder dem Landesherrn *Nb-ḫrw-Rꜥ* gab.»[426] (Zur Verwendung des Infinitivs nach Präposition vgl. Kap. 16.3.3.)

161  *[...] rḏ(j).t=k n=j nsy.t=k*, «[Das Erste, was du mir gegenüber tatest, war] dein Geben mir dein Königtum.» > «[...] dass du mir dein Königtum gabst.»[427]

162  *[...] n wd(j).t=f wj m tp*, «[Es gibt keinen, der mir entgegentreten könnte, ausser Atum] wegen seines mich an die Spitze Setzens.» > «[...] weil er mich an die Spitze setzte.»[428] (Zur Verwendung des Infinitivs nach Präposition vgl. Kap. 16.3.3.)

16.2.6 Auch wenn es somit nicht falsch ist zu sagen, dass *gmj.t=f* sowohl «ihn (zu) finden» wie auch «sein Finden» bedeutet, kommt es, wie gezeigt, im Kontext nie zu Ambiguitäten. Vgl. auch

425 Schiffbrüchiger 78f.

426 Stele Turin 1447: Miriam Lichtheim, Ancient Egyptian Autobiographies Chiefly of the Middle Kingdom (OBO 84), Freiburg Schweiz/Göttingen 1988, Taf. 3, Z. 7.

427 Urk. IV, 271, 9.

428 CT IV 104f (Spr. 316, S1C).

163  *gm(j).t=f jn ḥm=f m [...]*, «[Es kam der *ꜣꜣtꜣ* des Südens ...] (Finden seiner) Ihn Finden durch seine Majestät in [...].»[429] (Zum sog. narrativen Infinitiv siehe Kap. 16.4.)

16.3 Der Infinitiv als direktes Objekt und nach Präpositionen (Verwendungsweisen ausserhalb der pseudoverbalen Konstruktion)

16.3.1 Der Infinitiv kommt einerseits (wie ein Nomen) vor als beliebiger Satzteil (z.B. als Prädikat, vgl. **161**), insbesondere als direktes Objekt und nach Präposition/ Konjunktion (Kap. 16.3.2–4), andererseits aber auch anstelle einer flektierten Verbalform im sog. narrativen Gebrauch (Kap. 16.4), dazu in Überschriften (Kap. 16.2.2).

16.3.2 Der **Infinitiv als direktes Objekt** vertritt einen Objektssatz dann, wenn dieser kein eigenes Subjekt hat. Siehe Beispiel **158** und

164  *mr(j)=sn rḏ(j).t n=j ḥknw*, «Sie (lieben) wünschen das Geben mir Lobpreis.»[430] Die wörtliche Übersetzung mit deutschem Infinitiv ist gewiss nicht ideal. Besser wäre ein dass-Satz, der – um das Agens auszublenden – passiv formuliert sein müsste: «Sie wünschen, dass mir Lobpreis gegeben werde» oder der mit dem unpersönlichen «man» formuliert sein müsste: «Sie wünschen, dass man mir Lobpreis gebe.»

16.3.3 Steht ein Infinitiv nach **Präposition**, so eignet sich als deutsche Übersetzung oft anstelle einer Präposition mit substantiviertem Infinitv ein mit einer **Konjunktion** eingeleiteter Nebensatz, in dem das Subjekt allenfalls ergänzt und das Tempus dem Kontext angepasst werden muss. Zur Veranschaulichung:

– Präp. + Infinitiv + pron. Subj.: **m-ḫt prj.t=k*, «nach deinem Hinausgehen» > «nachdem du hinausgegangen warst.»

429 Urk. IV, 6, 2.

430 Stele Berlin 1204: Rudolf Anthes, Die Berichte des Neferhotep und des Ichernofret über das Osirisfest in Abydos, in: Wolfgang Müller [Hg.], Festschrift zum 150jährigen Bestehen des Berliner Ägyptischen Museums, Berlin 1974, 19, Z. 31.

– Präp. + Infinitiv + nom. Subj.: **m-ḫt prj.t rmṯ.w*, «nach dem Hinausgehen der Leute» > «nachdem die Leute hinausgegangen waren.»
– Präp. + Infinitiv: **m-ḫt prj.t*, «nach dem Hinausgehen» oder evtl. «nachdem ich/du/er usw. (je nach Kontext) hinausgegangen war/warst usw.»

Häufige Präpositionen in dieser Verwendung sind:

	Präposition	Konjunktion	Beispiel
m	«in/mit/durch»	«während/indem»	**160, 166**
n	«für/wegen»	«weil»	**162**
r	«zu»	«um zu/dass/damit»	**165, 166**
ḥr	«auf/über/wegen»	«indem/wobei/weil»	**168**
ḫft	«in Gegenwart von/gemäss»	«während/wenn»	
m-ḫt	«nach»	«nachdem»	
tp-ꜥ	«vor»	«bevor»	**167**

Eine Verbalform, die einen Wunsch oder Befehl ausdrückt, kann durch ***ḥnꜥ* + Infinitiv** fortgeführt werden (sog. Konjunktiv). *ḥnꜥ* + Infinitiv ist in diesem Fall entsprechend der vorhergehenden Verbalform (z.B. **169** mit Imperativ) zu übersetzen.

	Präposition	Konjunktion	Beispiel
ḥnꜥ	«mit»	«und» + Verbalform des vorangehenden Satzes	**155, 169**

Beispiele:

165 
 *jtḥ=tw st m ṯbṯb m ḥbs.w=sn r dmj pn [...] sḥꜣ(j).n=sn ḥbs.w r ṯbṯb st r-ḥr(j) r dmj pn*, «Man (d.h. die Feinde in Megiddo) schleppte sie (d.h. die Feinde, die in die Stadt Megiddo zurückflüchteten) durch Hochziehen an ihren Kleidern zu dieser Stadt. [Die Leute hatten nämlich diese Stadt verschlossen und] sie hatten Kleider herabgelassen, um sie hochzuziehen hinauf in diese Stadt.»[431]

431 Urk. IV, 658, 4ff.

166 
m ḫꜣs rsʿq.t st r dmj=sn jw snḏ.t ḥm=f ḥr ʿq m ḫʿ.w=sn, «[Man zog also diesen elenden Feind von Qadesch und den elenden Feind dieser Stadt hinauf] (durch Klettern) indem diese kletterten, um ihnen Zutritt zu verschaffen zu ihrer Stadt; die Furcht vor seiner Majestät (war beim Eintreten, siehe Kap. 16.5) trat in ihren Leib ein, [ihre Arme waren ermattet].»[432]

167  *tp-ʿ ḥtp m ḫr.t-nṯr*, «[... dass du die Sonne siehst am Morgen,] bevor du dich in der Nekropole niederlässt.»[433]

168 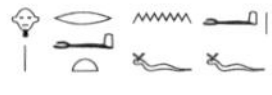 *ḥr rḏ(j).t n=f ʿ=f*, «[Da ging er mit ihm zur Landestelle,] indem er ihm den Arm bot.»[434]

169 *jm(j) (r)ḏ(j).tw mꜣʿ t 1000 ḥnq.t ds 100 jwꜣ 1 snṯr pꜣḏ 2 n nswt-bjtj Nb-kꜣ mꜣʿ-ḫrw*  *ḥnʿ rḏ(j).t (r)ḏ(j).tw šns 1 ḥnq.t ḏwjw 1 jwf wr snṯr pꜣḏ 1 n ḫr(j)-ḥb(.t) ḥrj-tp Wbꜣ-jnr*, «Veranlasse, dass ein Opfer gegeben werde (an) Brot: 1000, Bier: 100 Krug, Rind: 1, Weihrauch: 2 Kugeln dem König von Ober- und Unterägypten, Nebka, selig. Und veranlasse, dass gegeben werde Kuchen: 1 (Portion), Bier: 1 Krug, Fleisch: gross(es Quantum), Weihrauch: 1 Kugel dem obersten Vorlesepriester Ubaoner.»[435]

16.3.4 Besonders zu merken ist 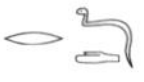 *r-ḏd*, seltener  *m-ḏd*, wörtlich «zu sagen», resp. «im Sagen», zur **Einleitung der direkten Rede**. Steht ein Verbum dicendi nicht expressis verbis da, so kann *r-ḏd* mit «indem ich/er/sie usw. (je nach Kontext) sagt(e)/sag(t)en» wiedergegeben werden (**170**). Ist dagegen ein Verbum dicendi zur Einleitung der direkten Rede vorhanden, so kann der Ausdruck *r-ḏd* in der Übersetzung getrost weggelassen werden – er steht dann quasi anstelle unseres Doppelpunktes (**171**).

170  *wḏ ḥm=f nḏw.t-rꜣ ḥnʿ mšʿ=f n nḫtw r-ḏd [...]*, «Seine Majestät ordnete eine Beratung an mit seinem siegreichen Heer, indem er sprach: [...]».[436]

432 Urk. IV, 658, 13f.
433 Grab des Wesirs Paser, TT 106: DZA 31.057.420.
434 Pap. Westcar 8, 2.
435 Pap. Westcar 4, 13f.
436 Urk. IV, 649, 4.

171 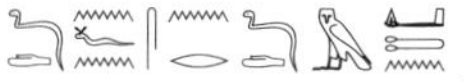 *ḏd.n=f n=sn r-ḏd m=ṯn [...]*, «Er sagte zu ihnen: Seht [...]».[437]

16.4 Narrativer Gebrauch des Infinitivs

Nichtuntergeordnete Sätze, insbesondere solche, die innerhalb einer Erzählung einen neuen Absatz einleiten, können anstelle eines finiten Verbs einen Infinitiv als Prädikat haben: **prj.t ḥm=f*, «(Was weiterhin geschah, war das) Ausziehen seiner Majestät». Solche sog. narrativen Infinitive kommen v.a. in Berichten vor, z.B. in königlichen Annalen, jedoch nicht ausschliesslich, sondern im Wechsel mit finiten Verbformen und eher selten.

Nach dem, was bisher über den Infinitiv gesagt worden ist, dürfte klar sein, dass Infinitive in narrativer Verwendung nicht immer eindeutig zu bestimmen sind, da es, je nach Verbklasse, Verwechslungsmöglichkeiten mit den finiten Formen *sḏm=f*, *sḏm.t=f* oder *sḏm.jn=f* gibt. Gardiner, EG, 230, § 306 Obs., dazu: «Reasonably certain examples of the narrative infinitive are those in which forms ending in *-.t* alternate with forms not ending in *-.t*, and where both are parallel to real narrative tenses like *śḏm.n.f.*»

Die Übersetzung eines Textes, der narrative Infinitive enthält, ist grundsätzlich glatter und verständlicher, wenn die betreffenden Infinitive mit einer finiten Verbalform wiedergegeben werden. Allerdings kann mit der Beibehaltung der Infinitive in einer entsprechenden Textgattung der annalistische oder tagebuchartige, stichwortartige Stil gekennzeichnet werden. Beispiel:

172  *smn.t jn ḥm=f*, «Stehen Bleiben seitens seiner Majestät/Seine Majestät blieb stehen [an der Aussenseite ... Die Anführer aber vollendeten das Hinausgehen auf diesem Wege]»  *spr.n ḥm=f [...]*, «Seine Majestät gelangte [nach dem Süden Megiddos ...]»  *ḥtp m ʿʿnj*, «Ruhen im Zelt/Man ruhte im Zelt.»[438]

437 Grabinschrift: Griffith, Siūṭ and Dêr Rîfeh, Taf. 6 = Montet, in: Kêmi 3, 1930, 55, Kol. 275.
438 Urk. IV, 655, 5 – 656, 6.

16.5 Präposition + Infinitiv als Prädikat (pseudoverbale Konstruktion I)

16.5.1 Die Konstruktion kommt mit drei bestimmten Präpositionen vor, nämlich mit *ḥr*, *m* und *r*. Die jeweilige Präposition bildet mit dem folgenden Infinitiv zusammen das Prädikat eines Satzes, das dem Subjekt folgt. Ist das Subjekt pronominal, so muss es durch eine Partikel gestützt werden (z.B. *jw* + Suffixpronomen, *m=k* + enklitisches Pronomen oder *jsṯ* + enklitisches Pronomen). Wie in 7.3.1 erwähnt, handelt es sich bei dieser Konstruktion formal um einen **Satz mit adverbialem Prädikat**, die Funktion der Konstruktion entspricht aber derjenigen eines Satzes mit verbalem Prädikat, weswegen sie üblicherweise als **pseudoverbale Konstruktion** bezeichnet wird.

16.5.2 Die Konstruktion ***ḥr* / *m* + Infinitiv** bezeichnet eine/n imperfektive/n **Handlung/Vorgang in der Gegenwart oder in der Vergangenheit**. Die Handlung oder der Vorgang läuft zum Zeitpunkt der Betrachtung ab und ist noch nicht abgeschlossen. Im Gegensatz zu der unmarkierten *sḏm=f*-Form ist der Aspekt der Form *jw=f ḥr/m* + Infinitiv eindeutig imperfektiv.

jw=f m prj.t bedeutet wörtlich «Er ist im/am Hinausgehen», vgl. französisch «il est en train de sortir», englisch «he is going out». Als passende deutsche Übersetzung kommt «Er geht hinaus» bzw. «Er ging hinaus» in Frage. Der imperfektive Aspekt kann allenfalls durch das Adverb «gerade» deutlich gemacht werden («Er geht gerade hinaus») oder durch die Umschreibung mit dem Infinitiv («Er war war dabei, hinauszugehen»).

jw=f ḥr sḏm bedeutet wörtlich «Er ist auf dem Hören», was entsprechend mit «Er hört» bzw. «Er hörte» zu übersetzen ist, evtl. mit «Er hört gerade» oder «Er war dabei, zu hören». Beispiel:

173  *jw mšꜥ pn n nswt ḥr mꜣꜣ*, «Dieses Heer des Königs schaute zu.»[439]

439 Hammamat Nr. 110, Kol. 5f.

Anstelle von *ḥr* + Infinitiv wird gelegentlich ***m*** + Infinitiv verwendet, und zwar vorwiegend bei der Klasse der intransitiven Verben der Bewegung in ingressiver oder mellischer Verwendung.[440] Beispiel:

174  *m=ṯ wj m hꜣ(j).t r Km.t*, «Siehe, ich bin im Begriff, nach Ägypten hinab zu gehen.»[441]

16.5.3 ***r* + Infinitiv** bezeichnet eine/n **Handlung/Vorgang in der Zukunft**. *jw=f r sḏm* bedeutet wörtlich «Er ist zum Hören hin.», was mit «Er wird hören.» zu übersetzen ist. Beispiel:

175  *jw jb=k r qbb ẖr=s*, «[...] dein Herz wird (darunter) deswegen kühl werden» > «[...] so wird dein Herz sich darob beruhigen.»[442]

Im Gegensatz zu der prospektiven *sḏm=f*-Form (Kap. 12.1) ist die Form *jw=f r sḏm* nicht modal gefärbt, sondern unmarkiert, objektiv.[443]

16.5.4 Auch die Konstruktion Präposition + Infinitiv als Prädikat kann in der Übersetzung kontextgemäss untergeordnet werden. Beispiele:

176  *sḏm.n=j ḫrw=f jw=f ḥr mdw(j).t*, «Ich hörte seine Stimme. Er war am Reden.» > «Ich hörte seine Stimme, als er am Reden war.»[444]

177  *gm(j).n=f sw ḥr pr(j).t m sbꜣ n pr=f*, «[Nun ging dieser Bauer nach Herakleopolis Magna, um eine Bitte an den Oberdomänenvorsteher Rensi, den Sohn des Meru, zu richten.] Er traf ihn, als (er) dieser aus der Tür seines Hauses herauskam.»[445]

440 Malaise/Winand, Grammaire, 476–470, § 782–785. – Mellisch: von griechisch μέλλω, «im Begriff sein/vorhaben».

441 Oasenmann R1, 2f.

442 Pap. Westcar 5, 6f.

443 Nach Malaise/Winand, Grammaire, 268, § 452, ursprünglich deontisch.

444 Sinuhe B 1f.

445 Oasenmann B1, 65f.

Übung 16

1.  [446]
2.  [447]
3. 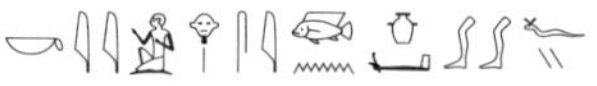 [448]
4.  [449]
5.  [450]
6. 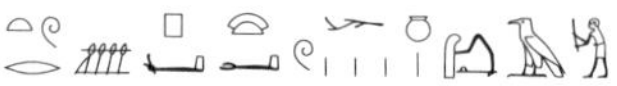 [451]
7.  [452]
8.  [453]

446 Hammamat Nr. 110, Kol. 2f.

447 Pap. Westcar 5, 9–12. – ∩, «10».

448 Pap. Westcar 7, 16.

449 Schiffbrüchiger 117f. – *ꜣbd*, «Monat».

450 Urk. IV, 223, 14.

451 Neferti, § 8f: Pap. Petersburg 1116 B, Z. 39. – *tw*, «man», ist hier uneingeleitet verwendet (vgl. Malaise/Winand, Grammaire, 103, § 147).

452 Tb 160: Pap. Nebseni, Taf. 30, Spr. 160, Überschrift in der Vignette. – *nšm.t*, «Feldspat».

453 Schiffbrüchiger 20f.

17 Das Pseudopartizip (Der Stativ)

17.1 Formen des Pseudopartizips[454]

Sg.	1. Pers.	c.		*sḏm.kwj*	auch: 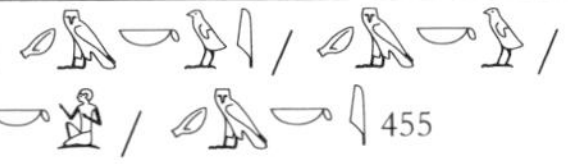 [455]
	2. Pers.	c.		*sḏm.tj*	auch: 
	3. Pers.	m.		*sḏm.w*	auch: 
		f.		*sḏm.tj*	auch: 
Pl.	1. Pers.	c.		*sḏm.wjn*	auch: 
	2. Pers.	c.		*sḏm.twn* [456]	auch: 
	3. Pers.	c.[457]		*sḏm.w*	auch: 

In der Form des Pseudopartizips ist das pronominale Subjekt enthalten. Ein **nominales Subjekt** steht – im Unterschied zu den Suffixkonjugationen – ***vor*** **dem Pseudopartizip** (S – V).

Die Dual-Formen (3. Pers. Du. m. *sḏm.wj*, 3. Pers. Du. f. *sḏm.tj*) sind selten und im Mittelägyptischen nicht mehr anzutreffen. Ausnahmsweise finden sich geminierende Formen (z.B. *sꜣꜣ.tj* von *sꜣw*, «hüten», in **181**).

454 Im Englischen auch old perfective, im Französischen auch parfait ancien, forme d'état oder qualitatif genannt.

455 Im Altägyptischen auch nur *-.k* oder *-.kjw* geschrieben.

456 Die ältere Lesung *sḏm.tjwnj* ist sehr unwahrscheinlich: Elmar Edel, Neue Deutungen keilschriftlicher Umschreibungen ägyptischer Wörter und Personennamen (Österreichische Akademie der Wissenschaften. Philosophisch-hostorische Klasse. Sitzungsberichte, Bd. 375), Wien 1980, 47f.

457 Die feminine Form  *sḏm.tj* ist im Mittelägyptischen nicht mehr gebräuchlich.

17.2 Bedeutung

17.2.1 Das Pseudopartizip ist eine perfektische Form, die sich auf faktitiv-resultative Aktionsart spezialisiert hat (vgl. Kap. 10.2.3). Bei transitiv verwendeten Verben ist die Bedeutung des Pseudopartizips passivisch.

Bei **transitiv verwendeten Verben** drückt die durch das Pseudopartizip bezeichnete faktitive Aktionsart aus, dass an einem Objekt der vom passiven Partizip des Verbalinhalts ausgesagte Zustand bewirkt worden ist.	Das bedeutet praktisch: Bei einem transitiv verwendeten Verb kommt man zur richtigen Bedeutung, indem man das deutsche Partizip Passiv (sog. 2. Partizip) verwendet. Z.B.: *rḏj*, «geben»: «gegeben», Pseudopartizip *rḏj.w*, «er ist gegeben worden (und ist jetzt gegeben)».
Bei **intransitiven Verben der Bewegung** drückt die durch das Pseudopartizip bezeichnete resultative Aktionsart aus, dass von einem Subjekt der vom Partizip Perfekt des Verbalinhalts ausgesagte Zustand erreicht worden ist.	Das bedeutet praktisch: Bei einem intransitiven Verb kommt man zur richtigen Bedeutung, indem man das deutsche Partizip Perfekt (sog. 2. Partizip) verwendet. Z.B.: *h3j*, «hinabgehen»: «hinabgegangen», Pseudopartizip *h3j.w*, «er ist hinabgegangen (und ist jetzt unten)».
Bei **intransitiven Zustands- und Eigenschaftsverben** drückt die durch das Pseudopartizip bezeichnete resultative Aktionsart aus, dass von einem Subjekt der vom entsprechenden Adjektiv des Verbalinhalts ausgesagte Zustand realisiert worden ist.	Das bedeutet praktisch: Bei einem intransitiven Zustands- oder Eigenschaftsverb kommt man zur richtigen Bedeutung, indem man das deutsche Adjektiv verwendet. Z.B.: *nfr*, «vollkommen sein»: «vollkommen», Pseudopartizip *nfr.w*, «er ist vollkommen».

17.2.2 Die faktitiv-resultative Bedeutung lässt sich in der Übersetzung häufig durch die Wortwahl ausdrücken oder nuancieren:

Transitiv verwendete Verben:	*jʿj*	«waschen ...»	Pseudoptz. «gewaschen/sauber sein»
	wn	«öffnen ...»	Pseudoptz. «offen sein»

Intransitive Verben der Bewegung:	*jwj* *ʿḥʿ*	«kommen» «aufstehen»	Pseudoptz. «da sein» Pseudoptz. «stehen»
Intransitive Zustands- und Eigenschaftsverben:	*rs* *snb*	«erwachen» «gesund werden»	Pseudoptz. «wach sein/wachen» Pseudoptz. «gesund sein»
Intransitive Vorgangsverben:	*mwt* *ḫpr*	«sterben» «werden/entstehen»	Pseudoptz. «tot sein» Pseudoptz. «sein»

17.2.3 Verben, die – ausserhalb ihres (häufigeren) transitiven Gebrauchs – intransitiv verwendet sind, haben aktive Bedeutung: *ḏd*, «erwidern» (reziprokes Sprechen im Dialog, neben transitivem «etw. sagen ...»), *jb*, «zum Schluss gekommen sein/glauben, dass» (neben transitivem «etw. wünschen/denken»), *rḏj*, «veranlassen, dass» oder «sich begeben» (neben transitivem «etw. geben»), *jrj*, «handeln/sich (richtig) verhalten» (neben transitivem «etw. machen»).

Ausnahmen von der Regel, dass transitiv verwendete Verben passive Bedutung haben, sind *rḫ*, «erkennen/wissen», und Fälle mit semantisch reflexivem Objekt. Der scheinbare Widerspruch erklärt sich jedoch dadurch, dass das Pseudopartizip ein Medium (mediale Diathese, zwischen Aktiv und Passiv) ist. Damit hängt überdies zusammen, dass nicht von allen Verben ein Pseudopartizip gebildet wird.[458] Zu merken ist also: *rḫ.w*, «er weiss/kennt».

17.3 Selbständiger Gebrauch der 1. Person

Der selbständige Gebrauch des Pseudopartizips der 1. Pers. Sg. ohne vorhergehendes Subjekt ist selten. Im Mittelägyptischen ist ihm **epistemischer Modus** eigen. Der Sprecher blickt – nicht ohne Bewunderung – auf die abgeschlossene Handlung zurück («Ich bin tatsächlich ausgesandt worden» vs. «Ich wurde ausgesandt»). Beispiele:

458 Zu Kap. 17.2.3 und 17.3 siehe Jenni, in: ZÄS 134, 2007.

178 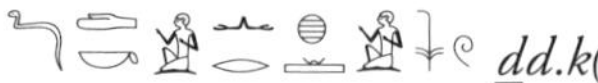 *ḏd.k(w)j n(j) rḫ=j sw*, «Ich aber erwiderte: Ich kenne ihn nicht.»[459]

179  *jb.kwj wꜣw pw n wꜣḏ wr*, «Ich glaubte: Es ist eine Meereswoge.» > «Ich glaubte natürlich, es sei eine Meereswoge.»[460] Nach erlittenem Schiffbruch erwähnt der Schiffbrüchige, dass ihn Donnergrollen sofort an unruhiges Meer denken liess, obwohl das Geräusch letztlich auf den herannahenden Schlangengott zurückzuführen war.

180  *jr(j).kwj m ʿq [...]*, «Ich aber habe (gehandelt) mich (richtig) verhalten als einer, der eintritt [...].»[461] (*ʿq* ist ein Partizip, siehe Kap. 18.)

17.4 Selbständiger Gebrauch der 2. und 3. Person

Der selbständige Gebrauch des Pseudopartizips in der 2. und 3. Pers. hat im Gegensatz zur 1. Pers. deontischen Modus und ist auf die optativische und exklamative Funktion beschränkt. Beispiele:

181  *sꜣꜣ.tj ḫr sp n mh.t-jb*, «Mögest du dich gehütet haben [...]» > «Mögest du dich unbedingt hüten [...]» > «Hüte dich vor einem (Fall) Vorkommen von Vergesslichkeit.»[462]

182  *jj(j).tj n=j*, «Mögest du mir gekommen sein!» > «(Sei mir) willkommen!»[463]

Hierher gehört der Gebrauch der Verben *ʿnḫ*, *wḏꜣ* und *snb* im Pseudopartizip als Eulogie, d.h. als eingeschobener, stereotyper Segenswunsch nach der Nennung einer geehrten Person, insbesondere des Königs (z.B. [...] *pr-ʿꜣ ʿnḫ(.w) wḏꜣ(.w) snb(.w) [...]*, «der Pharao – er lebe, sei heil und gesund! – [...]») samt dessen (auch dinglichen) Umgebung.[464] Beispiele:

459 Sinuhe B 114.

460 Schiffbrüchiger 57f.

461 Stele München, Glyptothek WAF Nr. 35 (alt Nr. 40): Spiegelberg, Grabsteine, Taf. 2, Nr. 3, Z. 16.

462 Ptahhotep 154 (L2). – Zur Graphie des Pseudopartizips von *sꜣw*, «hüten», siehe Kap. 17.1.

463 Urk. IV, 611, 15.

464 Vgl. deutsch «selig» hinter dem Namen Verstorbener, arabisch *ṣallā llāhu ʿalayhi wa-sallama*, «Gott segne ihn und spende ihm Heil!», nach dem Namen des Propheten Muḥammad.

183  *swḏꜣ-jb pw n nb=j ʿnḫ(.w) wḏꜣ(.w) snb(.w) [...]*, «Dies ist eine Mitteilung an meinen Herrn – er lebe, sei heil und gesund! – [...]».[465]

184 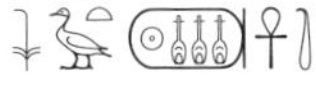 *sꜣ.t nswt Nfrw-Rʿ ʿnḫ.tj [...]*, «Prinzessin Nefrure – sie lebe! – [...]».[466]

185  *ḥwj-ꜣ wḏꜣ ḥm=k r š n pr-ʿꜣ ʿnḫ(.w) wḏꜣ(.w) snb(.w)*, «Möge sich doch deine Majestät zum See des Palastes – er lebe, sei heil und gesund! – begeben!»[467]

Die Zeichengruppe  wird dabei in der Übersetzung zuweilen abgekürzt als «LHG», französisch «v.s.f.» (für «vie, santé, force»), «v.p.s.» (für «vie, prospérité, santé»), englisch «l.p.h.» (für «may he live, be prosperous, be healthy»), «l.s.h.» (für «life, stability, health») u.ä. wiedergegeben.

17.5 Subjekt + Pseudopartizip (pseudoverbale Konstruktion II)

Der Gebrauch des Pseudopartizips als Prädikat nach vorhergehendem eigenem Subjekt (oft nach bestimmten Partikeln) ist häufig. Es handelt sich dabei um selbständige (Haupt-)Sätze oder um untergeordnete Umstandssätze mit eigenem Subjekt. Ist das Subjekt pronominal, so muss es durch eine Partikel gestützt werden. Diese Konstruktion des Pseudopartizips mit eigenem Subjekt wird (wie die in Kap. 16.5 behandelte Konstruktion *ḥr* / *m* / *r* + Infinitiv als Prädikat) auch pseudoverbale Konstruktion genannt, da das Pseudopartizip nicht rein verbaler Natur ist, sondern als konjugiertes Partizip verstanden werden kann.[468]

Pseudoverbale Konstruktion	
Subjekt	Prädikat
Nomen / *jw=f* / *m=k sw*	*ḥr* / *m* / *r* + Infinitiv
Nomen / *jw=f* / *m=k sw*	Pseudopartizip

465 Pap. UC 32112, Fragment 1, Z. 1: Collier/Quirke, UCL Lahun Papyri: Letters, 22.

466 Urk. IV, 396, 16.

467 Pap. Westcar 5, 1f.

468 Dazu Jansen-Winkeln, in: OLP 24, 1993.

Beispiele:

186  *jw=k swt sꜣ(j).t(j) m t=k*, «Du bist ja gesättigt mit deinem Brot.»[469]

187  *m=k pḥ.n=n ẖnw* «Siehe, wir sind nach Hause gelangt,

 *šsp(.w) ḫrpw* der Holzhammer (zum Einschlagen des Landepflocks) wurde ergriffen,

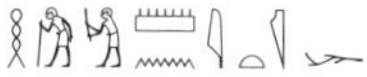 *ḥ(wj.w) mnj.t* der Landepflock wurde eingeschlagen,

 *ḥꜣt.t rḏ(j).t(j) ḥr tꜣ* das Bugtau (ist aufs Land gegeben) am Land festgemacht.»[470]

In dem Zitat wird die erfolgte Heimkehr beschrieben:

Was ist geschehen?			Resultat?
→	→	→	•
Ankunft (*sḏm.n=f*-Form)	Massnahme zum Festmachen des Schiffes (*w*-Passiv)	Massnahme zum Festmachen des Schiffes (*w*-Passiv)	Schiff vertäut (Pseudopartizip)

17.6 Das Pseudopartizip in der sog. Umstandssatzerweiterung

Im Unterschied zu der vorhergehenden Konstruktion kann das Pseudopartizip auch als Umstandssatzerweiterung **ohne eigenes Subjekt** vorkommen.[471] Es bezieht sich dann auf ein beliebiges Element des Satzes (und muss nicht unbedingt *unmittelbar* hinter diesem stehen):

– Bezug auf das Subjekt. Beispiel:

469 Oasenmann, B1, 155f.

470 Schiffbrüchiger 2–5.

471 Zur Bezeichnung Umstandssatz siehe Anm. 262.

188  *jr(j).n=j hrw 3 w‘(j).kwj*, «Ich verbrachte drei Tage, indem/wobei ich allein war.»[472]

– Bezug auf das direkte Objekt. Beispiel:

189  *gm(j).n=f sw sḏr(.w) […]*, «Er fand ihn, wie er dalag […]».[473]

– Bezug auf eine adverbiale Bestimmung. Beispiel:

190  *spr.n wḏ pn r=j ‘ḥ‘.kwj m-ḫr-jb […]*, «Dieser Befehl gelangte zu mir, wobei/als ich mitten unter den […] stand.»[474]

17.7 Übersicht

Selbständiger Gebrauch	pron. Subjekt + Prädikat	
	Pseudopartizip	
	jb.kwj (**179**) *jj(j).tj n=j* (**182**) *‘nḫ(.w) wḏ³(.w) snb(.w)*	
Pseudoverbale Konstruktion	Subjekt	Prädikat
	Nomen / *jw=f* / *m=k sw*	Pseudopartizip
	ḥ³t.t *jw=k*	*rḏ(j).t(j) ḥr t³* (**187**) *s³(j).t(j)* (**186**)
Umstandssatzerweiterung	Beliebiger Satz	Pseudopartizip als Nebensatz
	Prädikat + Subjekt	pron. Subjekt + Prädikat
	Satzelement ←	←Rückbezug des Subjekts
	jr(j).n=j hrw 3 *gm(j).n=f sw*	*w‘j.kwj* (**188**) *sḏr(.w)* (**189**)

472 Schiffbrüchiger 41.

473 Pap. Westcar 7, 14f.

474 Sinuhe B 199f.

Übung 17

1.  [475]
2.  [476]
3.  [477]
4.  [478]
5.  [479]
6.  [480]
7.  [481]

475 Urk. I, 126, 2. –  für *jw=j* (vgl. Kap. 6.1.1).

476 Oasenmann B1, 101. – *ꜣtp*, «beladen».

477 Pap. Westcar 2, 3. – *ḫr*, «also/denn/aber», *m-ḫt*, «hinter/nach/nachher/danach»,  *swꜣ*, «vorbeigehen» (Kausativ zu *wꜣ*, «sich begeben»).

478 Pap. Westcar 9,2f.

479 Pap. Westcar 6, 9f. – G 41 steht im Hieratischen üblicherweise für G 40; *nḫꜣw*, «Schmuckstück/Anhänger»; *pꜣqy.t*, «Scherbe».

480 Pap. Westcar 7, 4 – *ṯs*, «knüpfen».

481 Neferti, § 15e: Tafel Kairo CG 25224, ergänzt nach Pap. Petersburg B 1116 B, Z. 68f. – *r-rwtj*, «hinaus».

18 Partizipien

18.1 Formen

18.1.1 Die Formen werden unterschieden nach Numerus, Genus, Diathese und Aspekt/Tempus bzw. Aktionsart. Hinsichtlich Aspekt/Tempus bzw. Aktionsart entsprechen die drei verschiedenen Formen der Suffixkonjugation (*sḏm=f*-Form, markierte *sḏm=f*-Form und prospektive *sḏm=f*-Form).[482] Aus praktischen Gründen werden die gängigen Bezeichnungen (rechts) verwendet:

nichtprospektives nichtmarkiertes Partizip	**perfektives Partizip**
nichtprospektives markiertes Partizip	**imperfektives Partizip**
prospektives Partizip	**prospektives Partizip**

Zur Bedeutung siehe unten Kap. 18.2.2. Die Negation der Paritizipien wird in Kap. 22 besprochen.

18.1.2 Die **nichtprospektiven Partizipien** lauten folgendermassen:

		Aktiv	**Passiv**
Perfektives Partizip	3rad.	*sḏm*	*sḏm(.w)*
	2rad.	*ḏd*	***ḏdd(.w)***
	IIgem.	*mꜣ*	*mꜣ(.w)*
	IIIinf.	*jr(j)*	*jry (< -j.w)*
Imperfektives Partizip	3rad.	*sḏm*	*sḏm(.w)*
	2rad.	*ḏd*	*ḏd(.w)*
	IIgem.	*mꜣꜣ*	*mꜣꜣ(.w)*
	IIIinf. [483]	*jrr*	*jrr(.w)*

482 Vgl. auch Jansen-Winkeln, in: OLP 24, 1993, besonders 19f.

483 *rḏj*, «geben»: Aktiv  / , Passiv .

Was die Verbalstämme betrifft, so ist besonders zu merken:

- Im Passiv des perfektiven Partizips der Verba IIIinf. wird *-j.w* zu *-y* ().
- Im Passiv des perfektiven Partizips zeigen die Verba 2rad. ungewöhnlicherweise eine Verdoppelung des letzten Radikals.

Die beiden aktiven Paradigmen zeigen im Singular des Maskulinums in der Regel keine Endung, selten – v.a. in substantivierter Verwendung – die singularische Nominalendung *-w* oder *-y*.[484] In den beiden passiven Paradigmen ist eine Endung *-.w* anzunehmen, die aber nicht immer geschrieben ist.

Der Plural des Maskulinums zeigt normalerweise *-.w* oder *-.Ø*, unabhängig davon, ob der Singular eine Endung zeigt oder nicht. Pluralstriche sind nicht immer vorhanden. Die Endung *-.t* des Femininums ersetzt eine eventuell im Maskulinum vorhandene Endung, ausgenommen im perfektiven Partizip Passiv der Verba IIIinf.: m. *-y*, f. *-yt*.

Für die Transkription wird hier bei den passiven Formen die Endung ergänzt: *sḏm(.w)*.

18.1.3 Das **prospektive Partizip** hatte ursprünglich wohl die Endungen Sg. m. *-Ø* / *-y*, f. *-.tj*. Es ist selten anzutreffen, da es durch das sog. **Verbaladjektiv**, *sḏm.tj=fj* (ein «Suffix-Partizip»), verdrängt worden ist.

	Verbaladjektiv
Sg. m.	*sḏm.tj=fj*
Sg. f.	*sḏm.tj=sj*
Pl. c.	*sḏm.tj=sn*

Möglicherweise sind die anzusetzenden Formen des Singulars *sḏm.tj=f* und *sḏm.tj=s*.[485] Die Endungen sind teilweise defektiv geschrieben:  *jw(j).t(j)=f(j)*; vgl. Kap. 16.2 und 22.3.5!

Verbalstämme: IIIinf. zuweilen *jrw.tj=fj*, IIgem. mit Reduplikation: *wnn.tj=fj*.

Das Verbaladjektiv hat aktive, selten passive Bedeutung. Zu einem Beispiel für eine passive *sḏm.tj=fj*-Form siehe **193**.

484 Z.B. *srḫy* in 059. – Vgl. auch J. F. Borghouts, Egyptisch. Een inleiding in schrift en taal van het Middenrijk, Leiden 1993, Bd. 1, 166f.

485 Siehe Schenkel, Tübinger Einführung, 113.

18.2 Bedeutung und Gebrauch

18.2.1 Das Partizip drückt im Aktiv das Agens, im Passiv das Patiens der Handlung des betreffenden Verbs aus. Bei Eigenschaftsverben entspricht das Partizip Aktiv dem deutschen Adjektiv (z.B. *nfr* «gut seiend» = «gut»). Seiner Doppelnatur (Participium/Mittelwort) nach ist das Partizip nicht nur verbal («hörend», «gehört»), sondern auch nominal und kann substantiviert werden, vgl. im Deutschen:

- Aktiv: «ein Hörender/der Hörende», «ein gehört Habender», «ein hören Werdender»,
- Passiv: «ein Gehörter/der Gehörte», «ein gehört worden Seiender», «ein gehört werden Werdender».

Auch hier (vgl. Kap. 5.0) kann das Femininum im Sinne unseres Neutrums verwendet sein: *sḏm.t*, «das Gehörte».

Zuweilen eignet sich für die Wiedergabe ein deutsches Nomen actoris: «ein Hersteller» statt «ein Herstellender». Ansonsten ist die bessere Übersetzung im Deutschen in vielen Fällen ein Relativsatz: «einer/derjenige, der hört/hören wird/gehört hat», «einer/derjenige, der gehört wird/gehört worden ist/gehört werden wird».

18.2.2 Die Funktionen der drei verschiedenen Partizipien sind:

Das **perfektive Partizip**	ist in der Aktionsart nicht markiert, es drückt allgemein Gegenwart oder Vergangenheit aus.
Das **imperfektive Partizip**	drückt allgemein Gegenwart oder Vergangenheit aus sowie nichtpunktuelle Aktionsart, d.h. es ist: – durativ/iterativ (**194**) – distributiv (d.h. mehreres betreffend) (**195**) – intensiv[486] (**196**)
Das **prospektive Partizip/Verbaladjektiv**	bezieht sich auf Handlungen oder Vorgänge, die in Zukunft geschehen oder erwünscht sind (**193**).

486 Zu der distributiven und intensiven Verwendung vgl. Wolfgang Schenkel, «Singularisches» und «pluralisches» Partizip, in: MDAIK 20, 1965, 110–114; James P. Allen, The Inflection of the Verb in the Pyramid Texts, Malibu 1984, 421–426; Jansen-Winkeln, in: LingAeg 5, 1997; Schenkel, Tübinger Einführung, 267f.

18.2.3 Der Gebrauch der Partizipien ist – entgegen dem Gebrauch des Deutschen – *nicht* adverbial, d.h. nicht einem Umstandssatz entsprechend («*Lachend* trat er ein»: «Er trat ein, indem er lachte», «Sie sah mich *verdutzt* an»: «Sie sah mich an, indem sie verdutzt war») – dem entspräche im Ägyptischen ein Pseudopartizip –, *sondern* Partizipien werden verwendet

wie ein Adjektiv:	attributiv nach einem Substantiv	**191, 194**
	als Prädikat im Satz mit nominalem Prädikat	**008**
wie ein Substantiv:	in beliebiger syntaktischer Position	**009, 192, 193**
nur in spezifischen Formen des Partizips in besonderen Konstruktionen:	als Subjekt in der *jn*-Konstruktion,	Kap. 18.3
	als Subjekt in der unpersönlichen, Konstruktion Infinitiv – *pw* – passives Partizip	Kap. 20.3

18.2.4 Entsprechend ihrem sowohl verbalen als auch nominalen Charakter können Partizipien **mit direktem Objekt** (Akkusativ) oder **mit Genetiv** (Genetivus obiectivus) konstruiert werden (vgl. auch Kap. 16.2.):

verbal:	**jr(j) (j)ḫ.t*	«einer, der eine Sache (dir. Obj.) gemacht hat»
	**ḫsf ṯw*	«einer, der dich abwehrt»
nominal:	**jr(j) (j)ḫ.t*	«Täter einer Sache (dir. Gen.)»
	**jr(j) n (j)ḫ.t*	«Täter einer Sache (indir. Gen.)»[487]
	**ḫsf=k*	«dein Abwehrer/der dich abwehrt»
	**mry jt=f*	«ein Geliebter seines Vaters (dir. Gen.)»
	**mry n it=f*	«ein Geliebter seines Vaters (indir. Gen.)»

18.2.5 Beispiele:

008 *nfr pr=j wsḫ s.t=j*, «Mein Haus ist gut, mein Platz ist weit.» Perfektives Partizip Aktiv/Adjektiv (*nfr*, *wsḫ*) als (unveränderliches) Prädikat im Satz mit nominalem Prädikat.

487 Vgl. dazu Gardiner, EG, 296, § 379, 3.

009 *rš-wj sḏd dp.t.n=f*, «Wie froh ist derjenige, der erzählt, was er (gekostet) erlebt hat.» Perfektives Partizip Aktiv (*sḏd*) als Subjekt im Satz mit nominalem Prädikat.

191 *jw(j).t jn gḥs.t bkꜣ.t[…]* «Kommen seitens einer trächtigen Gazelle […]».[488] Perfektives Partizip in attributiver Verwendung (*bkꜣ.t*).

192 *jr(j).t n(=j) mnw.w nfr.w* *swꜥb.t s.t n.t psḏ.t ꜥꜣ.t* *mḥ.t rꜣ-pr=j m sḫꜣ mr(w).t=s*, «[Sei mir (d.h. Amun) sehr willkommen, meine süsse Tochter (d.h. Hatschepsut), mein Liebling, König von Ober- und Unterägypten Maatkare,] die mir schöne Denkmäler errichtet hat, die den Thron der grossen Neunheit rein hält, die meinen Tempel füllt mit Erinnerung an ihre Liebe.»[489] Die drei Partizipien stehen in einer Reihe mit anderen Nomina als Appositionen, die Epitheta der Königin sind. Die Konstruktion *jr(j).t n(=j) mnw.w nfr.w* ist verbal.

193 *m qd(.w) jsw=k m sẖny.t jry.t r jr(j).t(j)=sj*, «Baue dein Grab nicht aus abgetragenem (Material) (oder aus) etwas, das hergestellt ist für etwas, das (erst noch) gebaut werden soll.»[490] Substantiviertes perfektives Partizip Passiv nach Präposition (*sẖny.t*), perfektives Partizip Passiv (*jry.t*) sowie substantiviertes Verbaladjektiv nach Präposition in (seltener) passiver Bedeutung (*jr(j).t(j)=sj*).

194 *wpwtj ḫdd ḫnt(j) r ẖnw ꜣb(j)=f ḥr=j*, «Der Bote, der nach Norden und nach Süden heim zu fahren pflegte, machte bei mir Station.»[491] Zweimal attributives imperfektives Partizip Aktiv in iterativer Verwendung (*ḫdd*, *ḫnt*).

195 *mry nswt mrr.w njwtj.w=f ḥss.w nṯr.w=s nb(.w)*, «der vom König Geliebte, der von seinen Stadtbewohnern Geliebte, der von ihren (der Stadt) allen Göttern Gelobte».[492] Perfektives Partizip Passiv (*mry*) sowie zweimal imperfektives Partizip Passiv (*mrr.w*, *ḥss.w*) beim Plural in distributiver Bedeutung.

488 Hammamat, Nr. 110, Kol. 3.

489 Urk. IV, 343, 7–9.

490 Merikare E 78f.

491 Sinuhe B 94f.

492 Grab des Djehutihotep: El Bersheh, Bd. 1, Taf. 15, 4. Register.

196  *jnk mry jt=f mrr.w jt=f wr.t*, «Ich bin ein von seinem Vater Geliebter, ein von seinem Vater sehr Geliebter.»[493] Perfektives Partizip Passiv (*mry*) sowie imperfektives Partizip Passiv (*mrr.w*) in intensiver Bedeutung.

18.3 Das Partizip in der *jn*-Konstruktion (Cleft sentence/Spaltsatz)

18.3.1 In der ***jn*-Konstruktion** dient die proklitische Partikel *jn* (vgl. Kap. 4.1.2.) der (kontrastierenden) Hervorhebung oder Fokussierung des logischen Subjekts: «Es ist X, der ... tut (und nicht Y)». Für diese Art von Sätzen ist die Bezeichnung **«cleft sentence/phrase coupée/Spalt-Satz»** geprägt worden. Im Englischen ist auch die Bezeichnung «participial statement» gebräuchlich.

Bei nominalem Subjekt folgt dieses auf die Partikel *jn*. Bei pronominalem logischem Subjekt wird das selbständige Pronomen (Kap. 6.2.1.) verwendet. Der Verbalinhalt wird durch verschiedene Formen ausgedrückt, nämlich durch das in Genus und Numerus invariable[494] Partizip resp. die prospektive *sḏm=f*-Form. Es lassen sich den verschiedenen Zeitstufen entsprechend drei Konstruktionen unterscheiden. Partizipien finden sich im Mittelägyptischen nur noch in zweien davon:

Vergangenheit	**unveränderliches (!) perfektives Partizip**	
	jn N.N. sḏm «*N.N.* hörte», «N.N. ist es, der hörte»	*ntf prj* «*Er* ging hinaus», «Er ist es, der hinausging«
Gegenwart	**unveränderliches (!) imperfektives Partizip**	
	jn N.N. sḏm «*N.N.* hört/pflegt zu hören», «N.N. ist es, der hört/zu hören pflegt»	*ntf prr* «*Er* geht hinaus/pflegt hinauszugehen», «Er ist es, der hinausgeht/hinauszugehen pflegt»

493 CT V, 78c (Spr. 397, T1C).

494 In älteren Texten noch variabel.

Zukunft	**prospektive *sḏm=f*-Form (!)**[495]	
	jn N.N. sḏm=f	*ntf prj=f*
	«*N.N.* wird/möge hören»,	«*Er* wird/möge hinausgehen»,
	«N.N. ist es, der hören wird/möge»	«Er ist es, der hinausgehen wird/möge»

Beispiele:

197  *jnk sḏ sw*, «[Als seine Majestät alle Starken seines Heeres vortreten liess, um die neue Mauer zu zerbrechen, die Qadesch gebaut hatte, da) war ich es, der sie zerbrach, [denn ich war der erste aller Starken, kein anderer tat (Solches) vor mir].»[496]

198  *nts sšm nṯr pn ꜥꜣ*, «Sie ist es, die diesen grossen Gott geleitet.»[497]

199  *ntsn ẖnn nṯr pn ꜥꜣ*, «Sie sind es, die diesen grossen Gott rudern.»[498]

200  *jn wr n pꜣ ẖrd.w 3 […] jn(j)=f n=k sj*, «Das älteste dieser drei Kinder […] ist es, das sie (d.h. die Kiste) dir bringen wird.»[499]

201  *ntf (r)ḏḏ n=f st*, «[So gab man ihm täglich 4 Brote und 2 Krug Bier. Der Oberhausvorsteher Rensi, der Sohn des Meru, pflegte sie (ihm) zu geben; der pflegte sie seinem Freund zu geben (**082**), (und d)]er war es, der sie ihm gab.»[500]

495 Ursprünglich wurde hier das prospektive Partizip verwendet.

496 Urk. IV, 895, 1.

497 Pfortenbuch, 11. Stunde, mittleres Register, 74. Szene: Hornung, Buch von den Pforten, 365 (Osireion).

498 Pfortenbuch, 11. Stunde, mittleres Register, 79. Szene: Hornung, Buch von den Pforten, 368 (Osireion).

499 Pap. Westcar 9, 7f. – G 41 steht im Hieratischen üblicherweise für G 40. Zum Demonstrativum *pꜣ* vor Nomen mit Kardinalzahl siehe Pascal Vernus, Le syntagme de quantification en égyptien de la première phase, in: Susanne Bickel/Bernard Mathieu (Hg.), D'un monde à l'autre. Textes des Pyramides & Textes des Sarcophages (BdÉ 139), Le Caire 2004, 289.

500 Oasenmann B1, 116f.

Die *jn*-Konstruktion wird Spaltsatz genannt, weil der zweite Teil des Satzes dem ersten gegenüber relativ autonom ist bzw. geworden ist, was sich an der Nichtkongruenz zwischen Subjekt und dem (abgespaltenen) Prädikat zeigt.[501]

18.3.2 Fragesätze mit *m*, «wer?», können ebenso gebildet werden: *jn-m sḏm*, «*Wer* hört?/Wer ist es, der hört?». Dabei wird *jn* meist nur *n* geschrieben:

 *(j)n-m* (dafür auch ).

18.3.3 Im Grunde genommen handelt es sich bei den Spaltsätzen um Sätze mit nominalem Prädikat. Vergleicht man beispielsweise **197** *jnk sḏ sw* mit **014** *jnk ḏd nfr wḥm nfr* oder auch **201** *ntf (r)ḏd n=f st* mit **013** *jnk qmꜣ tn*, so fällt auf, dass alle diese Sätze mit singularischem Subjekt im Maskulinum gleich gebaut sind, indem sie aus einem selbständigen Pronomen (vgl. Kap. 8.3) und einem Partizip bestehen. Dennoch unterscheiden sie sich in der Pragmatik grundlegend voneinander. Sätze mit nominalem Prädikat klassifizieren (**014**) oder identifizieren (**013**), während Spaltsätze (**197**, **201**) kontrastieren. Die Fokussierung des Agens in den Spaltsätzen bewirkt, dass der Verbalinhalt zum Thema wird, das Agens hingegen zum Rhema (**201** [*ntf*]$_{\text{Rhema}}$ *[(r)ḏd n=f st*]$_{\text{Thema}}$).

Entsprechend der fokussierenden und kontrastierenden Funktion des Spaltsatzes wird er mit der konträren Negation *n(j) … js* negiert, während der Satz mit nominalem Prädikat durch die kontradiktorische Negation *n(j)* negiert wird (siehe Kap. 22.1f.). Ein weiterer Unterschied betrifft einen allfälligen Rückverweis auf das Agens der 1. Pers. Im Spaltsatz gleicht er sich dem Agens an und wird in der 1. Pers. formuliert, im Satz mit nominalem Prädikat dagegen in der 3. Pers.: *jnk jr(j) wj*, «Ich bin es, der ich mich erschaffen habe/der sich erschaffen hat», *jnk sḏm=j*, «Ich bin es, der (ich hören werde) hören wird», aber *jnk jr(j) qd=f*, «Ich bin derjenige, der sich seinen guten Ruf geschaffen hat».[502]

Die Unterschiede lassen sich folgendermassen zusammenfassen:

501 Loprieno, Ancient Egyptian, 116.

502 Beispiele nach Malaise/Winand, Grammaire, 676, § 1064.

Satz mit nominalem Prädikat: Identifizierend resp. klassifizierend	
Thema – Rhema	P = substantiviertes Partizip (in seinem nominalen Charakter), allfälliger Rückverweis auf das Agens in der 3. Pers.
N.N. sḏm	«N.N.: ein Hörender/der Hörende» > «N.N. ist ein Hörender/der Hörende»
jnk sḏm	«Ich bin ein Hörender/der Hörende»
jnk sḏm.tj=fj	«Ich bin einer/es, der hören wird»
n(j) jnk sḏm	«Ich bin nicht ein Hörender/der Hörende»
jn-Konstruktion: Kontrastierend	
Rhema – Thema	P = nichtsubstantiviertes Partizip (in seinem verbalen Charakter), allfälliger Rückverweis auf das Agens in der 1. Pers.
jn N.N. sḏm	«Seitens N.N.: hörend» > «N.N. ist es, der hört»
jnk sḏm	«Ich bin es, der (ich höre) hört»
jnk sḏm=j	«Ich bin es, der (ich hören werde) hören wird»
n(j) jnk js sḏm	«Nicht ich bin es, der (ich höre) hört»

18.4 Possessivkomposita

Possessivkomposita, auch Bahu-vrīhi- oder exozentrische Komposita genannt, sind Komposita wie z.B. im Deutschen «Rotkäppchen», «Dickwanst», «Grünschnabel» oder im Sanskrit Bahu-vrīhi, «vielreisig/mit viel Reis/viel Reis habend». Auch im Ägyptischen handelt es sich dabei nicht um eine Limitation, bei der das nachfolgende Substantiv das Adjektiv näher bestimmt (adverbielle Funktion: «rot in Bezug auf das Käppchen», vgl. den lateinischen Akkusativus limitationis), sondern funktional um eine Relativphrase: «(das Mädchen,) dessen Käppchen rot ist».[503] Allerdings ist das rückbezügliche Pronomen, das bei einer ägyptischen Relativphrase zu erwarten wäre, stets weggelassen:  *wr šfy.t* (nicht: **wr šfy.t=f*), zu verstehen als «dessen Ansehen gross ist» und zu übersetzen durch «mit grossem Ansehen»; 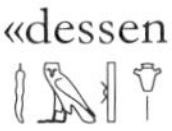 *nḏm jb* (nicht: **nḏm jb=f*), zu verstehen als «dessen Herz süss ist» und zu

503 Karl Jansen-Winkeln, Exozentrische Komposita als Relativphrasen im älteren Ägyptisch. Zum Verständnis der Konstruktion *nfr ḥr* «mit schönem Gesicht», in: ZÄS 121, 1994, 51–75.

übersetzen mit «erfreut/glücklich/zufrieden». Formal handelt es sich um Bahu-vrīhi- oder exozentrische Komposita (Adjektiv/Partizip + Substantiv). Das Adjektiv kongruiert mit dem sog. exozentrischen Bezugswort:  *wsr.t ḥkꜣ.w*, «mit mächtiger Zauberkraft» (von Hatschepsut). Beispiel:

202  *ḫpn kꜣ.w ḏdꜣ jwꜣ.w [...] ꜥšꜣ ꜣpdw*, «(einer) mit gemästeten Stieren, mit fetten Rindern, [...] mit zahlreichem Geflügel.»[504]

18.5 Partizipien und Pseudopartizip

Ruft man sich die in Kap. 17.6 besprochene Verwendungsweise des Pseudopartizips als Umstandssatzerweiterung ohne eigenes Subjekt in Erinnerung, so mag man sich fragen, was der Unterschied zwischen dieser Konstruktion (Pseudopartizip der 3. Pers.) und der attributiven Verwendung der Partizipien ist, zumal die Formen identisch sein können. Um die unten vorgestellte mögliche Lösung nicht vorwegzunehmen, übersetzen wir die beiden folgenden Beispiele ohne erklärende wörtliche Übersetzung mit einem deutschen Relativsatz (der ja für beide ägyptischen Formen zuweilen passend ist):

203  *jmj jn(j)=tw n=j wsr.w 20 n hbnj bꜣk(.w) m nbw*, «Veranlasse, dass man mir bringe 20 Ruder aus Ebenholz, die beschlagen sind mit Gold.»[505]

Da das Bezugswort  ein maskuliner Plural ist, könnte das folgende *bꜣk(.w)* sowohl als perfektives Partizip Passiv (Pl. m.) zu interpretieren sein, als auch als Pseudopartizip der 3. Pers. (Pl. m.). Als Rohübersetzung ergäbe sich je nach Interpretation: «[...] mit Gold beschlagene Ruder» resp. «[...] Ruder, indem sie beschlagen sind mit Gold.»

504 Hatnub, Nr. 20, Kol. 19.

505 Pap. Westcar 5, 7f.

204  *[...] sꜣ.t Jmn-Rꜥ jmj.t jb=f wꜥ.t.t=f ḫpr.t ḫr=f*, «[...] die Tochter Amun-Res, sein Liebling, seine Einzige, die bei ihm entstanden ist.»[506]

Die Epitheta beziehen sich auf Königin Hatschepsut. Auch hier kann  formal als Pseudopartizip der 3. Pers. (Sg. f.), *ḫpr.t(j)*, oder als Partizip Aktiv, *ḫpr.t*, aufgefasst werden. Als Rohübersetzung ergäbe sich je nach Interpretation: «..., indem sie entstanden ist und jetzt existiert bei ihm» resp. «die bei ihm Entstandene».

Von der resultativen Funktion des Pseudopartizips her könnte auf eine akzidentelle (nichtwesenhafte, zufällige) Eigenschaft zu schliessen sein, während von der nichtresultativen Funktion des Partizips her eine substantielle/essentielle (wesenhafte) Eigenschaft zu vermuten wäre. Somit läge in **203** eine akzidentelle Eigenschaft der Ruder («beschlagen mit ...») vor: Mit einem bestimmten Material beschlagen zu sein, gehört nicht wesenhaft zu diesen Gegenständen, sondern ist ihnen zuteilgeworden, sie sind (von den Gegenständen aus gesehen) zufällig resp. das Resultat der entsprechenden Tätigkeit. Es handelte sich somit um ein Pseudopartizip. In **204** wären die Eigenschaften der Königin nicht erworben oder zufällig (d.h. sie sind nichtresultativ und nichtfaktitiv), sondern natürlich, quasi angeboren, da zu der Königsrolle gehörend. Es läge Partizip vor. Dass diese Interpretation der beiden konkreten Beispiele die korrekte ist, wird durch folgendes unterstützt: Zu **203** ist auf eine Parallele zu verweisen, wo eine Harfe (*bn.t*) als *bꜣk.tj* (mit ausgeschriebener Endung) *m ḥḏ [...]*, «beschlagen mit Silber [...]» beschrieben ist.[507] Zu **204** ist zu bemerken, dass in Folgen von Epitheta nach einem Königsnamen Substantive und substantivierte Partizipien typisch sind. Ob jedoch die oben erwähnte grundsätzliche Erklärung (akzidentell versus substantiell) in jedem Fall befriedigt, muss offenbleiben, so dass die Entscheidung zwischen Pseudopartizip und Partizip in einzelnen Fällen strittig bleiben dürfte.[508] Auch die Wortstellung, wonach attributiv verwendete Partizipien unmittelbar auf das Bezugswort folgen, Pseudopartizipien dagegen weiter davon entfernt sein dürfen (Kap. 17.3.3.), wird in etlichen Fällen nicht weiterhelfen.

506 Urk. IV, 361, 5–7.

507 Urk. IV, 174, 13.

508 Zum Problem siehe Rainer Hannig, Pseudopartizip und *sḏm.n=f* (HÄB 32), Hildesheim 1991, 123 mit Literatur; Jansen-Winkeln, in: OLP 24, 1993, besonders 9; 19; Malaise/Winand, Grammaire, 449, § 728.

Übung 18

1.  509
2. 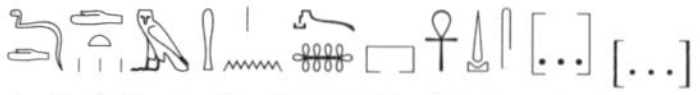 510
3.  511
4.  512
5.  513
6. 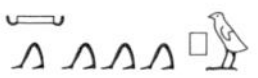 514
7. O (du,) 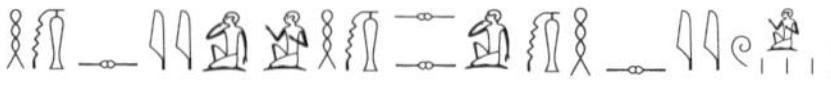 ! 515

509 Sinuhe B 308. – Das Suffixpronomen bezieht sich auf das zuvor genannte *twt=j*, «meine Grabstatue».

510 Urk. IV, 651, 1. – Kein vollständiger Satz; *stp-sꜣ*, «Palast».

511 Stele Genève, Musée d'Art et d'Histoire D 50: Hermann Schlögl (Hg.), Geschenk des Nils. Ägyptische Kunstwerke aus Schweizer Besitz, Basel 1978, Taf. 154, Z. 2–4. – Kein vollständiger Satz; : für .

512 CT VII, 178g (Spr. 959, Pap. Gard. III). –  für *jnk*.

513 Stele Kairo, CG 20538, II, Z. 12.

514 Sinuhe B 56.

515 Oasenmann B1, 99f.

19 Agenslose Konstruktionen mit passivem Partizip

19.1 Einführung

Transitive Verben sind Verben, bei denen ein direktes Objekt stehen kann. Bei der Passivtransformation wird das direkte Objekt (Patiens, Akkusativ) zum Subjekt (Nominativ), das Agens wird mit «*durch/von* ...» eingeführt (a). Dazu können weitere Ergänzungen (Dativ, adverbiale Bestimmungen) treten (b–d).

	Aktiv	Passiv
a	Die Frau sagt *was?* Die Frau sagt *das Wort/dies/es.*	 *Das Wort* wird durch die Frau gesagt.
b	Die Frau sagt das Wort *wem?* Die Frau sagt das Wort *dem Beamten/ihm.*	 Das Wort wird *dem Beamten/ihm* durch die Frau gesagt.
c	Sie sagt ihm das Wort *wo?* Sie sagt ihm das Wort *im Haus/dort.*	 Das Wort wird durch sie *im Haus/dort* gesagt.
d	Sie sagt es ihm dort *weswegen?* Sie sagt es ihm dort *wegen dieser Sache/deswegen.*	 Es wird ihm durch sie *wegen dieser Sache/deswegen* gesagt.

Die entsprechenden Nominalphrasen mit Partizipien von transitiven Verben und deren Wiedergabe durch einen deutschen Relativsatz lauten:

	Aktiv	Passiv
a	die das Wort sagende Frau / die Frau, **die** das Wort sagt * *ḥm.t ḏd.t mdw*	das (durch die Frau) gesagte Wort / das Wort, **welches/das** (durch die Frau) gesagt wird * *mdw ḏd.w (jn ḥm.t)*

b	die das Wort dem Beamten sagende Frau / die Frau, **die** das Wort dem Beamten sagt * *ḥm.t ḏd.t mdw n sr*	das dem Beamten (durch die Frau) gesagte Wort / das Wort, **welches/das** dem Beamten (durch die Frau) gesagt wird * *mdw ḏd.w n sr (jn ḥm.t)*

In den genannten passiven Relativphrasen ist das Patiens *mdw* das Bezugswort zu *ḏd.w*. In der Übersetzung steht das deutsche Relativpronomen («welches/das») im Nominativ. Das passive Beispiel b lässt sich folgendermassen darstellen:

b	*mdw*	*ḏd.w*	*n sr*
	Bezugswort (Sg. m.) ist Patiens	Ptz. Pass. (Sg. m.) kongruiert mit dem Bezugswort	indir. O

So weit, so gut – das bisher Gesagte versteht sich an sich von selbst –, allerdings: Das Ägyptische verwendet – ganz im Gegensatz zum Deutschen – das passive Partizip nicht nur in diesen Fällen, wo das Nomen (*mdw*), auf welches sich das passive Partizip bezieht (*ḏd.w*), das Patiens des im Partizip stehenden Verbs ist. Siehe Kap. 19.2.

19.2 Der sog. erweiterte Gebrauch der passiven Partizipien

19.2.1 Das passive Partizip wird im Ägyptischen auch verwendet

bei transitivem Verb,	wenn **das Verhältnis zwischen Bezugswort und passivem Partizip ein indirektes, d.h. präpositionales** (unten Beispiele A, B, C, D, G, H, I) **oder genetivisches** (F) ist;
bei intransitiv verwendetem Verb,	d.h., wenn **das Patiens nicht erwähnt** ist (A, C, G);
wenn **das Verb intransitiv** ist	(E).[516]

In diesen Fällen wird auf das Bezugswort normalerweise mit einem Suffixpronomen zurückgewiesen. Für die Präposition *m* + Suffix (*jm=*) tritt häufig (v.a. bei Ortsangaben, siehe E) *jm*, «dort», ein.

516 Was dabei in allen drei Fällen als wörtliche Übersetzung herauskommt, ist – es ist nicht zu leugnen – so weit weg vom deutschen Sprachgebrauch, dass es kaum verständlich oder missverständlich wirkt. Deshalb erfordert diese Konstruktion in verstärktem Mass Einfühlung und hartnäckige Gewöhnung.

A	*sr*	*ḏd.w*	*n=f*
	B (Sg. m.) ist nicht Patiens	Ptz. Pass. Sg. m. **kongruiert mit dem B**	Präp. mit **R auf das B** (Suffixpron. 3. Sg. m.)
	der Beamte «der gesagte» zu ihm = der Beamte, **zu dem** gesprochen wird		

B	*sr*	*ḏd.w*	*n=f*	*mdw*
	B (Sg. m.) ist nicht Patiens	Ptz. Pass. Sg. m. **kongruiert mit dem B**	Präp. mit **R auf das B** (Suffixpron. 3. Sg. m.)	Patiens
	der Beamte «der gesagte» ihm das Wort = der Beamte, **dem** das Wort gesagt wird			

C	*sr*	*ḏd.w*	*r=f*
	B (Sg. m.) ist nicht Patiens	Ptz. Pass. Sg. m. **kongruiert mit dem B**	Präp. mit **R auf das B** (Suffixpron. 3. Sg. m.)
	der Beamte «der geredete» gegen ihn = der Beamte, **gegen den** geredet wird		

D	*sr*	*ḏd.w*	*mdw*	*r sꜣ=f*
	B (Sg. m.) ist nicht Patiens	Ptz. Pass. Sg. m. **kongruiert mit dem B**	Patiens	Präp. mit **R auf das B** (Suffixpron. 3. Sg. m.)
	der Beamte «der gesagte» das Wort gegen seinen Sohn = der Beamte, **gegen dessen Sohn** das Wort gesagt wird			

E	*njw.t*	*ḥmsj.t*	*jm*
	B (Sg. f.) ist nicht Patiens	Ptz. Pass. Sg. f. **kongruiert mit dem B**	**R auf das B** (*jm*, «dort» [statt *jm=s*, «in ihr; semantische Kategorie: Ort])
	die Stadt «die gewohnte» dort = die Stadt, **wo/in der** man wohnt		

F	*sr*	*sḫntj.w*	*sꜣ=f*
	B (Sg. m.) ist nicht Patiens	Ptz. Pass. Sg. m. **kongruiert mit dem B**	Subst. (= Patiens) + genetivischer **R auf das B** (Suffixpron. 3. Sg. m.)
	der Beamte «der beförderte» sein Sohn = der Beamte, **dessen Sohn** befördert wird		

<table>
<tr><td rowspan="3">G</td><td>sr</td><td colspan="2">ḏd.w</td><td>n sꜣ=f</td></tr>
<tr><td>B (Sg. m.) ist nicht Patiens</td><td colspan="2">Ptz. Pass. Sg. m. kongruiert mit dem B</td><td>Präp. + Subst. + R auf das B (Suffixpron. 3. Sg. m.)</td></tr>
<tr><td colspan="4">der Beamte «der gesprochene» zu seinem Sohn =
der Beamte, zu dessen Sohn gesprochen wird</td></tr>
<tr><td rowspan="3">H</td><td>sr</td><td>ḏd.w</td><td>mdw</td><td>n sꜣ=f</td></tr>
<tr><td>B (Sg. m.) ist nicht Patiens</td><td>Ptz. Pass. Sg. m. kongruiert mit dem B</td><td>Patiens</td><td>Präp. + Subst. + R auf das B (Suffixpron. 3. Sg. m.)</td></tr>
<tr><td colspan="4">der Beamte «der gesagte» das Wort zu seinem Sohn =
der Beamte, zu dessen Sohn das Wort gesagt wird</td></tr>
<tr><td rowspan="3">I</td><td>s.t</td><td>ḏd.t</td><td>mdw</td><td>n sꜣ=s</td></tr>
<tr><td>B (Sg. f.) ist nicht Patiens</td><td>Ptz. Pass. Sg. f. kongruiert mit dem B</td><td>Patiens</td><td>Präp. + Subst. + R auf das B (Suffixpron. 3. Sg. f .)</td></tr>
<tr><td colspan="4">die Frau «die gesagte» das Wort zu ihrem Sohn =
die Frau, zu deren Sohn das Wort gesagt wird</td></tr>
</table>

19.2.2 Bemerkungen:

- In A bis I erfährt man *nicht*, wer (die Worte) spricht, wer in der Stadt wohnt oder wer den Sohn befördert: **Das Agens wird in dieser Konstruktion nicht genannt** (sehr selten [sekundär] mit *jn*, «durch/seitens», eingeführt). Sie ist unpersönlich oder besser «agenslos».[517] Zur entsprechenden persönlichen Konstruktion siehe Kap. 20.
- Man mache sich klar, dass in A bis D sowie G und H *nicht* der Beamte gesagt/genannt o.ä. wird und dass er auch nicht selber spricht, ebenso dass in F *nicht* der Beamte befördert wird, sondern sein Sohn. Man muss sich vorstellen, dass **der Bezug zwischen der Verbalform** (Partizip Passiv «gesagt») **und dem unmittelbar vorausgehenden Bezugswort** («Beamter») nicht ein inhaltlicher, sondern **ein rein formaler** ist. Bei B ist als zugrundeliegend folgendes zu denken: «der Beamte – das Wort wird ihm gesagt» (sog. Tiefenstruktur). Wird das

517 Vgl. auch Leo Depuydt, Twixt Relative Verb Form and Passive Participle in Egyptian, in: ZDMG 146, 1996, 8f.

nominale Bezugswort («Beamter») mittels eines eingebetteten untergeordneten Satzes modifiziert, so hat das Ägyptische mehrere Möglichkeiten (Kap. 19 bis 21). Wird bei einem zugrundeliegenden Satz mit verbalem Prädikat (hier: «Das Wort wird ihm gesagt») eine Partizipialkonstruktion gewählt, so steht das passive Partizip (ohne Agens, vgl. 13.4.2). Der Bezug zum voranstehenden Wort (dem sog. Bezugswort, «Beamter») wird in der sog. Oberflächenstruktur («der Beamte, dem das Wort gesagt wird») dadurch hergestellt, dass das Partizip mittels seiner Nominalendung mit dem Bezugswort in Numerus und Genus kongruiert. Dadurch sehen passive Partizipien im für uns «normalen» Gebrauch und passive Partizipien im sog. erweiterten Gebrauch gleich aus, meinen aber Verschiedenes. Letztere sind im Deutschen nur mit einem Relativsatz übersetzbar, erstere auch mit einem attributiven Partizip (vgl. die Beispiele in Kap. 19.1 mit denen von Kap. 19.2).[518]

19.2.3 Für die **Übersetzungspraxis** ist es eminent wichtig, den **pronominalen Rückverweis und dessen Position** zu beachten, woraus sich der Kasus des deutschen Relativpronomens ableiten lässt. Bei intransitiven Verben übersetze man mit deutscher aktivischer Form mit dem Subjekt «man».

19.2.4 Beispiele:

205  (*ḫmj* IIIinf., später 2rad. *ḫm*, «nicht kennen/nicht wissen») *j nṯr ꜥꜣ ḫmm(.w) rn=f*, «O grosser Gott «der nicht gekannte» sein Name» = «O grosser Gott, **dessen** Name nicht gekannt wird/man nicht kennt/unbekannt ist.»[519]

518 Es mag hilfreich sein, sich zu vergegenwärtigen, dass in dieser Konstruktion das, was rechts vom Partizip steht, ganz der Wortstellung von Sätzen mit Verbformen der Suffixkonstruktion entspricht, natürlich mit Ausnahme des Agens, das ja nicht vorhanden ist. Stellt man sich die Tiefenstruktur (nichtpartizipial, sondern finit) ohne das Bezugswort vor, so ergibt sich (in Übereinstimmung mit dem *sḏm.w=f*-Passiv!) für Beispiel A: *ḏd.w n=f*, «Ø wird ihm gesagt», ein agensloses und patiensloses (unpersönliches) Passiv, Beispiel B: *ḏd.w n=f mdw*, «das Wort wird ihm gesagt», ein agensloses Passiv, wobei das Patiens an der Stelle steht, die es im aktiv gedachten Satz als direktes Objekt hätte: *ḏd n=f mdw* «sagen ihm das Wort» resp. *ḏd Ø n=f mdw* «Ø sagt ihm das Wort».

519 Pyr. 276c (Spr. 254, W).

206  *rʿ pw mꜣꜣ.w m st.wt=f*, «die Sonne ist es, ‹die gesehene› mit ihren Strahlen» = «die Sonne ist es, **mit deren** Strahlen gesehen wird/man sieht.»[520]

207  *Jnj-jt=f ḏd.w **n=f** Jw-snb*, «Antef ‹der gesagte› ihm Iuseneb» = «Antef, **dem** Iuseneb gesagt wird» > «Antef, den man Iuseneb nennt».[521]

19.2.5 Diese Konstruktion kommt häufig mit **substantiviertem Partizip** vor. Das Bezugswort ist unter Umständen zu ergänzen durch «der(jenige)» usw.: «der(jenige), welcher …» oder «wer …» usw. Das Gemeinte ergibt sich aus dem Zusammenhang. Beispiel:

208  *ʿnḫ=f m m(w)t.t ḫr=s*, «[Was den Toren betrifft: …] Er lebt von ‹dem Gestorbenen (neutr.)› (unter) infolge von ihm (neutr.). > «Er lebt, von dem, infolge dessen/woran man stirbt.»[522]

19.2.6 **Die Formel**  ist einerseits als Konstruktion der hier besprochenen Art erklärt worden, allerdings als eine, bei welcher – formelhaft – der Rückverweis stets weggelassen wird: *(r)ḏ(j.w) ʿnḫ* («der gegebene» Leben), statt *(r)ḏ(j.w) n=f ʿnḫ* («der gegebene» ihm Leben). *(r)ḏ(j.w) ʿnḫ* steht jeweils hinter dem Namen des regierenden Königs und drückt aus, dass der König einer ist, dem von den Göttern Leben verliehen worden ist/wird/werden soll, denn Leben galt ja in Ägypten als Gabe der Götter:  *nswt-bjtj N.N. (r)ḏ(j.w) ʿnḫ*, «der König von Ober- und Unterägypten, N.N., dem Leben gegeben ist».

Andererseits ist die Konstruktion auch so verstanden worden, dass in *(r)ḏ(j.w)* ein passives Partizip, in *ʿnḫ(.w)* ein Pseudopartizip vorliege,[523] oder aber so, dass *(r)ḏ(j.w)* als Pseudopartizip und *ʿnḫ* als Verbalnomen aufzufassen sei.[524]

520 Loyalistische Lehre: Georges Posener, L'enseignement loyaliste. Sagesse du Moyen Empire, Genève 1976, 66, § 2: St, Z. 12.

521 Pap. UC 32037 (lot VII.1), Recto, Z. 3: Collier/Quirke, UCL Lahun Papyri: Religious, 100.

522 Ptahhotep 581 (P).

523 Siehe zuletzt Carsten Peust, *rḏj* + Pseudopartizip – eine mögliche Konstruktion, in: GM 211, 2006, 67–70.

524 Siehe Helmut Satzinger, Gott gibt dem König Leben, in: ZÄS 124, 1997, 142–156, mit Literatur.

Übung 19A

Formen Sie die folgenden Ausdrücke deutsch so um, dass ihre Struktur der ägyptischen agenslosen Konstruktion mit passivem Partizip entspricht.

1. der Freund, dem Bücher geliehen werden
2. der Säugling, dessen Eltern überrascht wurden
3. die Freundin, zu deren Geburtstag Blumen geschenkt werden
4. der Tag, vor dem man sich fürchtet
5. die Frau, deren Hut weggeweht wurde
6. dasjenige, weswegen man träumt
7. das Haus, zu welchem man morgens geht
8. derjenige, dessen Buch meinem Kollegen geschenkt wurde
9. der Mann, der gestern ausgeraubt wurde
10. der Beraubte, dessen Auto in ihrer Garage gefunden wurde
11. die Räuberin, der man ein Auto in ihre Garage gefahren hatte
12. der Autofahrer, dem man deswegen den Prozess machte
13. der Richter, dem man seine Aussagen über Autodiebstahl selten glaubt

Übung 19B[525]

1.  526
2.  527
3.  528
4.  529
5.  530

525 Bei den folgenden Beispielen handelt es sich nur bei 9. um einen vollständigen Satz.

526 CT VI, 301j (Spr. 673, B1Bo).

527 Lebensmüder 126.

528 CT IV, 328j (Spr. 336, B1L). – *wrr.t*, «Wereret-Krone».

529 Urk. I, 184, 1. – *rḏj r tꜣ*, «landen» (vgl. 17.3.2 *rḏj ḥꜣt.t ḥr tꜣ*);  für  (X 08).

530 Stele Kairo, CG 20359, Z. 4f. – Der Ausdruck bezieht sich auf einen Beamten.

6.  [531]

7. 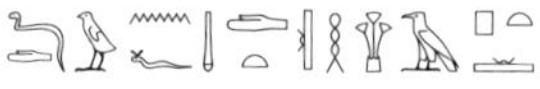 [532]

8.  [533]

9.  [534]

531 Pap. Westcar 12, 3. – *st* bezieht sich auf ein Geräusch.

532 Stele Kairo, CG 20538, I c, Z. 10. – *ḥ*ꜣ*p*, «verhüllt/geheim».

533 Grabinschrift: Griffith, Siūṭ and Dêr Rîfeh, Taf. 17 = Montet, in: Kêmi 6, 1936, 151, Kol. 56f. – *sšm*, «Leitung».

534 Stele Leiden V, 88: DZA 26.328.500.

20 Die Relativformen

20.1 Die *sḏm.w=f*-Relativform

20.1.1 Seltsamerweise kann zu einem passiven Partizip – sei es im «normalen», sei es im sog. erweiterten Gebrauch (Kap. 19) – ein **Agens** hinzutreten, das jedoch *nicht* durch *jn,* «seitens/durch», eingeleitet am Ende des Satzes steht, sondern unmarkiert unmittelbar hinter die Verbalform tritt. Als Pronomen nimmt das Agens die Form des Suffixpronomens an. Dadurch, also durch Vorhandensein, Position und Form des Agens, verhält sich diese sog. Relativform wie die Formen der Suffixkonjugation. Und auch die Stellung der auf die Verbalform folgenden Wörter ist dieselbe wie in der Suffixkonjugation. Die Relativform ist insofern eine **aktive konjugierbare Verbform**. Dem entspricht in der deutschen Übersetzung mit einem *aktiven* Relativ-*satz* ungefähr der auf das Relativpronomen folgende konjugierte Teil.

Das bisher Gesagte charakterisiert die Relativform sozusagen mit Blick nach rechts. Mit Blick nach links muss der Relativform jedoch **nominaler Charakter** attestiert werden, da sie sich dem zugrundeliegenden Partizip entsprechend wie ein Adjektiv im Geschlecht nach dem (spezifischen/determinierten) Bezugswort (m.: *sḏm.w*, f.: *sḏm.t*) richtet oder substantiviert ist. Dem entspricht in der deutschen Übersetzung mit einem aktiven **Relativsatz** ungefähr das deklinierte Relativpronomen.

Die Relativform mag auf den ersten Blick befremdlich wirken. Dies liegt einerseits an der entstehenden Unschärfe zwischen Aktiv und Passiv (aus einer zugrundeliegenden passiven Form wird eine aktive) und andererseits an der Ambivalenz zwischen nominalem und verbalem Charakter (attributiv auf ein Bezugswort bezogen wie ein Adjektiv, aber ein eigenes Subjekt enthaltend und mit allfälligen weiteren Objekten usw. versehen wie ein Verb). Dazu kommt, dass die Relativform die gleiche Eigenschaft aufweist, wie in Kap. 19.2 besprochen, dass nämlich die Relativform auch bei einem indirekten Verhältnis zwischen passivem Partizip und Bezugswort wie auch von intransitiven Verben gebildet wird.

<table>
<tr><td rowspan="3">A</td><td>*mdw*</td><td>*ḏd.w*</td><td>*sr*</td></tr>
<tr><td>**B** (Sg. m.) ist Patiens</td><td>Ptz. Pass. Sg. m. **kongruiert mit dem B**</td><td>nominales Agens = Subj.</td></tr>
<tr><td colspan="6">das Wort «das gesagte» der Beamte =
das Wort, **das** der Beamte sagt</td></tr>
<tr><td rowspan="3">B</td><td>*mdw*</td><td>*ḏd.w*</td><td>*n=k*</td><td>*ḥm.t*</td></tr>
<tr><td>**B** (Sg. m.) ist Patiens</td><td>Ptz. Pass. Sg. m. **kongruiert mit dem B**</td><td>indir. Obj.</td><td>nominales Agens = Subj.</td></tr>
<tr><td colspan="6">das Wort «das gesagte» dir die Frau =
das Wort, **das** dir die Frau sagt</td></tr>
<tr><td rowspan="3">C</td><td>*mdw*</td><td>*ḏd.w*</td><td>*=j*</td></tr>
<tr><td>**B** (Sg. m.) ist Patiens</td><td>Ptz. Pass. Sg. m. **kongruiert mit dem B**</td><td>pronominales Agens = Subj.</td></tr>
<tr><td colspan="6">das Wort «das gesagte» ich =
das Wort, **das** ich sage</td></tr>
<tr><td rowspan="3">D</td><td>Ø</td><td>*ḏd.t*</td><td>*=s*</td><td>*n=f*</td></tr>
<tr><td>kein Bezugswort</td><td>substantiviertes Ptz. Pass. Sg. f.</td><td>pron. Agens = Subj.</td><td>indir. Obj.</td></tr>
<tr><td colspan="6">das Gesagte sie ihm =
(dasjenige), **was** sie ihm sagt</td></tr>
<tr><td rowspan="3">E</td><td>*sr*</td><td>*ḏd.w*</td><td>*n=f*</td><td>*sn.t=j*</td><td>*mdw*</td></tr>
<tr><td>**B** (Sg. m.) ist **nicht** Patiens</td><td>Ptz. Pass. Sg. m. **kongruiert mit dem B**</td><td>Präp. mit **R auf das B** (Suffixpron. 3. Sg. m.)</td><td>nominales Agens = Subj.</td><td>Patiens</td></tr>
<tr><td colspan="6">der Beamte «der gesagte» ihm meine Schwester das Wort =
der Beamte, **dem** meine Schwester das Wort sagt</td></tr>
<tr><td rowspan="3">F</td><td>*(j)ḫ.t*</td><td>*ḏd.t*</td><td>*=s*</td><td>*n=f*</td><td>*sw*</td><td>*ḥr=s*</td></tr>
<tr><td>**B** (Sg. f.) ist **nicht** Patiens</td><td>Ptz. Pass. Sg. f. **kongruiert mit dem B**</td><td>pron. Agens = Subj.</td><td>indir. Obj.</td><td>Patiens</td><td>Präp. mit **R auf das B** (Suffixpron. 3. Sg. f.)</td></tr>
<tr><td colspan="6">die Sache «die gesagte» sie ihm es wegen ihr =
die Sache, **deretwegen** sie es (das Wort) ihm sagt</td></tr>
</table>

G	*(j)ḫ.t*	*šm.t*	*=f*	*ḥr=s*	*m-sꜣ ḥm.t*
	B (Sg. f.) ist **nicht** Patiens	Ptz. Pass. Sg. f. **kongruiert mit dem B**	pron. Agens = Subj.	Präp. mit **R auf das B** (Suffixpron. 3. Sg. f.)	adverbiale Bestimmung
	die Sache «die gegangene» er wegen ihr hinter der Frau her = die Sache, **deretwegen** er hinter der Frau hergeht				

20.1.2 Bemerkungen:

Man mache sich klar, dass bei Relativformen das Subjekt des Verbalinhalts vom Bezugswort stets verschieden ist.

Wenn, wie in A bis C, das Bezugsverhältnis zwischen Verb und Bezugswort akkusativisch ist, d.h. wenn das Bezugswort das direkte logische Objekt zum Verb ist, kann der pronominale Rückverweis fehlen (C nicht: *mdw ḏd.w=j sw*).

Auch bei der Relativform ist ein pronominaler Rückverweis und dessen Position zu beachten, um bei der Übersetzung richtig «einzuhaken» (E bis G)!

In A, C und D könnte man auch einen Genetivus subiectivus erkennen: «das Wort, das gesagte des Mannes», «das Wort, mein gesagtes» resp. «ihr Gesagtes ihm». Das ist beispielsweise der Fall in dem häufigen Epitheton zu Personennamen:  *sꜣ=f mry=f*, «sein Sohn, sein geliebter» > «sein geliebter Sohn», oder als Relativform aufgefasst: sein Sohn «der geliebte» er = «sein Sohn, den er liebt». Vgl.  *ḥm.t=f mr(j).t=f*, «seine geliebte Frau». (Vgl. auch 18.2.3.) In Sätzen ohne Bezugswort oder mit einem Bezugswort, welches das direkte logische Objekt zum Verb ist, handelt es sich dann um zweifelsfreie Relativformen, wenn das Subjekt vom Verb durch ein anderes Wort getrennt ist; siehe B.

Aus dem komplexen Charakter der Relativform ergibt sich, dass sie als Form an sich eigentlich nicht standardmässig übersetzt werden kann: *sḏm.w=f* heisst manchmal «den er hört» (so behelfsmässig in Kap. 20.2), manchmal aber auch etwas ganz anderes, z.B. «..., weswegen er hört» usw.

Es gibt also eine ganze Anzahl von *sḏm.w=f*-Relativformen, da an ihr hinsichtlich des Bezugswortes Genus und Numerus und hinsichtlich des Subjektes Person, Genus und Numerus zu unterscheiden sind, was mathematisch gesehen in der Theorie 36 Möglichkeiten ergäbe: *sḏm.t=sn, sḏm(.w).w=k, sḏm.t N.N.* usw. Allerdings reduziert sich die Zahl in Wirklichkeit, da der Plural des Bezugswortes im Femininum nie markiert wird und da das Pluralkennzeichen beim Maskulinum mit dem des Singulars zusammenfällt (*sḏm.w.w=* > *sḏm.w=*). Überdies wird die Endung *-.w* meist nicht geschrieben, so dass *sḏm(.w)=*, *sḏm.w=* und *sḏm.t=* übrigbleibt. Das bedeutet allerdings, dass *sḏm(.w)=f* aussieht wie die Suffixkonjugation *sḏm=f*, nämlich  ! Während die Zahl sich somit stark verringert hat, kommen nun aber noch Varianten ins Spiel, die Tempus/Aspekt resp. Aktionsart betreffen, wie Kap. 20.2 zeigt.

20.2 Die verschiedenen Relativformen

20.2.1 Es ist anzunehmen, dass die Relativform mit den Partizipien morphologisch verwandt ist.[535] Im Altägyptischen sind auch die entsprechenden Aspekte/Tempora greifbar in den Formen der perfektiven *sḏm.w=f*-Relativform, der imperfektiven *jrr.w=f*) -Relativform und der prospektiven *sḏm.y=f*-Relativform (siehe 18.1).

Allerdings ist die perfektive *sḏm.w=f*-Relativform im Gebrauch für die Vergangenheit weitgehend verdrängt worden. Das System der Relativformen ist im Mittelägyptischen von der Suffixkonjugation beeinflusst worden: Für die Vergangenheit tritt nun die *sḏm.w.n=f*-Relativform ein, und die alte *sḏm.w=f*-Relativform wird nur noch äusserst selten gebraucht.

Die Unterscheidung zwischen der perfektiven und der prospektiven Relativform ist aus formalen Gründen oft schwierig. An der Existenz der einen wie der anderen Form ist (für das Mittlere Reich) gezweifelt worden.[536]

20.2.2 Für das Mittelägyptische ist also zu merken:

***sḏm.w.n=f*-** **Relativform**	Vergangenheit (perfektiv-perfektischer Aspekt): *sḏm.w.n=f*, «den er gehört hat/hatte», *sḏm.t.n=f*, «die er gehört hat/hatte».
	Übrige Verbalstämme: *jr(j.w).n=f*, *mꜣ(.w).n=f*.

535 Vgl. Loprieno, Ancient Egyptian, 86; Malaise/Winand, Grammaire, 541, § 876.

536 Zum Problem siehe z.B. Gardiner, EG, 303f., § 387, 2; Loprieno, Ancient Egyptian, 86; Malaise/Winand, Grammaire, 543f., § 880; James P. Allen, Middle Egyptian. An Introduction to the Language and Culture of Hieroglyphs, Cambridge 2000, 346f.

209  *wḏ ḥm=f rḏ(j).t smn.tw nḫt.w rḏ(j.w).n n=f (j)t=f [Jmn]*, «Seine Majestät befahl, zu veranlassen, dass die Siege (dauerhaft gemacht) dokumentiert würden, die ihm sein Vater [Amun] verliehen hatte.»[537] Die Relativform *rḏ(j.w).n (j)t=f [Jmn]* modifiziert das Bezugswort *nḫt.w*.

imperfektive *sḏm(w)=f*-Relativform (*jrr.w=f*)	nichtprospektiv mit durativer, iterativer oder distributiver Aktionsart: *jrr.w=f*, «welchen er tut/zu tun pflegt usw.», *jrr.t=f*, «welche er tut/zu tun pflegt».
	Übrige Verbalstämme entsprechend dem imperfektiven passiven Partizip: *mꜣꜣ.w=f*, *(r)dd.w=f*.

210  *jrr ḥss.t=f nb.t m ḫr(j).t-hrw n.t rꜥ nb*, «Einer, der zu tun pflegt (imperfektives Partizip) alles, was er (der König) jeweils lobt/lobte im täglichen Tagespensum.»[538] Die mit dem Bezugswort (*jrr*) gemeinte Person (d.h. der Besitzer der Grabstele) und das Subjekt der Relativform (=*f*, «er») sind nicht referenzidentisch (mit letzterem ist der weiter oben im Text genannte König gemeint). Die Relativform *ḥss.t=f* ist substantiviert (ohne Bezugswort) und fungiert als direktes Objekt (oder Genetivus obiectivus) zu *jrr*. Zu beachten ist die Stellung vom deutschen «alles» im Vergleich zum Ägyptischen.

211  *nṯr pf mnḫ{t} wnn.w snḏ=f ḫt ḫꜣs.wt*, «[Wie ging es denn diesem Land (Ägypten) ohne ihn,] diesen trefflichen Gott (d.h. den verstorbenen Pharao), dessen Furcht (d.h. dessen Furcht vor ihm) durch die Länder (Var.: das Land) hin war?» > «diesen trefflichen Gott, vor dem man sich landesweit fürchtete [...]?»[539] Die Relativform *wnn.w snḏ=f* modifiziert das Bezugswort *nṯr*.

537 Urk. IV, 684, 9.

538 Stele Kairo, CG 20541, Z. 5f.

539 Sinuhe B 44f.

212  *nfr jrr.t=j n=k*, «[Sieh, du bist (nun) hier und mögest bei mir bleiben.] Gut ist (das), was (auch immer) ich dir tun werde.»[540] Die markierte (imperfektive) Relativform *jrr.t=j* ist substantiviert (ohne Bezugswort) und hat – wie häufig – verallgemeinernde Bedeutung. Sie fungiert hier als Subjekt in einem Satz mit nominalem Prädikat (*nfr*).

213  *jmj-rꜣ (r)dd(.t) p.t qmꜣ.t tꜣ jnn.t ḥ῾p(j)*, «der Vorsteher dessen, was der Himmel gibt, die Erde hervorbringt (und) der Nil bringt.»[541] Die Relativformen sind substantiviert (ohne Bezugswort) und fungieren als direkte Genetive zu *jmj-rꜣ*.

prospektive Relativform (*sḏm.y=f*)	*sḏm.y=f*, «welchen er hören wird/soll/könnte», *sḏm.tj=f* oder *sḏm.t=f*, «welche er hören wird/soll/könnte».
	Übrige Verbalstämme: *jry=f*, *mꜣ.y=f*.

214  *jw šꜣ(j).n=j bꜣk.w jry=j*, «Ich bestimmte die Arbeiten, die ich ausführen sollte/würde/wollte.»[542] Die Relativform *jry=j* modifiziert das Bezugswort *bꜣk.w*.

perfektive *sḏm.w=f*-Relativform	nichtprospektiv: Gegenwart oder Vergangenheit: *sḏm.w=f*, «welchen er hört/hörte», *sḏm.t=f*, «welche er hört/hörte».
	Übrige Verbalstämme: *jrj(.w)=f* oder *jry=f*, *mꜣ(.w)=f*.

215 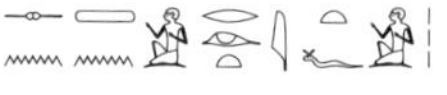 *sn(j).n=j r jr(j).t jt.w(=j)*, «Ich bin vorbeigegangen an dem, was meine Väter getan haben.» > «Ich habe das, was meine Vorfahren getan haben, (noch) übertroffen.»[543] Die Relativform *jr(j).t jt.w=j* ist substantiviert (ohne Bezugswort) und bildet das Komplement einer Präpositionalphrase.

540 Sinuhe B 77.

541 Hammamat, Nr. 110, Z. 11. – Es handelt sich um einen Beamtentitel.

542 Sinai, Nr. 141, Z. 6f.

543 Stele Leiden V, 4: F. Borghouts, Egyptisch. Een inleiding in schrift en taal van het Middenrijk, Leiden 1993, Bd. 1, 174, Z. 6.

20.2.3 Bei Verben mit Determinativ steht dieses nach der Endung *-.w* bzw. *-.t* (ausgenommen bei der femininen Endung *-.tj*, die bei der prospektiven Relativform vorkommt), bei der *sḏm.w.n=f*-Relativform nach allfälligem *-.w* oder *-.t* und vor *n*:  *sḫꜣ(j).w.n(=j)*, «welchen ich enthüllte»;  *ḫm(.w).n=k*, «welchen du nicht erkanntest/kennst»;  *ḫn(j).t=k*, «worauf du dich niederlässt»;  *ḥs(j).tj N.N.*, «welche/was N.N. preisen wird».

20.3 Infinitiv – *pw* – Relativform / passives Partizip

20.3.1 Die hier zu besprechende Konstruktion folgt dem Schema P – *pw* – S des dreigliedrigen Satzes mit nominalem Prädikat (siehe Kap. 8.6.1).

In der **persönlichen, aktiven Konstruktion** steht das Verb an der ersten Stelle des Satzes im Infinitiv, dahinter *pw* als Kopula, zum Schluss das flektierte Hilfsverb *jrj*, «tun», in der Relativform, meist in der *sḏm.w.n=f*-Relativform für eine Handlung in der Vergangenheit. (Die Relativform ist, was die Kongruenz mit dem Bezugswort [d.h. mit dem Infinitiv] betrifft, unveränderlich).

In der **unpersönlichen, passiven Konstruktion** steht das Verb an der ersten Stelle des Satzes im Infinitiv, dahinter *pw* als Kopula, zum Schluss das Hilfsverb *jrj*, «tun», im Partizip Passiv (ebenfalls unveränderlich).

Persönliche, aktive Konstruktion		
P	Kopula	S
Infinitiv	***pw***	**Relativform**
prj.t	*pw*	*jrj.w.n=f*
Hinausgehen	ist,	was er tat.
Unpersönliche, passive Konstruktion		
P	Kopula	S
Infinitiv	***pw***	**Partizip Passiv**
prj.t	*pw*	*jry*
Hinausgehen	ist,	was getan wurde.

20.3.2 Diese periphrastische (analytische) Konstruktion kommt v.a. in erzählenden Texten vor, und zwar nur bei intransitiven Verben (überwiegend Verben der Bewegung) und selten bei transitiven Verben ohne Objekt. Sie dient der Aktualisation des Geschehens durch Beantwortung der impliziten Frage «Was machte er dann?/Was geschah dann?/Was war geschehen?» Mit der Relativform resp. dem Partizip Passiv des Verbs *jrj* wird auf die zuerst genannte Handlung an sich (im Infinitiv) zurückverwiesen. Die Konstruktion markiert häufig – ähnlich wie das Hilfsverb *ꜥḥꜥ* (vgl. Kap. 23.4.1) – eine neue Etappe oder einen Wendepunkt. Wenn die Konstruktion nicht auf eine Zeitangabe folgt, ist in der Übersetzung zuweilen eine Nuancierung mit einem Adverb wie «nun/jetzt/tatsächlich usw.» angezeigt. Der wörtlichen Übersetzung «Hinausgehen ist (es), was er tat» ist natürlich die Wiedergabe mit «er ging hinaus» vorzuziehen. Beispiele:

216  *šꜣs pw jr(j.w).n=sn*, «[Da wurde der Pavillon bereit gemacht mit allerlei Gutem.] (Nun) gingen sie hin [und verbrachten einen schönen Tag mit dem Mann].»[544]

217  *jw(j).t pw jry r bꜣk jm*, «Man unternahm (ja eigens) eine Reise zu dem Diener da (d.h. etwa: ‹meine Wenigkeit›).»[545]

Die Negation der Relativformen wird in Kap. 22 behandelt.

20.4 Die Opferformel

Inhaltlich und auch formal nicht ganz leicht zu verstehen ist die sog. Opferformel:  (vgl. Kap. 7.1.2). Der König stiftet Opfer an die Heiligtümer. Das Opfer besteht aus realen Gegenständen, nämlich Speisen, Salben, Stoffen u.a. Das Opfer gilt ursprünglich dem verstorbenen König und den Gottheiten, aber auch – im Rahmen des sog. Opferumlaufs – den verstorbenen Beamten. Mit der Niederschrift der Opferformel auf seinem Grabmal wünscht sich der verstorbene Beamte, dass die Lebenden, die daran vorbeikommen, die Formel rezitieren, damit der Inhalt der Formel für den Verstorbenen wirksam werde, nämlich dass das für den König und die Götter gestiftete Opfer (*ḥtp*) an ihn weitergereicht werde, nachdem sich diese daran befriedigt haben (*ḥtp*, «zufrieden sein»). (Der Opferumlauf findet sein Ende, wenn das

544 Pap. Westcar 3, 9.

545 Sinuhe B 236.

Opfer von den Priestern des letzten Opferempfängers verzehrt wird.) Der Vermerk bezeichnet «das Opfer, das der König gibt/gegeben hat» bzw. «das Opfer, das der König und GOTT gibt/gegeben hat», wobei für GOTT meist Anubis oder Osiris eingesetzt ist.

Die Formel, die eine komplexe Geschichte hat,[546] lässt sich vielleicht am einfachsten als Relativform begreifen, bei welcher das Wort *nswt* aus Respekt vorangestellt ist, in welcher das Wort *ḥtp* als Substantiv in determiniertem Sinne zu verstehen ist («das Opfer», vgl. Kap. 20.1.1 und 21.1) und in welcher 𓏙 als abgekürzte Variante zu dem ebenfalls vorkommenden 𓂞 aufzufassen ist. Zu lesen ist 𓇓𓊵𓏙 demnach so: ***ḥtp (r)ḏj(.w) nswt***, zu übersetzen: **«das Opfer, das der König gibt/gegeben hat»**. Von vielen Varianten sei hier noch aufgeführt: 𓇓𓊵𓏙𓃣 *ḥtp (r)ḏj(.w) nswt Jnpw*, «das Opfer, das der König und Anubis geben/gegeben haben». Dieser Formel folgen als weitere Bestandteile Bitten (oder Gnadenerweise) und die Nennung des Empfängers (*n kꜣ n N.N.*, «... für den Ka des N.N.»).

Übung 20A

Formen Sie die folgenden Ausdrücke deutsch so um, dass ihre Struktur der ägyptischen Relativform entspricht.

1. die Gefahr, die du immer missachtet hast
2. der Umstand, weswegen er den Tee kalt werden liess
3. das Haus, von dessen Tür ich mich entferne
4. dasjenige, wogegen ich mich wehre
5. das Bild, dessen Schönheit die Besucher des Museums zu grossem Entzücken hinreisst
6. das Telephon, dessen Klingeln deine Grossmutter überhört
7. die Grossmutter, der du ein Telephon schenken wirst
8. das Kabel, in dem sich der Hörer ihres Telephons verwickelt hatte
9. das neue Telephon, dessen Raffinesse im Fehlen eines Kabels besteht
10. die Melodie des neuen Mobiltelephons, dessen Klang dem Grossvater missfällt

546 Vgl. Helmut Satzinger, Beobachtungen zur Opferformel, in: LingAeg 5, 1997, 177–188, mit Literatur.

Übung 20B[547]

1.  548
2.  549
3.  550
4.  551
5.  552
6.  553
7.  554
8. 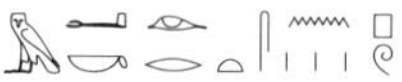 555
9.  556
10.  557
11.  558

547 Bei den Übungsbeispielen 1 bis 5 handelt es sich nicht um vollständige Sätze.

548 Passim.

549 Grabinschrift: Griffith, Siūṭ and Dêr Rîfeh, Taf. 6 = Montet, in: Kêmi 3, 1930, 75, Kol. 280.

550 Grab des Djehutihotep: El Bersheh, Bd. 1, Taf. 14, Kol. 1.

551 Urk. IV, 361, 9. –  *bꜣ.w Jwnw*, «die Seelen von Heliopolis»; für entsprechend . Der Satz bezieht sich auf die Königin Hatschepsut.

552 Stele Paris, Louvre C 30: DZA 25.162.810. – *nrj n*, «erschrecken vor»; Y 08 für S 42. Der Satz bezieht sich auf den Gott Osiris.

553 Hammamat, Nr. 110, Z. 5.

554 Schiffbrüchiger 45f. – *dwn*, «ausstrecken».

555 Oasenmann B1, 76.

556 Lebensmüder 3f. – *wšb*, «(be)antworten».

557 Pap. Westcar 3, 11. – G 41 steht im Hieratischen üblicherweise für G 40.

558 Lehre Amenemhats, § 1d: DM 1020, Z. 4.

21 Relativsätze

21.1 Einführung

Partizipien (Kap. 18–19) und Relativformen (Kap. 20) sind adjektivische Transpositionen von Verbalsätzen, die ein Bezugswort modifizieren:

A	der Esel: er schreit	> der schreiende Esel	Partizip Aktiv
B	der Esel: er wurde beladen	> der beladene Esel	Partizip Passiv
C	der Esel: ihm ist Futter gegeben worden	> (der Esel «der gegebene» ihm Futter) der Esel, dem Futter gegeben worden ist	agenslose Konstruktion mit passivem Partizip
D	der Esel: der Diener hat ihm Futter gegeben	> (der Esel «der gegebene» ihm der Diener Futter) der Esel, dem der Diener Futter gegeben hat	*sḏm.w.n=f*-Relativform

Adjektivische Transpositionen von Sätzen mit adverbialem Prädikat (Kap. 9) und von pseudoverbalen Konstruktionen (Kap. 16.5 und 17.3.2) können durch keine dieser Bildungen A bis D realisiert werden. Sie erfolgen durch Konstruktionen mit einem Relativpronomen («wovon gilt: ...»), das den betreffenden Satz einleitet (siehe Kap. 21.2–3):[559]

E	der Esel: er (ist) im Stall	> (der Esel, wovon gilt: [ist] im Stall) der Esel, der im Stall (ist)	Relativpronomen + Satz mit adverbialem Prädikat
F	der Esel: sein Futter (ist) im Trog	> (der Esel, wovon gilt: sein Futter [ist] im Trog) der Esel, dessen Futter im Trog (ist)	Relativpronomen + Satz mit adverbialem Prädikat

559 Sätze mit nominalem Prädikat sind in dieser Position nicht vertreten; vgl. Malaise/Winand, Grammaire, 636, § 1006.

G	«der Esel: er (ist) beim Fressen	> (der Esel, wovon gilt: [ist] beim Fressen) der Esel, der beim Fressen (ist)	Relativpronomen + pseudoverbale Konstruktion mit *ḥr* + Infinitiv
H	der Esel: seine Herrin (ist) beim Essen	> (der Esel, wovon gilt: seine Herrin [ist] beim Essen) der Esel, dessen Herrin beim Essen ist	Relativpronomen + pseudoverbale Konstruktion mit *ḥr* + Infinitiv
I	der Esel: er ist tot	> (der Esel, wovon gilt: er ist tot) der Esel, der tot ist	Relativpronomen + pseudoverbale Konstruktion mit Pseudopartizip
J	der Esel: seine Herrin ist erkrankt	> (der Esel, wovon gilt: seine Herrin ist erkrankt) der Esel, dessen Herrin erkrankt ist	Relativpronomen + pseudoverbale Konstruktion mit Pseudopartizip

Während das Subjekt des Verbalinhalts bei der Relativform (D) – im Unterschied zum Partizip (A) – vom Bezugswort verschieden ist, bieten die Konstruktionen mit dem Relativpronomen beide Möglichkeiten (bei E, G und I ist das Subjekt mit dem Bezugswort referenzidentisch, bei F, H und J nicht).

Relativsätze mit einem Relativpronomen kommen jedoch auch als Transposition eines Satzes mit verbalem Prädikat vor (teilweise Überschneidung mit der Relativform).

K	der Esel: der Diener hat ihm Futter gegeben	> (der Esel, wovon gilt: der Diener hat ihm Futter gegeben) der Esel, dem der Diener Futter gegeben hat	Relativpronomen + *sḏm.n=f*-Form

Während die Verwendung des Relativpronomens (E bis K; Kap. 21.2–3) – wie auch diejenige der agenslosen Konstruktion mit passivem Partizip und der Relativform – von einem determinierten/spezifischen Bezugswort (dazu Kap. 21.5) abhängig ist, folgt auf ein indeterminiertes/nichtspezifisches Bezugswort ein unmarkierter Relativsatz (ohne Relativpronomen; siehe Kap. 21.4).

21.2 Das Relativpronomen *ntj*

21.2.1 Bei spezifischem/determiniertem (vgl. Kap. 5.3 und 21.5) Bezugswort wird der darauf Bezug nehmende Relativsatz durch ein Relativpronomen (auch Relativadjektiv genannt) eingeleitet, das in Numerus und Genus mit dem Bezugswort übereinstimmt. Es unterscheidet im Gegensatz zum Deutschen nicht den Kasus (der/welcher, dessen, welchem, welchen usw.). In positiv formulierten Sätzen steht:

Sg. m.		*ntj* / *nt(j)*	«der, wovon (gilt): ...»
Sg. f.		*nt.t*	«die, wovon (gilt) ...»
Pl. m.		*nt.w* (andernorts: *ntj.w*)	«die, wovon (gilt) ...»
Pl. f.		*nt.t*	«die, wovon (gilt) ...»

(Vgl. das Genetivadjektiv *n, n.t, n.w*, «der von», «die von».)

Die fehlende Kasusunterscheidung wird – wie bei den Konstruktionen mit Partizip und Relativform (Kap. 19 und 20) – durch einen allfälligen pronominalen Rückverweis wettgemacht, der für die Übersetzung von Bedeutung ist. In der Übersetzungspraxis empfiehlt es sich, zunächst anstelle des Relativpronomens «..., wovon gilt ...» einzusetzen und mit einem Hauptsatz (ohne Inversion) fortzufahren und erst anschliessend daraus den deutschen Relativsatz mit dem zutreffenden Relativpronomen und mit Inversion zu bilden.

21.2.2 Während bei Partizipien und Relativformen der Verbalinhalt des zugrundeliegenden Satzes mit verbalem Prädikat (Suffixkonjugation) in eine andere Form überführt wird, bleibt seine Form bei den hier besprochenen Gebilden prinzipiell bestehen, da die adjektivische Transposition quasi ausserhalb, eben durch das Relativpronomen, vollzogen wird. Modifikationen gegenüber der Tiefenstruktur bestehen in folgendem:

– Eine im Satz der Tiefenstruktur nötige oder denkbare satzeinleitende Partikel (*jw, jsṯ, m=k*) muss nach dem Relativpronomen entfallen (**218** **ẖntj=f: jw=f m ḥw.t-nṯr*).
– Das Subjekt des zugrundeliegenden Satzes entfällt, wenn es mit dem Bezugswort identisch ist; an der Stelle des Subjekts steht das Relativpronomen als sein Vertreter (wie im Deutschen: der Esel, *der* im Stall ist: ohne Subjekt *er*). **218**: *ẖnt(j)=f ntj Ø m ḥw.t-nṯr.* Dies gilt selbstverständlich nicht für die selteneren

Fälle, wo der Verbalinhalt durch eine Form der Suffixkonjugation ausgedrückt ist.

– Ein Rückverweis vertritt das Objekt oder die adverbiale Bestimmung der Tiefenstruktur, wenn dies/e in der Oberflächenstruktur zum Bezugswort geworden ist; oder anders gesagt: Ist das Subjekt nicht mit dem Bezugswort referenzidentisch (oblique Kasus), so steht es nach dem Relativpronomen, und auf das Bezugswort wird normalerweise mit einem Pronomen an der entsprechenden Stelle des Satzes verwiesen. Ist das Subjekt, das nicht mit dem Bezugswort referenzidentisch ist, nicht ein Substantiv, sondern ein Pronomen, so wird es auf verschiedene Arten realisiert; siehe dazu Kap. 21.2.4.

21.2.3 Beispiele

– mit **adverbialem Prädikat**:

218  *[...] n ḫnt(j)=f ntj m ḥw.t-nṯr*, «[...] für seine Statue, die sich im Tempel befindet.»[560]

219  *[...] r bw ntj nṯr.w jm*, «[...] an den Ort, wo die Götter sind.»[561]

– mit **pseudoverbaler Konstruktion**:

220  *[...] ʿ.t nb.t n.t s nt.t mr.tj*, «jedes Körperglied eines Mannes, das krank ist.»[562]

221  *[...] pꜣ ḫtmw kfꜣ jb ntj ḥr qd nꜣ n wr.wt*, «[...] dieser vertrauenswürdige Siegelbewahrer, der dabei ist, diese *wr.wt* zu bauen.»[563]

560 Grabinschrift: Griffith, Siūṭ and Dêr Rîfeh, Taf. 7 = Montet, in: Kêmi 3, 1930, 59, Kol. 290.

561 Stele Kairo, CG 20486, Kol. 4.

562 Pap. Ebers 1, 11: Grundriss der Medizin, Bd. 5, 532, Eb 11.

563 Pap. Berlin 10030 B, Recto, Z. 6f.: Luft, Illahun. – G 41 steht im Hieratischen üblicherweise für G 40.

– mit einer Form der **Suffixkonjugation** als Prädikat (selten negiert, vgl. Kap. 21.3):

222  *[...] mj nt.w n(j) ḫpr=Ø*, «[Wer floh, wurde (auf die Seite gelegt) beseitigt] (wie diejenigen, die nicht entstanden sind) als ob sie nicht gewesen wären.»[564] (Zur Negation siehe Kap. 22.2.1.)

223 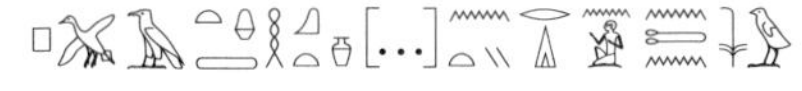 *[...] pꜣ t ḥnq.t [...] ntj rḏ(j).n=j n=ṯn sw*, «[...] dies Brot und Bier, [...] das ich euch gegeben hatte.»[565]

21.2.4 Zum Ausdruck des pronominalen Subjekts nach dem Relativpronomen dient:

– das enklitische Pronomen, v.a. in der 1. Pers.: *wj, n*,
– in der 2. und 3. Pers. Sg. meist das Suffixpronomen, das an das Relativpronomen angehängt wird (*ntj=f, ntj=k*), bei Defektivschreibung (*nt(j)=k, nt(j)=f*) dem selbständigen Personalpronomen (*ntk, ntf*) gleichend, z.B. *bw nt(j)=f jm*, «der Ort, an dem er ist».
– in der 3. Pers. häufig auch das enklitische Pronomen des Neutrums *st* (es). Beispiel:

224  *ptr nꜣ nt.t n jj(j).wjn r=s*, «Was ist es, wovon gilt: wir sind gekommen dazu?» > «Was ist es, wozu wir gekommen sind?»[566]

21.2.5 Bei fehlendem Bezugswort ist das Relativpronomen substantiviert. Dadurch werden determinierte, aber nicht konkret benannte Personen oder Dinge bezeichnet. In der Übersetzung muss meist ein inhaltlich passendes Ersatzwort, beispielsweise «der(jenige)», eingefügt werden. Beispiele:

225  *[...] swr(.w) jn ntj mr.t m ẖ.t=f*, «[...] werde getrunken durch denjenigen, wovon gilt: die Krankheit ist in seinem Leib» > «[...] werde getrunken durch den, in dessen Leib die Krankheit ist.»[567]

564 Urk. IV, 7, 6.

565 Grabinschrift: Griffith, Siūṭ and Dêr Rîfeh, Taf. 7 = Montet, in: Kêmi 3, 1930, 60, Kol. 295. – für .

566 Pap. Westcar 11, 10f.

567 Pap. Ebers 14, 6: Grundriss der Medizin, Bd. 5, 180, Eb 42.

226  *jn(j).n=sn nt.t n(j) jn(j)=tw mjtj.w=sn*, «Sie brachten (die Dinge), wovon gilt: man hat nicht gebracht ihr Gleiches.» > «Sie brachten (die Dinge), derengleichen man (bisher) nicht gebracht hatte.»[568]

227  *jr pꜣy=j pr [...] ḥnꜥ nt.t nb.t jm=f [...]*, «Was mein Haus betrifft [...] und alles (dasjenige), was darin ist [...]».[569]

21.3 Das negative Relativpronomen *jwtj*

Das Relativpronomen *ntj* usw. mit nachfolgender negierter Verbalform ist selten.[570] Stattdessen kennt das Ägyptische ein Relativpronomen, das die Negation einschliesst. Diese negative Entsprechung zu *ntj* usw. hat folgende Formen (kein Beleg für Pl. f.):

Sg. m.		*jwtj*	«der, wovon (gilt): nicht ...»/«der, wovon nicht gilt: ...»/«der, wovon gilt: nicht ist...»
Sg. f.		*jwt.t*	«die, wovon (gilt): nicht ...»/«die, wovon nicht gilt: ...»/«die, wovon gilt: nicht ist ...»
Pl. m.		*jwt.w* (andernorts: *jwtj.w*)	«die, wovon (gilt): nicht ...»/«die, wovon nicht gilt: ...»/«die, wovon gilt: nicht ist ...»

Beispiele:

228  *jwtj sḏm=f n ḏd ẖ.t=f*, «derjenige, wovon gilt: er hört nicht auf das Sagen seines Bauches» > «derjenige, der nicht auf das Sagen seines Bauches hört».[571]

229  *mḏꜣ.t jwt.t sš=s*, «das Buch, von dem gilt: nicht ist seine Schrift» > «das Buch, dessen Schrift nicht vorhanden ist/das nicht beschriftet ist».[572]

568 Urk. IV, 330, 3.
569 Pap. UC 32037 (lot VII.1), Recto, Z. 7–9: Collier/Quirke, UCL Lahun Papyri: Religious, 100.
570 Malaise/Winand, Grammaire, 640f., § 1013.
571 Ptahhotep 235 (L2).
572 Pap. Ebers 30, 7: Grundriss der Medizin, Bd. 5, 24, Eb 131.

230 *smj.w n=f nt.t jwt.t*, «Es wird ihm alles berichtet.»[573] Dieses Beispiel enthält eine besondere, pointierte Wendung mit der Bedeutung «alles»: *nt.t jwt.t*, «was ist und was nicht ist».

21.4 Asyndetische Relativsätze

21.4.1 Die Bezeichnung asyndetischer Relativsatz, auch virtueller Relativsatz genannt,[574] meint nicht eine Konstruktion für sich, die zusätzlich zu lernen wäre, sondern darunter versteht sich ein beliebiger Satztyp, der ein Bezugswort näher bestimmt und somit eine Art Parenthese bildet. Dieser «Relativ»satz bezieht sich auf ein indeterminiertes/nichtspezifisches Bezugswort. Er folgt unverbunden (asyndetisch), d.h. ohne einführende Partikel oder Pronomen, auf das Bezugswort: er ist somit nur der Anlage nach vorhanden oder scheinbar (virtuell). (Vgl. englisch *the man I met yesterday*.)

21.4.2 In der Übersetzungssprache ist ein solcher Satz meistens durch einen Relativsatz wiederzugeben, doch ist die Grenze zu anderen Arten von Sätzen naturgemäss fliessend. Siehe die folgenden Beispiele:

231 *k.t* (scil. *pẖr.t*) *n.t msḏr (r)ḏj=f mw ḥwꜣ*

«Ein anderes [scil. Heilmittel] für ein Ohr: Es gibt übles Wasser.» >

– «Ein anderes [scil. Heilmittel] für ein Ohr, das üble Flüssigkeit absondert.»

– «Ein anderes [scil. Heilmittel für] ein Ohr, wenn es üble Flüssigkeit absondert.»[575]

232 *tꜣ wꜣ(j) n(j) rḫ sw rmṯ.w*,

«[…] ein fernes Land: Die Menschen kennen es nicht.» >

«[…] ein fernes Land, das die Menschen nicht kennen.»[576]

573 Hammamat Nr. 113, Z. 7f.

574 Vgl. dazu Mark Collier, The Relative Clause and the Verb in Middle Egyptian, in: JEA 77, 1991, besonders 32.

575 Pap. Ebers 91, 3: Grundriss der Medizin, Bd. 5, 104, Eb 765.

576 Schiffbrüchiger 148.

233 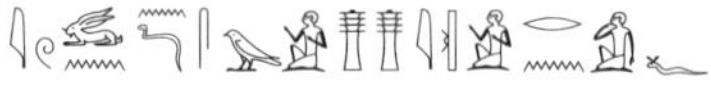 *jw wn nḏs Ḏdj rn=f,*
«Es (existiert ein Bürger) gibt einen Bürger: Djedi ist sein Name.» >
– «Es gibt einen Bürger, dessen Name Djedi ist.»
– «Es gibt einen Bürger, der Djedi heisst.»
– «Es gibt einen Bürger mit Namen Djedi.»[577]

234  *[…] ḥnw mꜣ(wj) wḥb(.w) kfꜣ=f,*
«[…] ein neuer Topf: Sein Boden ist durchbohrt» >
«[…] ein neuer Topf, dessen Boden durchbohrt ist».[578]

235  *m smꜣ(.w) s jw=k rḫ.tj ꜣḫw=f*
«Töte nicht einen Mann: Du kennst seine Nützlichkeit.» >
– «Töte nicht einen Mann, dessen Nützlichkeit du kennst.»
– «Töte nicht einen Mann, wenn du seine Nützlichkeit kennst.»[579]

21.4.3 Asyndetische Relativsätze werden seltener ohne Bezugswort (d.h. nominalisiert) verwendet. Das Gemeinte ergibt sich aus dem Zusammenhang. Beispiele:

236  *jn(j).n=j mḥ 60 m ꜣw=sn,* «Ich brachte 60-Ellen-sind-ihre-Länge.» > «Ich brachte (Zedernstämme), deren Länge 60 Ellen betrug.»[580] Hier ist ein nominalisierter, virtueller Relativsatz in einen Satz mit verbalem Prädikat als direktes Objekt eingebettet. Dass es sich dabei um Baumstämme handelt, ergibt sich aus dem folgenden Text.

237  *jnk mr(j)=f nfr.t msḏ(j)=f ḏw.t,* «Ich bin Er-liebt-das-Gute-er-hasst-das-Schlechte.» > «Ich bin (einer), der das Gute liebt und das Schlechte hasst.»[581] Hier ist ein nominalisierter, virtueller Relativsatz als Prädikat in einen verblosen Satz eingebettet.

577 Pap. Westcar 6, 26 – 7, 1.
578 Pap. Ebers 54, 21f.: Grundriss der Medizin, Bd. 5, 291, Eb 325.
579 Merikare E 50.
580 Urk. IV, 535, 8.
581 Stele London, BM 159: Hieroglyphic Texts, Bd. 1, Taf. 47, Z. 11.

21.5 Zur Determiniertheit/Spezifiziertheit des Bezugswortes

21.5.1 Die Unterscheidung von determinierten/spezifischen und indeterminierten/nichtspezifischen Bezugswörtern ist aus mehreren Gründen problematisch:

a) Das Mittelägyptische verwendet unter den morphologischen Möglichkeiten zur Determinierung eines Wortes noch nicht den Artikel, weder den bestimmten noch den unbestimmten.

b) Ausgangssprache und Übersetzungssprache können nicht nur in Bezug auf das Vorhandensein des Artikel oder verschiedener Artikel (im Deutschen bestimmter, unbestimmter und Nullartikel) differieren sondern auch in Bezug auf die Verwendungsweise (z.B. *Er hat schwarze Augen* vs. *Il a les yeux noirs*; hebräisch «weiss werden wie der Schnee» [Jes 1, 18], «gurren wie die Taube [Jes 38, 14], im Vergleich zu deutschem *weiss wie Schnee, gurren wie eine Taube.*

c) Die Determiniertheit/Spezifiziertheit eines Nomens erfolgt nicht nur durch den Artikel, sondern auch durch Demonstrativa, Possessivpronomina und weitere sog. Artikelwörter (deutsch *ganz, alle, derselbe*) wie auch durch Kotext und Kontext. Vgl. auch Kap. 5.3.

d) Generalisierende Bedeutung lässt sich in vielen Sprachen sowohl durch Determiniertheit (die ganze Klasse) wie auch durch Indeterminiertheit (ein typisches Exemplar) ausdrücken (*Ein Delphin ist ein Säugetier* vs. *Der Delphin ist ein Säugetier*).

e) Eine semantisch spezifische Grösse kann unter Umständen morphologisch indeterminiert sein und umgekehrt. (*Er hat eine Balinesin getroffen* vs. *Er möchte eine Balinesin heiraten*; *Der Mörder von Meier muss verrückt sein* vs. *Der Mörder von Meier war verrückt*).

f) Relativsätze modifizieren ein Bezugswort, d.h. sie spezifizieren es kotextuell. Dennoch (siehe Punkt e) gibt es – betrachtet man zunächst den deutschen Sprachgebrauch – natürlich Fälle, wo das Bezugswort indeterminiert ist (*Man nehme einen Topf, der gross genug ist, bringe darin viel gesalzenes Wasser zum Sieden, füge die Spaghetti zu …*). In gewissen Fällen ist nur Determiniertheit möglich (*Das Buch, von dem ich dir erzählt habe, ist leider vergriffen*). Aber es gibt auch Fälle, wo sowohl Determiniertheit wie auch Indeterminiertheit möglich sind: *Ein Mann, den ich traf, konnte mir den Weg zeigen* oder *Der Mann, den ich traf, konnte mir den Weg zeigen.*

21.5.2 In etlichen Fällen scheint sich ein Relativsatz mit Relativpronomen auf ein Bezugswort zu beziehen, das dem Sinne nach – entgegen obenerwähnter Regel – nicht determiniert/spezifisch ist oder umgekehrt. Das Problem löst sich in vielen Fällen, wenn man sich von der Übersetzungssprache löst. Hier einige Fälle:

– Auch neueingeführte Grössen können als spezifisch behandelt werden, wenn sie als in der betreffenden Situation als selbstverständlich in Betracht kommend aufgefasst werden. Beispiel:

238  *sḏdm=k ky bꜣ nt(j) tꜣw*, «[Ich werde eine Kühlung machen, die nicht zu kalt ist,] dass du den/einen andern Ba bemitleidest (?), der heiss ist.»[582]

– Nach Grössen, die eine Gattung oder einen Typus bezeichnen, steht im Ägyptischen gern das Relativpronomen, was häufig in Vergleichen der Fall ist.[583] Beispiele:

239  *rḏ(j)=j pḥ=f jmn.t mj ntj m mr=f*, «[…] dann hätte ich veranlasst, dass er (der Schuldlose) den Westen erreicht wie der/einer, der in seiner Pyramide ist.»[584]

240  *m twꜣ.w n jwtj (j)ḫ.t=f*, «Wende dich nicht bittend an den/einen, wovon gilt: nicht ist seine Sache.» > «[…] an den/einen, der nichts hat.»[585]

– Steht nicht die Typisierung, sondern die Möglichkeit im Vordergrund, wird das Bezugswort als nichtspezifisch aufgefasst. Beispiele:

231 *k.t* (scil. *pẖr.t*) *n.t msḏr (r)ḏj=f mw ḥwꜣ*, «Ein anderes [scil. Heilmittel für] ein Ohr, das üble Flüssigkeit absondert.»[586] Man könnte umschreiben: «[…] für den Fall, dass es eine üble Flüssigkeit absondern sollte».

582 Lebensmüder 46f.

583 Siehe dazu auch J. Gwyn Griffith, The Relative *nty* with Generic Reference, in: JEA 54, 1968, 60–66.

584 Lebensmüder 41f.

585 Ptahhotep 164 (L2). – *twꜣw*, «sich bittend wenden an». *m* zur Negierung des Imperativs (Kap.22.5.2).

586 Pap. Ebers 91, 3: Grundriss der Medizin, Bd. 5, 104, Eb 765.

241 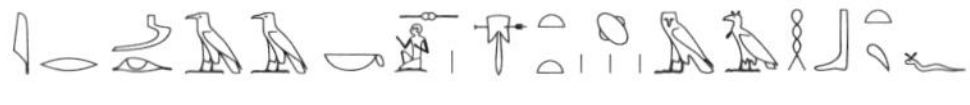 *jr m33=k s st̠.wt m nḫb.t=f [...]*, «Wenn du einen Mann beobachtest, an dessen Nacken Schleimstoffe sind, [...]».[587] Hier ist der mögliche Fall durch den Wenn-Satz gekennzeichnet.

242  *[...] tḫn.wj m d̠ʿm bnbn.t=sn 3bḫ.w m ḥr.t*, «[Ich (d.h. Hatschepsut) also sass im Palast und gedachte dessen, der mich geschaffen hat. Mein Herz leitete mich, für ihn] zwei Obelisken aus Elektron [zu machen], deren (Pyramidion) Pyramidia sich mit dem Himmel (vermischt) vermischen.»[588] Man könnte umschreiben: «[...] deren Höhe unermesslich sein sollte».

243  *jr dw3(w) Rʿ pw hrw pwy ḥtm.tw ḫftj.w n.w Nb-r-d̠r*, «[Ich bin das Gestern, ich bin das Morgen. – *[Glosse:]* Was bedeutet das? Was ‹Gestern› betrifft: Osiris ist es.] Was ‹Morgen› betrifft: Re ist es, der Tag, an dem die Feinde des Allherrn vernichtet werden.»[589] Die Determination durch das Demonstrativpronomen hat kataphorische Bedeutung. Der «Tag» wird als nichtspezifisch behandelt, weil er künftig und potentiell ist.[590]

– Die Verwendung oder Nichtverwendung des Relativpronomens kann zuweilen auch aus pragmatischen Gründen erfolgen, die den Hörer aufhorchen lassen. Das folgende Beispiel verwendet das Relativpronomen *nicht*, obwohl es der Hörer gewiss erwartet:

244  *ptr wr.t r ʿb(j).t h̠3.t=j m t3 ms(j).kwj jm=f*, «Was gäbe es Grossartigeres als (das Vereinigen meines Leichnams) dass mein Leichnam vereinigt würde mit dem Land, in dem ich geboren bin?»[591] Mit «Land, in dem ich geboren bin» ist nichts anderes als Ägypten gemeint, was durch den Kontext der Thematik des *Sinuhe* (Bezug zum Ausland resp. zur Heimat) absolut eindeutig ist. In dem Gebet Sinuhes wirkt die Formulierung im Anschluss an den Satz «Vielleicht magst

587 Pap. Ebers 51, 19f.: Grundriss der Medizin, Bd. 5, 117, Eb 295.

588 Urk. IV, 365, 1f.

589 Tb 17: Pap. Nebseni, Taf. 38, Spr. 17/3, Kol. 9. – *pwy* ist eine jüngere Form von *pw* (Kap. 6.5.1). In anderen Versionen endet das Zitat mit dem Rückverweis  *jm=f*.

590 Anders Malaise/Winand, Grammaire, 649, § 1024, Beispiel 1822.

591 Sinuhe B 159f.

du (Gott) mich den Ort sehen lassen, an dem mein Herz weilt (Relativform)» wie eine Untertreibung des inständig Bittenden: *Lass mich in irgendein Land gelangen – wenn es nur das ist, in dem ich geboren bin, d.h. ich möchte unbedingt nach Ägypten zurück.* Es liegt in der gewählten Formulierung eine Verzweiflung, die einer leisen Selbstironie nicht entbehrt.

Übung 21[592]

1.  [593]
2.  [594]
3.  [595]
4.  [596]
5.  [597]
6. 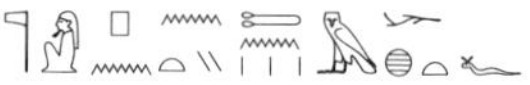 [598]
7.  [599]
8.  [600]

592 Bei den folgenden Übungsbeispielen handelt es sich nicht um vollständige Sätze.

593 Pap. Ebers 102, 2: Grundriss der Medizin, Bd. 5, 5, Eb 855t. – für . *kꜣw*, «Früchte (ungeritzte, unreife Früchte der Sykomore)»; *nh.t*, «Sykomore».

594 CT IV, 311c – 313a (Spr. 345, M4C). – *ṯsm*, «Windhund».

595 Pap. Ebers 91, 2: Grundriss der Medizin, Bd. 5, 104, Eb 764. – *nḏs*, «gering».

596 Stele Paris, Bibliothèque nationale: DZA 25.356.000.

597 Sinuhe B 173f.

598 Tb 125: Pap. Nu, Taf. 68, Spr. 125, Kol. 64f.

599 Sarg Kairo JdE 37564b: Pierre Lacau, Note sur les textes religieux contenus dans les sarcophages de M. Garstang, in: ASAE 5, 1905, 235, Z. 17f.

600 Stele Leiden V, 103: DZA 22.704.220.

22 Negationen

22.1 Einleitendes

22.1.1 Das Ägyptische kennt mehrere Arten der Negation. Die verschiedenen Negationswörter haben ihre Verwendung in bestimmten syntaktischen und semantischen Zusammenhängen. Es handelt sich um die satzeinleitenden Partikeln *n(j)* mit der Variante *n(j) … js* oder *n(j)-js* und *nn*,[601] die Negationsverben *jmj* und *tm* sowie das Adjektiv *jwtj*.[602] Das zuletztgenannte *jwtj* negiert den Relativsatz (negative Entsprechung zu dem Relativpronomen *ntj*) und ist bereits in Kap. 21.3 behandelt worden.

Zunächst sei anhand deutscher Beispiele einiges Grundsätzliche über die drei Negationspartikeln gesagt, bevor die Verwendungsweise sämtlicher Negativkonstruktionen, nach Satzarten und Verbalformen geordnet, genauer besprochen wird (Kap. 22.2–5).[603] Nach Negationswörtern gegliedert, gibt schliesslich Kap. 22.6 eine Zusammenfassung.

Nebenbei sei bemerkt, dass nicht jeder affirmativen Satzkonstruktion auch eine negierte Konstruktion enstspricht. So gibt es – aus semantisch-pragmatischen Gründen – beispielsweise keine negierte Entsprechung zu den Konstruktionen mit *ʿḥʿ.n*, zu den Folgetempora oder zu der Konstruktion Infinitiv – *pw* – *jrj.w.n=f.* Das Pseudopartizip wird nur selten negiert (siehe Kap. 22.3.8).[604]

601 Gerald Moers, Freie Varianten oder funktional gebundene Morpheme? Zu den Graphien der altägyptischen Negation *n*, in: LingAeg 3, 1993, 33–58.

602 Dazu kommt *nfr* als seltenere Negation in den Wendungen 𓄤𓊪𓏲 *nfr pw* … und 𓄤𓈖 / 𓄤𓂜 *nfr.n* …. Siehe dazu Malaise/Winand, Grammaire, 175f., § 307.

603 Viel Nützliches findet sich bei Loprieno, in: Mendel/Claudi (Hg.), Ägypten im afro-orientalischen Kontext; Antonio Loprieno, Focus, mood, and negative forms: Middle Egyptian syntactic paradigms and diachrony, in: LingAeg 1, 1991, 201–226.

604 Vgl. Jenni, in: ZÄS 134, 2007, 124f.

22.1.2 Die Partikel *n(j)*[605] **negiert** die Aussage eines Satzes, genauer gesagt, **den Nexus** (Zusammenhang/Verbindung) **zwischen Subjekt und Prädikat**. Sie setzt quasi ein Negativ-Zeichen vor den ganzen Satz. In dem Satz «Ich gehe nicht nach Hause» wird die Verbindung zwischen «ich» und «nach Hause gehen» negiert: «Nicht: ich gehe nach Hause.» Die positive Aussage «Ich gehe nach Hause» und die negative Aussage «Ich gehe nicht nach Hause» widersprechen sich: Die Verbindung zwischen «ich» und «nach Hause gehen» kann nur wahr oder falsch sein. Die beiden Aussagen sind **kontradiktorisch** (sich widersprechend/sich gegenseitig aufhebend).

22.1.3 Die Partikel ***n(j) … js / nj-js* negiert einen fokussierten Satzteil**. In dem Satz «Ich gehe nicht jetzt nach Hause» bleibt der Nexus zwischen Subjekt und Prädikat unangetastet: Dass ich nach Hause gehe, wird nicht negiert, vielmehr der Zeitpunkt («jetzt») meines nach Hause Gehens. Dass ich zu einem anderen Zeitpunkt nach Hause gehe, wird dagegen nicht negiert. Explizit kann dies z.B. so formuliert sein: «Ich gehe nicht *jetzt* nach Hause, sondern *in zwei Stunden*.» Der negierte Satzteil («jetzt») ist hervorgehoben und kontrastiert dadurch – explizit oder implizit – mit einem anderen Satzteil («in zwei Stunden»/«später» usw.). Die positive Aussage «Ich gehe nach Hause» und die negative Aussage «Ich gehe nicht *jetzt* nach Hause» sind nicht kontradiktorisch, sondern **konträr** (gegensätzlich/entgegengesetzt). Im übrigen kann ein beliebiger Satzteil kontrastierend negiert werden: das Subjekt («Nicht *er* ist gekommen[, sondern X]»), das Prädikat («Ich *eile* nicht nach Hause[, sondern ich *fliege* nach Hause]») oder eine adverbiale Bestimmung (Beispiel oben). (Zum Unterschied von *n(j) … js* und *n(j)-js* siehe Kap. 22.2.3 und 22.3.7.)

22.1.4 Die Partikel ***nn***, ebenfalls eine konträre Negation, dient zum Ausdruck einer exklusiven (ausschliessenden) oder denegativen (leugnenden) Aussage, d.h. sie **negiert das Vorhandensein, die Existenz**. In dem Satz «Es gibt kein Zuhause für mich» wird die Existenz oder das Vorhandensein geleugnet oder ausgeschlossen: «Nicht existent: ein Zuhause für mich.»

Die Negation *nn* hat, diachronisch gesehen, in einigen Fällen die Negation *n(j)* ersetzt (siehe Kap. 22.2.4 und 22.3.3).

605 Anderweitig auch *n* transkribiert.

22.2 Negierte Sätze mit nonverbalem Prädikat

22.2.1 Die kontradiktorische Negation *n(j)* negiert im **Satz mit nominalem Prädikat** den Nexus zwischen dem Subjekt und dem nominalen Prädikat (vgl. Kap. 8.2–4). Beispiele:

245  *n(j) ntf pw m mꜣʿ.t*, «Nicht: er ist es in Wahrheit.» > «Es ist tatsächlich nicht er.»[606]

246  *[…] n(j) jnk tr smꜣ=f*, «[Ich kenne ihn nicht,] ich bin gewiss (*tr*) nicht sein Verbündeter.»[607]

22.2.2 **Die konträre Negation *n(j) … js* negiert im Satz mit nominalem Prädikat einen fokussierten Satzteil** und kontrastiert ihn dadurch (implizit oder explizit) mit einem anderen (vgl. Kap. 8.6 und 18.3.3).

Positiv:	S – P	Negativ:	***nj* – S – *js* – P**
	P – *pw*		***nj* – P – *js* – *pw***
	P – *pw* – S		***nj* – P – *js* – *pw* – S**

Die Negation steht am Anfang des Satzes, auch wenn das an zweiter Stelle stehende Prädikat fokussiert ist. Beispiele:

247  *jrw=k pw n(j) jrw=j js pw*, «Deine Gestalt ist es, und nicht meine.»[608]

248  *n(j) jnk js wꜣḏ swꜣ=f jnk wꜣḏ pr(j) m nb.t*, «Ich bin nicht ein Amulett, das vorbeigeht, (sondern) ich bin ein Amulett, das aus der Menschheit hervorging.»[609]

249  *N.N. pw Ḏḥwtj nḏ ṯn n(j) N.N. js pw Stš jṯ(j) s(j)*, «N.N. ist Thot, der euch schützt, aber N.N. ist nicht Seth, der es genommen hat.»[610]

606 Sinuhe B 267.

607 Sinuhe B 114.

608 CT VI, 332 k–l (Spr. 698, B2L).

609 CT II, 160b–c (Spr. 135, S1C).

610 Pyr. 1233b (Spr. 524, P).

22.2.3 *n(j) … js* kann durch *n(j)-js* ersetzt sein,

– wenn entweder eine adverbiale Bestimmung fokussiert und negiert ist («…, und/aber nicht …»); Beispiel:

250  *jr gm(j)=k ḏꜣjsw m ꜣ.t=f m ḫwrw n(j)-js mjtw=k*[611] *[…]*, «Wenn du einen Opponenten in Aktion triffst, der schwach ist und nicht dir gleich, (so) […]».[612]

– oder wenn das Subjekt in einer *jn*-Konstruktion (Spaltsatz, vgl. Kap. 18.3) negiert ist («Es ist nicht …, welcher …»)[613]; Beispiel:

251  *n(j)-js jt=j rḏ(j) n=j n(j)-js mw.t=j rḏ(j) n=j […]*, «Nicht mein Vater ist es, der (es) mir gab, nicht meine Mutter ist es, die (es) mir gab, [sondern … ist es, der (es) mir gab].»[614]

22.2.4 ***n(j) … js* und *n(j)-js* können etwa seit dem Mittleren Reich durch *nn … js* resp. *nn-js* ersetzt werden.** Die Negation *nn* wurde im Laufe der Zeit offenbar zum Ausdruck der Negation eines fokussierten Ausdrucks als deutlicher empfunden als *n(j)* (vgl. Kap. 22.3.3). Das erscheint einleuchtend, wenn man die deutsche Übersetzung eines negierten Spaltsatzes («Es ist nicht …, welcher …») mit derjenigen eines Satzes vergleicht, der Nichtvorhandensein ausdrückt («Es gibt nicht …»). Beispiel:

252  *m=k nn jnk js jnn n=k sj […] jn wr n pꜣ ẖrd.w 3 […] jn(j)=f n=k sj*, «Siehe, nicht ich bin es, der sie (die Kiste) dir bringen kann. […] Es ist das älteste der drei Kinder […], das sie (die Kiste) dir bringen wird.»[615]

22.2.5 Bisher war – mit Ausnahme von **250** – die Rede von Sätzen mit nominalem Prädikat. Im **Satz mit adverbialem Prädikat** (vgl. Kap. 9) dient die Negation *nn*

611 *mjtw*: Nebenform zu *mjtj*, «ein Gleicher wie».

612 Ptahhotep 74f. (P).

613 Loprieno, in: Mendel/Claudi (Hg.), Ägypten im afro-orientalischen Kontext, 213–235; Loprieno, Ancient Egyptian, 127f.

614 CT III, 336f–g (Spr. 245, S1C). – Ohne *jn*; vgl. dagegen Pyr 1324a (Spr. 539, P): *n(j) jn js N.N. pn ḏd nn*, «Es ist nicht dieser N.N., der dies sagt.»

615 Pap. Westcar 9, 6–8. – G 41 steht im Hieratischen üblicherweise für G 40.

(auch  *nn-wn* oder  *n(j)-wnt*) zum Ausdruck der Nichtexistenz/des Nichtvorhandenseins: «Nicht: A ist in B» > «A ist nicht in B». Ist das Subjekt pronominal, so wird es durch das enklitische Pronomen ausgedrückt. Beispiele:

253  *nn wḫꜣ m-ḥr-jb=sn*, «Es gab keinen Törichten unter ihnen.»[616]

254  *nn s(j) m jb=j*, «Es war nicht in meinem Herzen.»[617]

22.2.6 In den Fällen, wo auf ein adverbiales Prädikat verzichtet ist (adverbiale Bestimmung = Ø), hat ***nn* die Funktion einer prädikativen Negation**: «Nicht ist: A» > «Es gibt nicht A / A existiert nicht». Beispiel:

255  *ḏd=j n m mjn nn mꜣʿtj.w*, «Zu wem soll ich heute sprechen? Es gibt keine Rechtschaffenen.»[618]

Hierher gehört auch die Negation von Tatsachen, die durch den Infinitiv ausgedrückt sind: ***nn* + Infinitiv, «ohne zu …»**. Beispiel:

256  *ʿḥʿ.n=s gr.tj nn ẖn(j).t*, «Da war sie verstummt, nicht war Rudern.» > «Da war sie verstummt, ohne zu rudern.»[619] (Zu *ʿḥʿ.n=* siehe Kap. 23.4.2.)

22.3 Negierte Sätze mit verbalem Prädikat

22.3.1 ***n(j) sḏm=f* negiert eine Handlung in der Vergangenheit (positiv: *sḏm.n=f*).** Die *sḏm=f*-Form bezeichnete ursprünglich eine Vergangenheit (sog. historisches Perfekt; vgl. Kap. 10.3.2); diese Bedeutung hat sich in der Negativ-Konstruktion erhalten: *n(j) sḏm=f*, «Nicht: er hat gehört». Beispiele:

257  *jw=f sspd(.w) m bw nb nfr wpw-ḥr hnw.w n(j) jn(j)=tw*, «Er ist ausgerüstet mit allem Guten, ausser mit (Bier-)Krügen; man hat (sie) nicht gebracht.»[620]

616 Schiffbrüchiger 100f.

617 Sinuhe B 223f.

618 Lebensmüder 121f.

619 Pap. Westcar 5,17.

258  *m=k n(j) wḏ=tw jr(j).t mn.t jrj n tꜣ ʿw.t šps.t*, «Siehe, man hat nicht geboten (= man hat verboten), dergleichen diesem edlen Kleinvieh (d.h. den Menschen) anzutun.»[621]

22.3.2 *n(j)* negiert das ursprünglich präsentische Perfekt *sḏm.n=f* (vgl. 11.1.3): ***n(j) sḏm.n=f*, «er hört nicht».** Von daher erklärt sich der Gebrauch in **gnomischer**[622] **Bedeutung** und die zuweilen vorliegende Nebenbedeutung des **Nichtkönnens («er kann/konnte nicht hören»)**. In diesem zweiten Fall wird die Möglichkeit der Realisation des Verbalinhalts geleugnet.[623] Beispiele:

259  *n(j) spr.n sp ḫs(j) r dmj*, «Schlechtes Handeln gelangt nicht ans Ziel.»[624]

260  *[...] r ḥḥj* [sic[625]] *n=f s.t qb.t n(j) gm(j).n=f sj*, «[...] um sich einen angenehm kühlen Ort zu suchen. (Aber) er konnte keinen finden.»[626]

261  *jn n(j) ḫn{n}(j).n=ṯn*, «Könnt ihr nicht rudern?»[627]

22.3.3 ***nn sḏm=f* negiert eine prospektive Handlung.** Das prospektive *sḏm=f*, ursprünglich wohl *sḏm.w=f*, wurde in früher Zeit erwartungsgemäss mit *n(j)* negiert. Da diese Form jedoch eine «dürftige morphologische Markierung» aufwies (mit dem schwachen Konsonanten *w*, vgl. Kap. 12.1), wurde durch *n* > *nn* erreicht, dass die Endung *-.w* redundant wurde.[628] Zu beachten sind Textstellen, an denen die beiden Formen in verschiedenen Versionen vorkommen:

620 Pap. Westcar 11, 20f.

621 Pap. Westcar 8, 17.

622 Griechisch γνώμη, «Verstand/Erkenntnis/Sentenz/(Sinn-)Spruch».

623 Zu der Nähe dieser Konstruktion zu negierten modalen Aussagen (*nn sḏm=f*), vgl. Malaise/Winand, Grammaire, 399f., § 638.

624 Oasenmann B1, 356.

625 *ḥḥj*, «suchen», scheint ursprünglich nicht ein Verbum IIIinf. gewesen zu sein, sondern lautete vielleicht *ḥḥ* oder *ḥjḥj*.

626 Pap. Westcar 4, 22f.

627 Pap. Westcar 5, 19. –  statt .

628 Vgl. Vernus, Future, 117–142.

262a  *n(j) h*ꜣ*y=k r ḫry(.t)*

262b  *nn h*ꜣ*(j)=k r ḫry(.t),*

«Mögest du nicht zur Schlachtstätte hinabsteigen.»[629]

263a  *n(j) snḏ.w jr.t dg*ꜣ*(.t) ṯw*

263b  *nn snḏ jr.t dg(j).t n=k*

«Das Auge, das dich anschaut, wird sich nicht fürchten.»[630]

22.3.4 Die Negationen *n(j)* und *nn* können mit  *sp* zusammengesetzt werden: ***n(j)-sp sḏm=f,* «er hörte niemals»** und ***nn-sp sḏm=f,* «er wird niemals hören».** Das Verb *sp,* «geschehen» (vgl. *sp,* «Mal/Tat/Beispiel»), ist in erstarrter Form verwendet; *sḏm=f* wird als Subjunktiv verstanden: «es geschah nicht, dass er hören sollte» > «er hörte niemals» resp. «es wird nicht geschehen, dass er hören soll» > «er wird niemals hören». Auch hier (vgl. Kap. 22.3.3) wird die Negation *nn* dem modalen/prospektiven Bereich zugeordnet. Beispiele:

264  *n(j)-sp jr(j).t(w) j*ꜣ*.t tn (j)n b*ꜣ*k nb ḏr b*ꜣ*ḥ,* «Niemals war dieses Amt ausgeübt worden von irgend einem Diener vordem/seit Anbeginn.»[631]

265  *nn-sp jry=j ḏd.t.n=s,* «Ich werde niemals tun, was sie sagte.»[632]

22.3.5 Die bisher erst in Kap. 7.3.2 aufgeführte Form ***sḏm.t=f*** ist eine alte **perfektive Verbalform der Suffixkonjugation,** die nur noch selten vorkommt, v.a. mit Präpositionen (deswegen ist sie zuweilen nur schwer vom Infinitiv auf *-.t* zu unterscheiden): *r sḏm.t=f,* «bis er gehört hat» und *ḏr sḏm.t=f,* «seit er gehört hat». Beispiele:

266 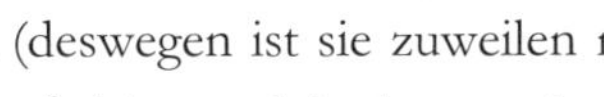 *[...] r wbn.t šw ḥr šnb.t=k,* «[...] bis die Sonne (wieder) aufgegangen ist über deiner Brust.»[633]

629 CT I, 189b (Spr. 44, B10Cc und B10 Cb).

630 Sinuhe AOS 60 und B 279.

631 Urk. I, 106, 3.

632 Hirtengeschichte, Kol. 6: Alan H. Gardiner, Die Erzählung des Sinuhe und die Hirtengeschichte (Hieratische Papyrus Berlin, Bd. 5/Literarische Texte des Mittleren Reiches, Bd. 2), Leipzig 1909, Taf. 16.

633 Urk. IV, 117, 4.

267 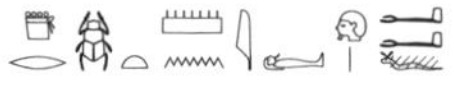 *[…] ḏr ḫpr.t mnj tp(j)-ʿ.wj=f(j)*, «[…] seit sich der Tod seines Vorgängers ereignete.»[634]

Die Form *sḏm.t=f* kommt zusammen mit der Negation *n(j)* vor mit folgenden Bedeutungen: *n(j) sdm.t=f*, «ohne dass er hörte» oder «bevor er hörte». Beispiele:

268  *[…] n(j) ḫpr.t p.t n(j) ḫpr.t tꜣ*, «[…] bevor (noch) der Himmel entstanden war (und) bevor (noch) die Erde entstanden war.»[635]

269  *ḥꜣq.n=f dmj n qdšw n(j) tš.t=j r bw ḫr=f*, «Er plünderte die Stadt Qadesch, ohne dass ich (jemals) betreten hätte/bevor ich (noch) betreten hatte den Ort, an dem er war.»[636]

Zur ***sḏm.t=f*-Form** ist also zu merken:	
***r sḏm.t=f*, «bis er gehört hat»** ***ḏr sḏm.t=f*, «seit er gehört hat»**	***n(j) sdm.t=f*, «ohne dass / bevor er hörte»**

22.3.6 *n(j) … js* dient zur **Negierung eines Satzes mit fokussiertem Satzteil**. Die prädikative Negation *n(j) … js* umklammert stets das Verb der Suffixkonjugation (nicht den kontrastierenden Satzteil), was den Gegebenheiten der Wortstellung (Partikel/Negation – Verb – Subjekt – adverbiale Bestimmung) entspricht. Beispiele:

270  *sš N.N. m ḏbʿ wr n(j) sš=f js m ḏbʿ šrr*, «N.N. schreibt mit grossem Finger, er schreibt nicht mit kleinem Finger.»[637]

271a 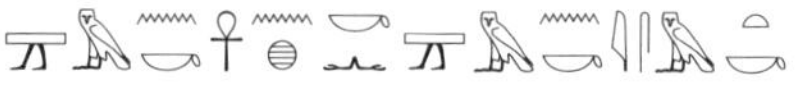

šm.n=k ʿnḫ=k n(j) šm.n=k js m(w)t=k,[638]

271b 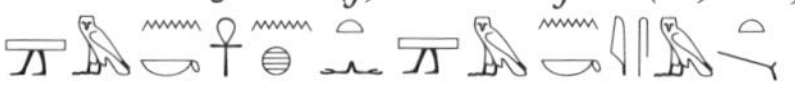

šm.n=k ʿnḫ.t(j) n(j) šm.n=k js m(w)t(.tj),[639]

«Du gingst lebend weg, nicht tot.»

634 Urk. IV, 405, 8.

635 Pyr. 1466c (Spr. 571, P).

636 Urk. IV, 892, 8f.

637 Pyr. 475b–c (Spr. 305, W).

638 Pyr. 833a (Spr. 449, P).

639 CT I, 187e (Spr. 44, B10Cb).

22.3.7 ***n(j)-js* steht vor einem negierten fokussierten Nebensatz**: Ist bereits der Hauptsatz negiert, so gibt der folgende negierte fokussierte Nebensatz eine Präzisierung zu der vorhergehenden Negation, also eine (ebenfalls negative) Einschränkung («… wenn nicht/nur wenn/ausser …»). Beispiele:

272  *nn (r)ḏj=j ꜥq=k ḥr=j j.n bnš n sbꜣ pn n(j)-js ḏd.n=k rn=j*, «Ich werde dich nicht eintreten lassen bei mir!, sagte der Pfosten/Rahmen dieses Tores, ausser du kannst meinen Namen nennen.»[640]

273  [641] *n(j) grt sḏm.n jmj-rꜣ šnṯ jṯꜣ n(j)-js nḏr(j).t(w=f) m ꜥ=f*, «Ein Friedensrichter kann nicht einen Dieb anhören, wenn dieser (d.h. der Dieb) nicht festgehalten wird in seiner (d.h. des Richters) Hand.»[642]

22.3.8 Die **pseudoverbale Konstruktion** kommt nur selten negiert vor. Sie wird wie der Satz mit adverbialem Prädikat (Kap. 22.2.5) durch die Negation *nn* verneint.

274  *nn wj ḥr sḏm st*, «[Du sprichst zu mir, (aber)] ich kann es nicht hören/es ist mir unmöglich, es zu hören[, ich bin vor dir, ohne mich zu kennen].»[643] Der Schlangengott droht dem Schiffbrüchigen, ihn zu verbrennen, wenn er ihm nicht sage, wer ihn auf die Insel gebracht habe. Dem Schiffbrüchigen ist es aus Furcht und Erstaunen eine Zeitlang (imperfektiver Aspekt!) unmöglich, seine Gedanken zu ordnen und etwas Vernünftiges herauszubringen.

275  *m sqr(.w) nn st ꜣḫ(.w) n=k*, «[Hüte dich vor ungerechter Bestrafung,] schlag nicht zu, (wenn) es nicht nützlich für dich ist!»[644] Zu *m sqr(.w)* siehe Kap. 22.5.2.

276  *nn sw wn(.w)*, «[Zu wem soll ich heute sprechen? Es gibt keinen Zufriedenen, und der, mit dem man ging –] er ist nicht existent.»[645]

640 Tb 125: Pap. Nebseni, Taf. 93, Spr. 125, Kol. 96f.

641 *šnṯ*: für .

642 Pap. UC 32200 (lot XV.1), Recto, Z. 10–12: Collier/Quirke, UCL Lahun Papyri: Letters, 100.

643 Schiffbrüchiger 74f.

644 Merikare E 48.

645 Lebensmüder 126f.

22.4 Negierte nominale und nominalisierte Formen

22.4.1 Die nominalen und nominalisierten Formen werden mit dem 2rad. Verbum / *tm*, «vollständig sein/zu Ende sein/nicht sein», negiert, und zwar so, dass die betreffende Verbform (Infinitiv, Partizip usw.) von *tm* gebildet wird, welchem das bedeutungstragende Verb im sog. Negativ-Komplement folgt. Das **Negativ-Komplement** lautet *sḏm(.w)*. Zur Veranschaulichung kann man sich das Verb *tm* mit einem im Deutschen selbstredend nichtexistenten Verb «nichten» vorstellen:

nicht zu hören (negierter Infinitiv)	«zu nichten» (zu) hören *tm sḏm(.w)*
ein nicht Hörender (negiertes perfektives Partizip Aktiv)	«ein Nichtender» (zu) hören *tm sḏm(.w)*
ein nicht Gehörter (negiertes perfektives Partizip Passiv)	«ein Genichteter» (zu) hören *tmm(.w) sḏm(.w)*

In der 18. Dyn. beginnt das Negativ-Komplement durch den Infinitiv ersetzt zu werden (z.B. in **279**).

22.4.2 Der **Infinitiv** wird negiert durch *tm* + Negativ-Komplement. Beispiele:

277 *tm ʿq(.w) r nm.t nṯr*, «Nicht zu betreten die Vernichtungsstätte des Gottes.»[646] Überschrift eines Spruches.

278 *k.t* (scil. *pḫr.t*) *n.t tm rd(j.w) ḫpr skm*, «Ein anderes (scil. Heilmittel) für das Nichtzulassen, dass Ergrauen des Haares entsteht.»[647]

Man vergegenwärtige sich an dieser Stelle die Bedeutung von *nn* + Infinitiv (Kap. 22.2.6).

22.4.3 **Partizipien** werden negiert durch *tm* / *tm.t* / *tm.w* / *tm.tj=fj* usw. + Negativ-Komplement. Beispiele:

646 CT II, 131d (Spr. 114, S1C).

647 Pap. Ebers 65, 10f.: Grundriss der Medizin, Bd. 5, 511, Eb 453.

279  *tm jr(j).t n=f ṯb.t(j) m nb ʿḫʿ*, «Wer sich keine Sandalen machen konnte, ist (jetzt) ein Herr (von Aufgehäuftem) von Besitz.»[648] Infinitiv statt Negativ-Komplement.

280  *nṯr nb tm.t(j)=f(j) jw(j.w) m-sꜣ=j […]*, «Jeder Gott, der nicht hinter mir kommen wird, […]».[649]

22.4.4 **Relativformen** werden negiert durch *tm.w=f / tm(.w).n=f* usw. + Negativ-Komplement. Beispiele:

281  *nn s.t nb.t tm.t.n(=j) jr(j.w) mn.w jm=s*, «Es gibt (nicht jeglichen Ort) keinen einzigen Ort, an dem ich nicht Denkmäler errichtet hätte.»[650]

282  *jw rḫ st m tm.w ʿbš ʿm(.w) bꜣ=f*, «Wer es kennt, ist einer, dessen Ba das Krokodil (*ʿbš*) nicht verschlingen kann.»[651]

22.4.5 **Negierte nominalisierte Formen**: *tm=f* usw. + Negativ-Komplement kommt vor im Subjektssatz, im Objektssatz, nach Präposition/Konjunktion, in Konditionalsätzen, im sog. Wechselsatz, in Überschriften mit eigenem Subjekt, bei Hervorhebung einer adverbialen Bestimmung oder eines Nebensatzes (Kap. 10.4.2). Die zuletztgenannten Nebensätze sind meist parataktische Final- oder Konsekutivsätze, die eine prospektive oder subjunktive Form enthalten. Beispiele:

283  *rḫ.n=k tm=sn sfn(.w)*, «Du weisst, dass sie nicht sanftmütig sind.»[652] (Negierter Objektssatz.)

284  *[…] sgr qꜣ(j)-ḫrw r tm=f mdw(j.w)*, «[…] den Lauten zum Schweigen zu bringen, dass er nicht (mehr) spreche.»[653] (Negierter Final-/Konsekutivsatz mit der Konjunktion *r*; vgl. Kap. 24.2.1.)

648 Admonitions 2, 4f.

649 CT V, 239c (Spr. 412, Y1C).

650 Stele Paris, Louvre C 15: Charles Boreux, Département des antiquités égyptiennes. Guide-catalogue sommaire, Bd. 1, Paris, 1932, Taf. 17, Z. 3.

651 Amduat, 7. Std., unteres Register: Hornung, Texte zum Amduat, Bd. 2, 579f. (Th I).

652 Merikare E 53.

653 Grabinschrift: Griffith, Siūṭ and Dêr Rîfeh, Taf. 4 = Montet, in: Kêmi 3, 1930, 49, Kol. 229.

285  *jr tm=k jr(j.w) s(.t) n N.N. jr(j).kꜣ N.N. fꜣ.t m jt=f Gb*, «Wenn du nicht einen Platz bereitest für N.N., wird N.N. ein *fꜣ.t* machen an seinem Vater Geb.»[654] (Negierter hypotaktischer Konditionalsatz mit der Konjunktion *jr*.)

286  *j.tm=k sḏm(.w) n=f sḏm=k ꜣb.t=f jmj.t tp=k*, «Solltest du nicht auf ihn hören, so wirst/sollst du sein *ꜣb.t* hören, das auf deinem Kopf ist.»[655] (Negierter parataktischer Konditionalsatz; Subjunktiv.)

287  *tm=k jw(j.w) r=j tm=j ḏd(.w) r=k*, «(Kommst du gegen mich, so sage ich gegen dich,) kommst du nicht gegen mich, so sage ich nicht gegen dich: (‹Weiche zurück vor den Schlächtern des Schu!›).»[656] (Negierter Wechselsatz.)

288  *rꜣ n tm(.w) wnm(.w) N.N. jn ḥfꜣw m ẖr(.t)-nṯr*, «Spruch für die Tatsache, dass «genichtet wird/werde» (zu) fressen N.N. von einer Schlange im Totenreich.» > «Spruch dafür, dass N.N. nicht von einer Schlange gefressen wird/werde im Totenreich.»[657] (Negativ formulierte Überschrift mit eigenem Subjekt; *sḏm.w=f*-Passiv.)

289 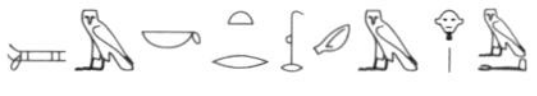 *tm=k tr sḏm(.w) ḥr-m*, «Die Tatsache, dass du nicht hörst, ist aber warum?» > «Warum hörst du denn nicht?»[658] (Negierter Satz mit Hervorhebung der adverbialen Bestimmung.)

290 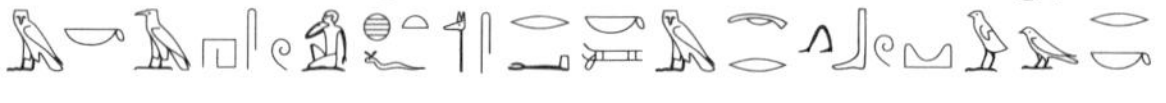 *m kꜣhs.w ḫft wsr=k tm spr(.w) bw-ḏw r=k*, «Sei nicht hochfahrend (siehe Kap. 22.5.2), wenn du Macht ausübst (siehe Kap. 24.2.1), dass dich kein Übel treffe.»[659] (Negierter parataktischer Finalsatz; prospektive *sḏm=f*-Form.)

654 Pyr. 277b (Spr. 254, W).

655 Pyr. 675b (Spr. 385, T).

656 Tb 90: Pap. Nu, Taf. 22, Spr. 108, Kol. 1.

657 Tb 35: Pap. Nu, Taf. 15, Spr. 35, Kol. 1.

658 Oasenmann B1, 211.

659 Oasenmann B1, 245f.

22.5 Negierte Befehlsformen (Imperativ und Subjunktiv)

22.5.1 Für den deontischen Modus wird das Negationsverb  *jmj*, «nicht sein/nicht tun» (zur Veranschaulichung wie in Kap. 22.4: «nichten»), verwendet. Auch nach *jmj* folgt das Negativ-Komplement *sḏm.w*.

22.5.2  /  *m* **+ Negativ-Komplement zur Negierung des Imperativs.** Bei *m* handelt es sich um den Imperativ des erwähnten Negationsverbs  *jmj* (vgl. Kap. 15.1.2). Der Numerus ist ununterscheidbar, die Form richtet sich an eine 2. Pers.:

Höre nicht! / Höret nicht! (negierter Imperativ)	«Nichte» (zu) hören! / «Nichtet» (zu) hören!  ***m sḏm.w***

Beispiel:

291  *m snḏ(.w)*, «Fürchte dich nicht!»[660]

Es sei an dieser Stelle die Konstruktion *rḏ(j)* + Subjunktiv (*sḏm=f*), «veranlassen, dass …», in Erinnerung gerufen (Kap. 12.2.3). Der Imperativ dazu lautet  *jm(j)* + Subjunktiv (*sḏm=f*), «Veranlasse, dass …» (Kap. 15.1.2). Die negative Entsprechung dazu lautet:

Veranlasse nicht, dass er hört / Veranlasse, dass er nicht hört	«Nichte» (zu) veranlassen: er soll hören  ***m rḏ(j).w sḏm=f***

Beispiel:

292  *m rḏ(j.w) m(w)t=tw*, «Veranlasse nicht, dass man sterbe.»[661]

22.5.3 Der **Subjunktiv** wird durch den Subjunktiv des Negationsverbs *jmj* und das Negativ-Komplement des bedeutungstragenden Verbs verneint: ***jm(j)=f* + Negativ-Komplement** (zu einer Variante siehe unten):

Er soll nicht hören	«Er soll nichten» (zu) hören  ***jm(j)=f sḏm.w***

660 Schiffbrüchiger 111.

661 Oasenmann B1, 253.

Beispiele:

293  *jm(j)=k tnm.w*, «Du sollst nicht in die Irre gehen.»[662]

294  *jr ḥm gm(j)=k […] jm(j)=k jr(j)(.w) (j)ḫ.t r=s*, «Wenn du (es) hingegen findest [an …, so] sollst du nichts dagegen unternehmen.»[663] (Negierte Apodosis.)

Ist das Subjekt nominal, so steht es *nach* dem Negativ-Komplement: ***jm(j) sḏm(.w) N.N.***

N.N. soll nicht hören	«N.N. soll nichten» (zu) hören  ***jm(j) sḏm.w N.N.***

Beispiel:

295  *jm(j)=k ḏd(.w) sw n […] jmj jw(j.w) N.N. pn r=k*, «Du sollst nichten (zu) sagen es den […]; dieser N.N. soll nichten (zu) kommen gegen dich.» > «Du sollst es nicht den […] sagen, damit dieser N.N. nicht gegen dich komme.»[664]

Allerdings kommt es auch vor, dass bei pronominalem Subjekt dieses als Suffixpronomen hinter dem bedeutungstragenden Verb steht: ***jm(j) sḏm=f*** (statt ***jm(j)=f sḏm.w***). Wie die Formen in diesem Fall aufzufassen sind, ist fraglich – diese Konstruktion dürfte in Analogie zu der mit nominalem Subjekt entstanden sein. Beispiel:

296  *jm(j) ḫr(.w) Rꜥ hꜣb kꜣ=f jm(j) ḫr=j hꜣb=j kꜣ=j*, «Re, der seinen Ka aussendet, soll nicht fallen, und auch ich will nicht fallen, wenn ich meinen Ka aussende.»[665]

662 Oasenmann B1, 162.

663 Pap. Ebers 110, 3: Grundriss der Medizin, Bd. 5, 398, Eb 877.

664 CT VI, 295e–g (Spr. 667, B1Bo).

665 CT VI, 207o–p (Spr. 586, S1C).

22.6 Zusammenfassende Übersicht

n(j) 𓂜 [/m/??]

Kontradiktorisch; negiert die Aussage: «Nicht: S ist P» / «Nicht: S hört O».

Kap. 22.1.2, 22.2.1, 22.3.1f., 22.3.4, 22.3.5.

Satz mit nominalem P	*n(j) – P – S*	«S ist nicht P»
Satz mit verbalem P	*n(j) – sḏm=f* *n(j) – sḏm.n=f* *n(j)-sp – sḏm=f* *n(j) – sḏm.t=f*	entspr. positivem *sḏm.n=f* «er hört nicht / kann/konnte nicht h.» «er hörte niemals» «ohne dass / bevor er hörte»

n(j) … js 𓂜 … 𓇋𓋴 und *n(j)-js* 𓂜𓇋𓋴

(Kann seit ca. dem Mittleren Reich durch *nn … js* und *nn-js* ersetzt sein.)

Konträr; negiert einen fokussierten Satzteil und drückt explizit oder implizit einen Gegensatz aus: «nicht …, sondern …» / «…, und nicht …» / «…, aber nicht …».

Kap. 22.1.3, 22.2.2–4, 22.3.6f.

Satz mit nominalem P	*n(j)* – S – *js* – P *n(j)* – P – *js* – *pw* *n(j)* – P – *js* – *pw* – S *n(j)-js* – ADV *n(j)-js* S – P	«S ist nicht P_1, (sondern … P_2)» «nicht P_1 ist es, (sondern … P_2)» «S ist nicht P_1, (sondern … P_2)» «…, und/aber nicht …» Spaltsatz: «nicht S ist es, der …»
Satz mit verbalem P	*n(j) – sḏm=f – js* – … *n(j)-js – sḏm=f*	«…, und/aber er hört nicht …», «…, wenn nicht/ausser er hört»

nn 𓂜𓈖 [/n/ ??] altäg. 𓈖 / 𓂜 / 𓂜𓈖

Konträr, exklusiv oder denegativ; negiert das Vorhandensein des Subjekts.

Kap. 22.1.4, 22.2.5f., 22.3.3f., 22.3.8.

Satz mit adverbialem Prädikat	*nn* – S – ADV oder *nn* – S – Ø
Pseudoverbale Konstruktion	*nn* – Präp. + Infinitiv oder *nn* – Pseudopartizip
Satz mit verbalem Prädikat: prosp./subj.	*nn (< n(j))* – prosp./subj. *sḏm=f*-Form *nn-sp (< n(j)-sp)* – prosp./subj. *sḏm=f*-Form

tm (2rad.)  : «vollenden/zu Ende bringen/nicht sein» Negiert nominale und nominalisierte Formen; das bedeutungstragende Verb folgt der betreffenden Form im Negativkomplement (*sḏm.w*). Kap. 22.4.	
Infinitiv	Infinitiv von *tm – sḏm.w*
Partizipien	Partizip von *tm – sḏm.w*
Relativformen	Relativform von *tm – sḏm.w*
Nominalisierte Verbalformen (Kap. 10.2.2)	Nomin. Verbform von *tm – sḏm.w*
jm(j) (IIIinf.)  : «nicht (zu) tun» Negiert Imperativ und Subjunktiv; das bedeutungstragende Verb folgt der betreffenden Form im Negativkomplement (*sḏm.w*). Kap. 22.5.	
Imperativ	*m sḏm.w*
Subjunktiv	*jmj=f sḏm.w* (auch: *jmj sḏm=f*)
jwtj usw.: negatives Relativpronomen, siehe Kap. 21.3.	
jwtj – beliebiger Satz	«der, wovon (gilt): nicht (ist) ...»/«der, wovon nicht gilt: …»

Übung 22

1.  666
2.  667
3.  668
4.  669
5.  670
6.  671

666 Oasenmann B1, 214. – *grg*, «rüsten/(vor)bereiten».

667 Pap. UC 32057 (lot VI.1), Fall 27, Kol. 3, Z. 17: Collier/Quirke, UCL Lahun Papyri: Religious, 63.

668 Sinuhe B 226f. – *sḫs*, «eilig laufen».

669 Ptahhotep 99 (P). – *ḫrw*, «Schrecken».

670 CT III, 171j–l (Spr. 213, T1C). – ⚘ für *wnm*: *ḥs*, «Exkremente»; *wsš.t*, «Urin».

671 Ptahhotep 550f. (P).

23 Hilfsverben

23.1 Grundsätzliches und Übersicht

23.1.1 Auch das Ägyptische kennt neben **Vollverben** solche Verben, die daneben auch als sog. **Hilfsverben** verwendet werden. Hilfsverben bewirken die semantische Modifikation eines Satzes.[672] In Verbalsätzen tritt das modfizierende Verb vor das bedeutungstragende Verb. Als Übersetzung eignet sich im Deutschen häufig eine adverbiale Wendung (z.B. «er arbeitete weiter») oder der Anschluss des bedeutungstragenden Verbs im Infinitiv (z.B. «er fuhr fort zu arbeiten»).

Je stärker das Hilfsverb grammatikalisiert ist, desto mehr tritt es semantisch in den Hintergrund. So ist das Verb *sḏr*, als Vollverb mit der Bedeutung «schlafen» und als Hilfsverb mit der Bedeutung «nachts tun», sehr schwach grammatikalisiert. Die Verben *ʿḥʿ* und *wnn* dagegen, als Vollverben mit der Bedeutung «aufstehen» bzw. «(da) sein/existieren», sind sehr stark grammatikalisiert, kommen entsprechend häufig vor und sind in der Übersetzung meist durch semantisch schwach konnotierte Wendungen wie «dann» oder gar Ø wiederzugeben.

23.1.2 Bereits bekannte Hilfsverben sind:

– *rḏj*, das als Vollverb («geben») wie auch als Hilfsverb («veranlassen», mit dem nachfolgenden jussivischen Subjunktiv) vorkommen kann (Kap. 12.2.3),

672 In der deutschen Grammatik können folgende Untergruppen unterschieden werden: Eigentliche Hilfsverben dienen der Bildung analytischer Verbformen («haben», «sein», «werden»). Modalverben dienen der Modifikation bezüglich bestimmter Geltungsbedingungen («wollen», «sollen», «dürfen», «mögen», «müssen», «können», «lassen»). Dazu gehören im Deutschen auch andere Verben, die, stets mit «zu» + Infinitiv verwendet, gelegentlich modifizierend gebraucht und quasimodale oder modifizierende Verben genannt werden («brauchen», «pflegen», «scheinen», «vermögen», «drohen»). Formverben beziehen sich auf eine bestimmte Phase des Verbalinhaltes («anfangen», «fortfahren», «aufhören»). Funktionsverben bilden zusammen mit einem zusätzlichen Nomen ein sog. Funktionsverbgefüge («zur Sprache bringen», «Rache nehmen»). Das Funktionsverbgefüge kann durch das dem zusätzlichen Element zugrundeliegende Verb ersetzt werden («besprechen» resp. «rächen»).

- ***rḫ***, «kennen», das auch als modifizierendes Verb mit der Bedeutung «können» (mit Infinitiv) verwendet werden kann (z.B. Übung 17, Satz 6),
- ***jrj***, «machen/tun» + Infinitiv, zuweilen als Hilfsverb gebraucht, so bei Verbklassen mit mehr als drei Radikalen (im Mittelägyptischen noch selten), bei Bewegungsverben und selten in der Umschreibung des Imperativs (Kap. 15.3.2) und in der Konstruktion Infinitiv – *pw* – Relativform/passives Partizip (Kap. 20.3).
- die Negationsverben ***tm***, «vollständig sein/zu Ende sein/nicht sein», (Kap. 22.4) und ***jmj***, «nicht sein/nicht tun», (Kap. 22.5), die ebenfalls zu der Kategorie der Hilfsverben zu rechnen sind.

23.1.3 Weitere modifizierend verwendete Verben sind:

	*š3ʿ*	«anfangen/als erster tun/erstmals tun»
	*sḏr*	(«schlafen/die Nacht verbringen» >) «nachts tun»
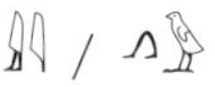	*jjj/jwj*	(«kommen» >) «schliesslich sein/tun»
	*prj*	(«hinausgehen» >) «schliesslich sein/tun»
	*ḏr*	«schliesslich sein/tun» (von *ḏr*, «Ende/Grenze»)
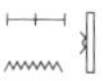	*qn* resp. *ʿḏn*[673]	«aufhören»
	*p3*	«in früherer Zeit gewesen sein/getan haben» (von *p3(w).t*, «Vorzeit»)
	*wḥm*	(«wiederholen» >) «wieder/nochmals tun»

Folgende Konstruktionen sind anzutreffen:

a) Hilfsverb in der erforderlichen Verbalform – bedeutungstragendes Verb im Infinitiv. Beispiele:

297  *n(j)-sp p3=t(w) jr(j).t st ḏr h3w nswt-bjtj Snfrw m3ʿ-ḫrw*, «Niemals hat man es getan seit der Zeit des Königs von Ober- und Unterägypten, Snofru, selig.»[674]

298 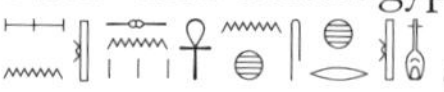 *qn=sn / ʿḏn=sn ʿnḫ sḫr nfr*, «Sie haben aufgehört, auf angenehme Art zu leben.»[675]

673 Joachim Friedrich Quack, Zur Lesung von Gardiner Sign-List Aa 8, in: LingAeg 7, 2000, 219–224.

674 Sinai, Nr. 141, Z. 10f.

675 Israelstele, Z. 10: W. M .Flinders Petrie, Six Temples at Thebes, London 1897, Taf. 13f.

b) Hilfsverb und bedeutungstragendes Verb meist in der *sḏm.n=f*-Form, wobei das Hilfsverb das Subjekt Ø hat: *prj.n=Ø – sḏm.n=f.* Beispiele:

299 

pr(j).n=Ø fqꜣ.n=f ẖr(j)-ḥb(.t) ḥrj-tp Ḏꜣḏꜣ-m-ʿnḫ m bw nb nfr, «Schliesslich belohnte er den obersten Vorlesepriester Djadjaemanch mit allerlei Gutem.»[676]

300  *sḏr.n=Ø qꜣs.n=j pḏ.t=j*, «Nachts spannte ich meinen Bogen.»[677]

Zu den stärker grammatikalisierten Hilfsverben *ḫpr, wnn* und *ʿḥʿ* siehe Kap. 23.2–4.

23.2 Das Hilfsverb *ḫpr*, «geschehen»

ḫpr.n=Ø und *ḫpr=Ø* hat die Bedeutung «Es geschah, dass …» resp. «Es wird geschehen, dass …». Darauf kann ein Satz mit nominalem oder mit verbalem Prädikat folgen.[678] Die Konstruktion mit diesem Hilfsverb markiert meist eine(n) neue(n) oder zusätzliche(n) Gedanken oder Tatsache. Als Übersetzung eignet sich im Deutschen besser eine leicht hervorhebende Partikel wie etwa «nun», «aber» o.ä. Beispiele:

301  *ḫpr.n=Ø rḏ(j).tw=j ḥr ẖ.t=j r dwꜣ-nṯr n=f*, «Es geschah, dass ich auf meinen Leib gegeben war, um ihm (dem Schlangengott) Preis zu geben» > «Ich aber warf mich nieder, um ihm zu danken.»[679]

302  *ḫpr=Ø js jwd=k tw r s.t tn*, «Es wird auch geschehen, dass du dich trennst von diesem Ort.» > «Überdies wirst du diesen Ort verlassen [und diese Insel nie mehr sehen].»[680]

676 Pap. Westcar 6, 14f. – ⟨ ⟩ für ⟨ ⟩.

677 Sinuhe B 127. Die hier unter a) aufgeführte Konstruktion ist zu vermuten in der Hs. oG: ////// *[qꜣ]s pḏ.t{t}=j.*)

678 Der auf *ḫpr* / *ḫpr.n* folgende Satz ist offensichtlich nicht als Subjektssatz aufzufassen (siehe 7.4.3 und 10.4.2) oder wurde nicht mehr als solcher empfunden. Vgl. Mark Collier, *Ḫpr* and the «Raising» Paradigm in Middle Egyptian, in: Wepwawet 3, 1987, 1–10.

679 Schiffbrüchiger 166f.

680 Schiffbrüchiger 153.

23.3 Das Hilfsverb *wnn*, «sein»

23.3.1 Da *wnn* zu den Verba IIgem. gehört und zudem als zweiten Radikal *n* hat, sind etliche Formen der Suffixkonjugation von diesem Verb nicht eindeutig bestimmbar. Zur Rekapitulation:

	*wn=f*	unmarkiertes, perfektives *sḏm=f*
		subjunktives *sḏm=f*
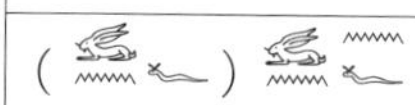	*wnn=f*	prospektives *sḏm=f*
		markiertes *sḏm=f*
	wn.n=f	*sḏm.n=f*-Form (vgl. Kap. 11.1.1)

23.3.2 Als **Vollverb** hat *wnn* die Bedeutung «sein/existieren/da sein». Beispiele:

303  *jw ms m(w)t nb m ntj wn*, «Ja, jeder, der tot ist, ist (wie) einer, der existiert.»[681] Perfektives Partizip.

304  *jw wn nḏs […]*, «Es gibt da einen Bürger […]».[682] Unmarkierte *sḏm=f*-Form.

305  *wn.kwj rf dwn.kwj ḥr ẖ.t=j ḫm.n(=j) wj m-bꜣḥ=f*, «Ich war (zwar) da, ausgestreckt auf meinem Bauch, (aber) ich wurde ohnmächtig in seiner Gegenwart.»[683] Pseudopartizip.

306 
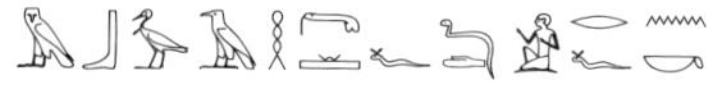
wn.k(wj) rf dmꜣ.kwj ḥr ẖ.t=j dmj.n=j sꜣtw m-bꜣḥ=f ḏd=j rf n={k}<=f> […], «Ich war da, ausgestreckt auf meinem Bauch, ich berührte den Boden vor ihm. Nun sprach ich zu <ihm>: […]».[684] Pseudopartizip.

681 Admonitions 3, 14.
682 Pap. Westcar 6, 26.
683 Sinuhe B 252f.
684 Schiffbrüchiger 136–138.

Zu unterscheiden sind:

- *jw wn nḏs* «Es existiert ein Bürger/Es gibt einen Bürger»
- *jw=f m nswt* «Er ist König» (siehe Kap. 9)
- *ntf sꜣ Wsjr* «Er ist der Sohn des Osiris» (siehe Kap. 8.3)
- *nfr sw* «Er ist ein Guter/Er ist gut» (siehe Kap. 8.3)
- *ntf pw* «Er ist es» (siehe Kap. 8.4)

23.3.3 Als **Hilfsverb** ermöglicht *wnn,* einem zugrundeliegenden Satz mit nonverbalem Prädikat (Kap. 24.3.4), Pseudoverbalsatz (Kap. 24.3.5) oder Satz mit verbalem Prädikat (Kap. 24.3.6) ein zusätzliches semantisches Merkmal hinzuzufügen. Die beiden zuerst genannten Satzarten werden dadurch formal zu Verbalsätzen.[685]

23.3.4 Das Hilfsverb *wnn* wird **Sätzen mit nonverbalem Prädikat** (Kap.8 und 9) hinzugefügt, wenn Tempus/Aspekt/Aktionsart besonders markiert werden sollen – Spezifikationen, die der blosse Satz mit nonverbalem Prädikat nicht anzugeben vermag. Beispiele:

307  *wnn=f m ḫbd n Rʿ*, «Er soll/möge in der Ungnade Res sein.»[686] Das Hilfsverb *wnn* in der Form *wnn=f* (prospektive *sḏm=f*-Form) bewirkt, dass das Merkmal [+ PROSPEKTIV] dem zugrundeliegenden Satz mit adverbialem Prädikat **jw=f m ḫbd n Rʿ*, «Er ist in der Ungnade Res», hinzugefügt wird.

308  *jw=k m nṯr wnn=k m nṯr*, «Du bist ein Gott und du wirst ein Gott sein.»[687] Das Hilfsverb *wnn* in der Form *wnn=f* (prospektive *sḏm=f*-Form) bewirkt, dass das Merkmal [+ PROSPEKTIV] dem zugrundeliegenden Satz mit adverbialem Prädikat *jw=k m nṯr*, der unmittelbar davorsteht, hinzugefügt wird.[688]

309  *wn=j jm=f ḥnʿ sn.w=j*, «Ich befand mich auf ihr (der Insel) zusammen mit meinen Geschwistern.»[689] Das Hilfsverb *wnn*

685 In dieser Funktion wird *wnn* auch Konverter genannt.

686 Statue des Wersu: F. Ll. Griffith, A New Monument from Coptos, in: JEA 2, 1915, 5–7, Taf. 2.

687 CT I, 55b (Spr. 19, B1P).

688 Oder das Merkmal [+ DURATIV]: «Du bist und bleibst ein Gott»?

689 Schiffbrüchiger 125f.

in der Form *wn=f* (unmarkierte, perfektive *sḏm=f*-Form) bewirkt, dass das Merkmal [+ VERGANGENHEIT] dem zugrundeliegenden Satz mit adverbialem Prädikat **jw=j jm=f*, «Ich befinde mich/befand mich/werde mich befinden auf ihr», hinzugefügt wird.

310  *n(j) wnn=f n(j) wnn sꜣ=f ḥr ns.t=f*, «Er wird nicht (mehr) da sein, (und) sein Sohn wird nicht (mehr) auf seinem Thron sein.»[690] Das Hilfsverb *wnn* in der Form *n(j) wnn=f* (negierte prospektive *sḏm=f*-Form) bewirkt, dass das Merkmal [+ PROSPEKTIV] dem zugrundeliegenden Satz mit adverbialem Prädikat **nn sw nn sꜣ=f ḥr ns.t=f*, «Er ist nicht (mehr) da, (und) sein Sohn ist nicht (mehr) auf seinem Thron», hinzugefügt wird.

311  *wn.ḫr=f m ḥs(j) r wry.t*, «(Der König ist ja ein steinerner Damm;) und so ist er einer, der dem Hochwasser entgegentritt/entgegentreten soll.»[691] Das Hilfsverb *wnn* in der Form *wn.ḫr=f* (*sḏm.ḫr=f*) bewirkt, dass das Merkmal [+ MODALE FOLGE] dem zugrundeliegenden Satz mit adverbialem Prädikat **jw=f m ḥs(j) r wry.t*, «Er ist einer/der, welcher dem Hochwasser entgegentritt», hinzugefügt wird.

312  *wn.jn nfr st ḥr jb=f*, «Und dann war es gut in seinem Herzen.»[692] Das Hilfsverb *wnn* in der Form *wn.jn* (*sḏm.jn=f*-Form) bewirkt, dass das Merkmal [+ TEMPORALE FOLGE] dem zugrundeliegenden Satz mit nominalem Prädikat **nfr st ḥr jb=f*, «Gut ist es in seinem Herzen», hinzugefügt wird. (Das, was nach der Form von *wnn* steht, ist ein intakter Satz mit nominalem Prädikat, in dem der Ausdruck des Subjekts den Regeln des Satzes mit nominalem Prädikat folgt: *wn.jn* + *nfr st*, nicht: *wn.jn=s nfr ...*)

23.3.5 Das Hilfsverb *wnn* wird der **pseudoverbalen Konstruktion** (Kap. 16.5 und 17.5) hinzugefügt, wenn Tempus/Aspekt/Aktionsart in einer Art spezifiziert werden soll, die diese nicht oder nicht eindeutig anzugeben vermag. Beispiele:

690 Urk. VII, 30, 3.

691 Tempel der Hatschepsut: Pierre Lacau/Henri Chevrier, Une chapelle d'Hatshepsout à Karnak, Bd. 1, Le Caire 1977, 126.

692 Oasenmann B2, 131.

313  *wn=t(w) ḥr qd ḫnr.t pn* [sic], «Man war dabei, diese Einzäunung zu errichten.»[693] Das Hilfsverb *wnn* in der Form *wn=f* (unmarkierte, perfektive *sḏm=f*-Form) bewirkt, dass das Merkmal [+ VERGANGENHEIT] der zugrundeliegenden pseudoverbalen Konstruktion **jw=tw ḥr qd ḫnr.t pn*, «Man ist/war dabei, diese Einzäunung zu errichten», hinzugefügt wird. Der imperfektive Aspekt der Konstruktion S – Präp. + Inf. bleibt bestehen.

314  *wn.jn sḫtj pn ḥr rm(j).t ꜥꜣ.w wr.t*, «Und so weinte dieser Bauer gar sehr»,[694] Das Hilfsverb *wnn* in der Form *wn.jn* bewirkt, dass der zugrundeliegenden pseudoverbalen Konstruktion **jw=f ḥr rmj.t*, «er war dabei, zu weinen», das Merkmal [+ TEMPORALE FOLGE] hinzugefügt wird.

315 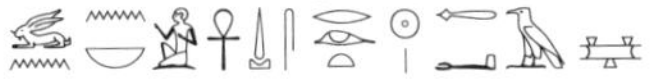 *wnn nb=j ꜥnḫ(.w) wḏꜣ(.w) snb(.w) r jr(j).t hrw ꜥꜣ*, «Mein Herr – er lebe, sei heil und gesund – wird hier regelmässig den Tag verbringen.»[695] Das Hilfsverb *wnn* in der Form *wnn=f* (markierte *sḏm=f*-Form) bewirkt, dass der zugrundeliegenden Konstruktion **jw nb=j [...] r jrj.t [...]*, «Mein Herr [...] wird verbringen [...]», das Merkmal [+ ITERATIV] hinzugefügt wird.

316  *jr skk rnp.wt m ḥsy wnn bꜣ=f ꜥnḫ(.w) r-ꜥ nb-r-ḏr*, «Was den betrifft, der die Jahre als Gelobter verbringt (imperfektives Partizip), so wird dessen Ba beim Allherrn am Leben sein/leben.»[696] Das Hilfsverb *wnn* in der Form *wnn=f* (prospektive *sḏm=f*-Form) bewirkt, dass der zugrundeliegenden Konstruktion **[...] bꜣ=f ꜥnḫ(.w) r-ꜥ nb-r-ḏr*, «[...] dessen Ba ist am Leben/lebt beim Allherrn», das Merkmal [+ PROSPEKTIV] hinzugefügt wird.

317  *m=ṯ wn.n=f wꜥr(.w) m=ṯ rḏ(j).n=j sw n ḫnr.t n sḏm*, «Siehe, er war entflohen. Siehe, ich habe ihn dem Gefängnis übergeben zum Verhör.»[697] Das Hilfsverb *wnn* in der Form *wn.n=f* (*sḏm.n=f*-Form) bewirkt, dass der zugrundeliegenden Konstruktion

693 Graffito: Zbynek Žába, The Rock Inscriptions of Lower Nubia, Prague 1974, 99, Nr. 73, Z. 6.

694 Oasenmann B1, 55f. – – statt .

695 Pap. UC 32203 (lot III.3), Verso, Kol. 2: Collier/Quirke, UCL Lahun Papyri: Letters, 116.

696 Urk. IV, 62, 5f.

697 Pap. UC 32209 (lot XII.1), Recto, 5f.: Collier/Quirke, UCL Lahun Papyri: Letters, 128.

**m=ṯ sw wꜥr(.w) […]*, «Siehe, er ist geflohen […]», das Merkmal [+ VORZEITIGKEIT] hinzugefügt wird.

23.3.6 Das Hilfsverb *wnn* kommt in **Sätzen mit verbalem Prädikat** erwartungsgemäss seltener vor. Es kann hinzugefügt werden, wenn eine Aktionsart spezifiziert werden soll, die der Verbalsatz nicht oder nicht eindeutig auszudrücken vermag.

318  *wn.jn ḫnn sdb=f ḥr mw*, «Und so hing sein Saum ins Wasser.»[698] Das Hilfsverb *wnn* in der Form *sḏm.jn=f* bewirkt, dass der zugrundeliegenden Konstruktion **jw ḫnn sdb=f ḥr mw*, «Sein Saum hing ins Wasser», das Merkmal [+ FOLGE] hinzugefügt wird, das der markierten *sḏm=f*-Form mit dem Merkmal [+ DURATIV] nicht eigen ist.

319  *wnn=j wšd=j ḥmw.t ḥr=s*, «Ich befragte immer wieder die Handwerker deswegen.»[699] Das Hilfsverb *wnn* in der Form *jrr=f* (markierte *sḏm=f*-Form) bewirkt, dass der zugrundeliegenden Konstruktion **wšd=j ḥmw.t ḥr=s* (virtuelles markiertes *sḏm=f*) *[…]*, «Ich befragte die Handwerker deswegen», das Merkmal [+ ITERATIV] hinzugefügt wird.

320  *wnn=j mꜣꜥ=j r bjꜣ pn*, «Ich hatte mich immer wieder in dieses Minengebiet begeben.»[700] Das Hilfsverb *wnn* in der Form *jrr=f* (markierte *sḏm=f*-Form) bewirkt, dass der zugrundeliegenden Konstruktion **jw mꜣꜥ=j* (virtuelles markiertes *sḏm=f*) *r bjꜣ pn*, «Ich hatte mich in dieses Minengebiet begeben», das Merkmal [+ ITERATIV] hinzugefügt wird.

23.3.7 Im Neuägyptischen stehen analytische Verbformen mit dem Hilfsverb *wnn* anstelle von synthetischen Verbformen. Solche Konstruktionen kommen zuweilen bereits im Mittelägyptischen vor, so v.a. *wn.jn sḏm=f* anstelle von *sḏm.jn=f.*[701]

321  *wn.jn ḥm=f hꜣb=f n=j […]*, «Und dann schickte seine Majestät los zu mir […]».[702] In diesem Fall ist das Subjekt vorgezogen: *wn.jn=f sḏm=f* (vgl. auch Kap. 14.2).

698 Oasenmann Bt 34f.

699 Sinai, Nr. 90, Z. 8.

700 Sinai, Nr. 90, Z. 13.

701 Loprieno, Ancient Egyptian, 185.

702 Sinuhe B 174f.

23.4 Das Hilfsverb *ꜥḥꜥ*, «aufstehen»

23.4.1 Konstruktionen mit dem Hilfsverb *ꜥḥꜥ*, «aufstehen», dienen dazu, **Ingressivität auf der Textebene** auszudrücken. In der Sequenz des Textes wird dadurch eine neue Etappe eingeleitet. Als Übersetzung eignet sich meist «Dann/Da ...».

Die durch *ꜥḥꜥ* ausgedrückte Ingressivität zielt nicht auf die semantische Ingressivität des auf *ꜥḥꜥ* folgenden Verbalinhalts (nicht: **ꜥḥꜥ.n šm.n=f ...*, «Er machte sich auf und ging ...» > «Er lief los ...»), sondern bezeichnet einen Sachverhalt, der – zeitlich auf das Vorhergehende folgend – eine neue Entwicklung in der Folge des Geschehens markiert (**ꜥḥꜥ.n šm.n=f ...*, «Dann ging er ...»).

Demgegenüber bezeichnen die Folgetempora (Kap. 14.1) einen Sachverhalt, der eng an das Vorhergehende anschliesst, d.h. eher eine Reaktion (* *šm.jn=f ...*, «Und dann/Und so ging er ...») als eine Aktion (**ꜥḥꜥ.n šm.n=f ...*, «Dann ging er ...»).

23.4.2 In **Konstruktionen mit dem Hilfsverb *ꜥḥꜥ*** erscheint das grammatikalisierte Verb *ꜥḥꜥ* entweder in der Form *sḏm=f*, wenn sich der Vorgang oder die Handlung auf die Gegenwart oder die Zukunft bezieht, oder in der Form *sḏm.n=f*, wenn sich der Vorgang oder die Handlung auf die Vergangenheit bezieht. Das bedeutungstragende Verb folgt in einer beliebigen Form der Suffixkonjugation oder als pseudoverbale Konstruktion I oder II. Im Falle der Suffixkonjugation kommen *ꜥḥꜥ* und *ꜥḥꜥ.n* meist ohne eigenes Subjekt vor: *ꜥḥꜥ.n Ø sḏm.n N.N.*, «Dann hörte N.N.», *ꜥḥꜥ.n Ø sḏm.n=f*, «Dann hörte er». Das Subjekt kann aber vorgezogen werden und wird dann beim bedeutungstragenden Verb durch das Suffixpronomen wiederaufgenommen: *ꜥḥꜥ.n N.N. sḏm.n=f*, «Dann hörte N.N.», *ꜥḥꜥ.n=f sḏm.n=f*, «Dann hörte er». Folgende Konstruktionen sind belegt:

– *ꜥḥꜥ* + subjunktives *sḏm=f*
– *ꜥḥꜥ* + *sḏm.ḫr=f*[703]
– *ꜥḥꜥ* + *sḏm.w=f*-Passiv[704]
– *ꜥḥꜥ=f* + Pseudopartizip
– *ꜥḥꜥ.n* + *sḏm.n=f* (*ꜥḥꜥ.n N.N. sḏm.n=f, ꜥḥꜥ.n=f sḏm.n=f*)
– *ꜥḥꜥ.n* + *sḏm=f*

703 Gardiner, EG, 392, § 477.

704 Gardiner, EG, 392, § 477.

– *ḥ*ʿ*.n* + *sḏm.w=f*-Passiv
– *ḥ*ʿ*.n=f* + *ḥr* + Inf.
– *ḥ*ʿ*.n=f* + Pseudopartizip

23.4.3 Beispiele:

322  *ḥ*ʿ*=f m*ꜣ*.n=f ḥr* ʿ*(.wj)=fj*, «[Seine beiden Augen werden bestrichen mit seiner Hand, (nämlich) dessen, der unter der *š*ꜣ*rw*-Krankheit (leidet)]. Dann soll er sofort sehend werden […]».[705]

323  *ḥ*ʿ*=s h*ꜣ*(j).tj ḥr-*ʿ, «Dann wird sie (d.h. die Schwellung) sogleich verschwunden sein.»[706]

324  *ḥ*ʿ*.n sbt.n=f jm=j*, «Dann lachte er über mich.»[707]

325  *ḥ*ʿ*.n rḏj=f wj m r*ꜣ*=f*, «Dann nahm er mich in sein Maul.»[708]

326  *ḥ*ʿ*.n š*ʿ*.w nḥb.t=s*, «Dann wurde ihr Hals durchgeschnitten.»[709]

327  *ḥ*ʿ*.n=tw ḥr jw*ʿ*=j m nbw*, «Dann belohnte man mich mit Gold.»[710]

Übung 23

1.  711
2.  712
3.  713

705 Pap. BM 10059, 12, 1: Grundriss der Medizin, Bd. 5, 85, L 34. – Zu *m*ꜣ*.n=f* vgl. Kap. 12.2.1.
706 Pap. Ebers 51, 18: Grundriss der Medizin, Bd. 5, 244, Eb 294.
707 Schiffbrüchiger 149.
708 Schiffbrüchiger 76f.
709 Hammamat, Nr. 110, Kol. 6.
710 Urk. IV, 7, 16.
711 Oasenmann B1, 114. –  statt .
712 Oasenmann B1, 115f.
713 Oasenmann B1, 217f.

24 Hypotaktische Konstruktionen und Konjunktionen

24.1 Hypotaktische Konstruktionen

24.1.1 Im Hinblick auf das Ägyptische empfiehlt es sich, zu unterscheiden zwischen **Initialität/Nichtinitialität** und **Parataxe/Hypotaxe**. Bei der Besprechung der adverbialen Nominalsätze ist festgestellt worden, dass – und das lässt sich für alle Satzarten verallgemeinern – mit initialen Sätzen, die durch die Partikeln *jw* oder *m=k* markiert sein können, in erster Linie eine kotextuelle Kategorie gemeint ist, und dass auch ein nichtinitialer Satz ein Hauptsatz sein kann (Näheres siehe Kap. 9.1.2). Unter Haupt- und Nebensatz ist dagegen eine syntaktische Kategorie gemeint, wobei ein Nebensatz untergeordnet oder eingebettet ist unter bzw. in einen hierarchisch höheren Satz (Hypotaxe). Untergeordnete Sätze sind, im Gegensatz zu nichtinitialen Sätzen, syntaktisch nicht autonom.

Es ist stets zu beachten, dass ein Nebensatz in der Übersetzungssprache längst nicht immer einem Nebensatz im Ägyptischen entspricht. Während im Deutschen Initialität in der Regel nicht markiert wird, ist dies im Ägyptischen sehr häufig der Fall. Umgekehrt können hypotaktisch verwendete Sätze im Ägyptischen auch uneingeleitet sein, und in ihrer Wortstellung unterscheiden sie sich nie von parataktisch verwendeten Sätzen, wohingegen das Deutsche in Nebensätzen häufig Inversion von Subjekt und Verb zeigt.

Zu betonen ist ferner, dass Verhältnis- (Kausal-, Konsekutiv-, Final-, Konditionalsätze usw.) und Inhaltssätze (Subjekts- und Objektssätze oder *dass*-Sätze) im Ägyptischen sehr oft nicht morphologisch markiert, sondern nur kotextuell erschliessbar sind (vgl. auch Kap. 7.4). Insbesondere kann, wie in Kap. 10.4.4 erwähnt, bei Nominalisierung des Verbalinhalts die syntaktische zugunsten der aspektuellen Opposition neutralisiert werden.

Im Falle von Befehlssätzen (Objektssätzen) besteht, wie wir gesehen haben, neben der Nominalisierung durch die markierte *sḏm=f*-Form (*prr(=j)* in **093** *jw grt wḏ.n ḥm=f prr(=j) r ḫ ꜣs[.t tn]*) auch die Möglichkeit, den Befehl im Subjunktiv auszudrükken (*hꜣy=k* in **110** *wḏ.n Jnpw ḫntj sḥ-nṯr hꜣy=k m sbꜣ m dwꜣ-nṯr*). Die erste Möglichkeit kann als indirekte Rede (oder als Kontextform), die zweite als direkte Rede (oder als Zitierform) aufgefasst werden.[714] Eine weitere, seltenere Möglichkeit besteht darin, den Inhalt des Befehls im Infinitiv wiederzugeben:

328 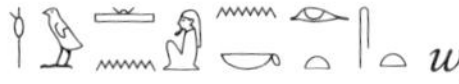 *wḏ.n=j n=k jr(j).t st*, «Ich befahl dir, es zu tun.»[715]

Auch bei Finalsätzen, kann die subjunktive anstelle der markierten *sḏm=f*-Form stehen, da Finalsätze eng mit Wunschsätzen verwandt sind: «Ich bin gekommen, (indem/weil ich will), dass ich dich anbete» = «[...], damit ich dich anbete.»[716] Deutlich zeigt sich das im Falle von mit *tm* resp. *jmj* negierten Finalsätzen:

329  *m qꜣ(j.w) jb=k tm=f dḥj(.w)*, «Erhebe nicht dein Herz, damit es nicht gedemütigt werde.»[717] Vgl. auch **285**.

330  *jm(j)=k jw(j.w) jr bw nt(j) W. jm jm(j)=f ḏd(.w) rn=k pw r=k*, «Du sollst nicht an den Ort, an dem W. ist, kommen, damit er nicht diesen deinen Namen nenne gegen dich.»[718]

24.1.2 Elemente, die Hypotaxe markieren, sind:

- Partikel *jsṯ*, «übrigens/wobei» (Kap. 4.1.2)
- Partikel *jr*, «was betrifft/wenn» (Kap. 4.1.2, 4.2.6 und 24.4)
- Präpositionen (Kap. 4.2.6, 16.3.3 und 24.2)
- Relativpronomina (Kap. 21)
- Konjunktion *wnt*, «dass» (Kap. 24.3)
- Konjunktion *ntt*, «dass» (Kap. 24.3)

24.2 Präpositionen und Konjunktionen

24.2.1 Präpositionen können im Ägyptischen, auch wenn sie zusammengesetzt sind, nicht nur vor Nomina stehen, sondern auch vor nominalisierten Verbalfor-

714 Vgl. Karl Jansen-Winkeln, Zitierform und Kontextform, in: GM 154, 1996, 45–48.

715 Urk. IV, 618, 16.

716 Jansen-Winkeln, in: GM 146, 1995, 51.

717 Ptahhotep 374 (P).

718 Pyr. 434d–e (Spr. 293, W).

men, d.h. vor Partizipien, Infinitiven und vor Formen der Suffixkonjugation (*sḏm=f, sḏm.n=f, w.*-Passiv und *sḏm.t=f* [vgl. Kap. 22.3.5]), selten vor dem Pseudopartizip.[719] Wenn Präpositionen nicht eine Nominalphrase, sondern einen Satz einleiten, so werden sie zu Konjunktionen, die Verhältnissätze einleiten (vgl. Kap. 16.3.3), z.B.:

	Präposition:	Konjunktion:	Nebensatz:
n	«für/wegen»	«weil»	kausal
r	«hinsichtlich/zu»	«um zu/dass/damit/ bevor»	final/konsekutiv/temporal
m	«in/mit/durch»	«während/indem»	temporal/zirkumstantial
ḥr	«auf/über/wegen»	«indem/wobei/weil»	zirkumstantial/kausal
ḫft	«in Gegenwart von/gemäss»	«während/wenn»	temporal
m-ḫt	«nach»	«nachdem»	temporal
tp-ʿ	«vor»	«bevor»	temporal

Beispiele:

331  *[...] r ḫpr.n sꜣ=s m nḫt-ʿ*, «[...] bis ihr Sohn stark geworden war.»[720]

332  *tp-ʿ sꜣḥ=n tꜣ*, «[Ein Sturm brach los, als wir im Meer waren,] bevor wir Land erreichten.»[721]

24.2.2 Entsprechend ihrer Fähigkeit, sich mit anderen Präpositionen oder mit Nomina zu verbinden, kommen auch Zusammensetzungen einer Präposition mit einer der allgemeinen Konjunktionen *wnt* oder *ntt* vor. Siehe Kap. 24.3.3.

24.2.3 Neben *wnt* und *ntt* (siehe 24.3) kennt das Ägyptische nur wenige **echte Konjunktionen**, die relativ selten vorkommen. Dazu gehören z.B.  *ṯf*, «wenn/während», sowie  *ṯnw* oder  *r-ṯnw*, «jedesmal wenn/sooft».

719 Gardiner, EG, 251, § 327.

720 Grabinschrift: Griffith, Siûṭ and Dêr Rîfeh, Tf. 15, Kol. 29 = Montet, in: Kêmi 3, 1930, Kol. 36.

721 Schiffbrüchiger 33f.

24.2.4 Die Präposition *r* hat ihre wohl ursprüngliche Form ***jr*** bewahrt als Partikel mit satzeinleitender hypotaktischer Funktion. Folgt nach *jr*, «was betrifft», nicht ein nominaler Ausdruck, sondern ein Satz, so bekommt *jr* die Bedeutung der **Konjunktion im Konditionalsatz** (Bedingungssatz): «wenn». Siehe Kap. 4.2.6 und 24.4.

24.3 Die Konjunktionen *wnt* und *ntt*, «dass»

24.3.1 Während die oben in Kap. 24.2.1 besprochenen Konjunktionen Verhältnissätze (Kausal-, Konsekutiv-, Final-, Konditionalsätze usw.) einleiten, werden im Ägyptischen als «neutrale Konjunktionen» zur Einleitung von Inhalts- oder Ergänzungssätzen – deutschem «dass» entsprechend – die Konjunktionen *wnt* und *ntt* verwendet. Der durch *wnt* und *ntt* eingeleitete Nebensatz kann nonverbal, pseudoverbal oder verbal sein.

Die ältere Konjunktion ***wnt***[722] ist als feminines substantiviertes perfektives Partizip zu erklären («das Seiende/die Tatsache»). Dagegen ist das jüngere ***ntt*** das feminine Relativpronomen («dasjenige, was ist/die Tatsache»).

24.3.2 Nach *wnt* und *ntt* folgt der Nebensatz ohne weitere Einleitung (ohne *jw*). Ist der Nebensatz ein Satz mit adverbialem Prädikat oder eine pseudoverbale Konstruktion mit pronominalem Subjekt, so wird dieses nach *wnt* durch das Suffixpronomen (oder seltener das enklitische Pronomen[723]), nach *ntt* durch das enklitische Pronomen ausgedrückt. Beispiele:

333  *[…] ḫft mꜣꜣ=f ntt štꜣw pw ꜥꜣ*, «[…] als er sah, dass es ein grosses Geheimnis war.»[724] *ntt* + Satz mit nominalem Prädikat (Schema P – *pw*).

722 Zu *wnt* als Partikel siehe Gardiner, EG, 185, § 249.

723 Z.B. Kapelle Louvre C 10: http://cartelen.louvre.fr/cartelen/visite?srv=car_not_frame&idNotice=18943: *j.ḏd=k n Ḥr wnt wj ḥꜥ(j).kwj m mꜣꜥ-ḫrw=f*, «Du sollst Horus sagen, dass ich froh bin über seinen Triumph.»

724 Tb 148: Édouard Naville, Das ägyptische Todtenbuch der XVIII. bis XX. Dynastie, Bd. 1, Berlin 1886, Taf. 167, Pc, Kol. 22.

334  *[...] r rḫ.t Stẖ wnt=sn ḥnꜥ=k*, «[...] bis Seth erfahren hat, dass sie mit dir sind.»[725] *wnt* + Satz mit adverbialem Prädikat. Zu *r rḫ.t* vgl. Kap. 22.3.5.)

335  *[...] r rḏ(j).t rḫ=k ntt ḥm=j ꜥnḫ(.w) wḏꜣ(.w) snb(.w) ḫꜥ(j.w) m nswt-bjtj*, «[...] dich wissen zu lassen, dass meine Maje-stät – sie lebe, sei heil und gesund – erschienen ist als König von Ober- und Unterägypten.»[726] *ntt* + pseudoverbale Konstruktion II.

336  *jw ḏd.n=sn wnt=s<n> r ẖnn mꜣꜥ.t*, «Sie sagten, dass sie die gerechte Weltordnung herausfordern würden.»[727] *wnt* + pseudoverbale Konstruktion I.

337  *ḏd.n=k r mḏꜣ.t=k tn wnt jn(j).n=k dng*, «Du hast in diesem deinem Brief gesagt, dass du einen Pygmäen mitgebracht hast.»[728] *wnt* + Satz mit verbalem Prädikat (*sḏm.n=f*-Form).

Im Falle der Sätze mit verbalem Prädikat ist die Verwendung einer Konjunktion fakultativ, da hier insbesondere die nominalisierten Formen der Suffixkonjunktion zur Vefügung stehen. Vgl. Kap. 10.4.2–4 und 22.4.5.

24.3.3 Wie *ntt* wird, v.a. in späterer Zeit, auch ***r-ntt*** (wörtlich: «in Bezug auf die Tatsache») verwendet.

Dagegen dienen Zusammensetzungen mit der Präposition *n* und mit mehrkonsonantigen Präpositionen mit *wnt* und v.a. mit *ntt* zur Bildung von Konjunktionen, die Verhältnissätze einleiten, z.B.:

Konjunktion:		Nebensatz:
n-wnt, «wegen der Tatsache, dass»	> «weil»	kausal
r-wnt, «zur Tatsache, dass»	> «bis dass/damit»	temporal/final
n-ntt, «wegen der Tatsache, dass»	> «weil»	kausal
ḥr-ntt, «wegen der Tatsache, dass»	> «weil»	kausal
mj-ntt, «wie die Tatsache, dass»	> «wie wenn/als ob»	komparativ

725 Tb 113: Kurt Sethe, Die Sprüche für das Kennen der Seelen der heiligen Orte (Totb. Kap. 107–109. 111–116), in: ZÄS 58, 1923, Taf. 29*, VI, 38, S 1.

726 Urk. IV, 80, 8f.

727 CT VI, 278d (Spr. 656, Th.T.319).

728 Urk. I, 128, 14f.

ḏr-ntt, «seit der Tatsache, dass»	> «seit/weil»	temporal/kausal
ḫft-ntt, «angesichts der Tatsache, dass»	> «weil»	kausal
m-ʿ-ntt, «durch die Tatsache, dass»	> «weil»	kausal

24.4 Der Konditionalsatz mit der Konjunktion *jr*

24.4.1 Ein Bedingungssatz kann im Ägyptischen als solcher markiert werden mittels der Konjunktion ***jr*, «wenn»** (eigentlich: «was betrifft ...», siehe Kap. 4.1.2 und 4.2.6). Der Bedingungssatz steht in der Regel vor dem Hauptsatz:

«wenn ...»	–	(«dann .../so ...»)
Bedingung	–	Folge
Protasis	–	Apodosis
Nebensatz	–	Hauptsatz

24.4.2 In Sätzen mit verbalem Prädikat steht für die erfüllt gedachte Bedingung in der Protasis die prospektive oder auch subjunktive *sḏm=f*-Form, für die unerfüllt gedachte Bedingung die *sḏm.n=f*-Form. Beispiele:

338  *jr sḏm=k nn ḏd(.w).n=j n=k wnn sḫr=k nb r ḥꜣ.t*, «Wenn du hörst auf das, was ich dir gesagt habe, (so) wird jeder dein Plan (an der Spitze sein) Erfolg haben.»[729] Hier ist der Hauptsatz ein Satz mit adverbialem Prädikat, der mit der prospektiven *sḏm=f*-Form des Hilfsverbs *wnn* eingeleitet ist.

339  *jr ḫꜣ(j)=k s [...] ḏd.ḫr=k [...] jr(j).ḫr=k [...]*, «Wenn du einen Mann untersuchst, der [...], dann sollst du sagen [...], dann sollst du tun [...]».[730]

340  *jr snm.n.tw=n n(j) gm(j).n=j ṯw*, «Wenn wir genährt worden wären, hätte ich dich nicht gefunden.»[731]

729 Ptahhotep 507f. (P).

730 Pap. Ebers 37, 10–12: Grundriss der Medizin, Bd. 5, 153f., Eb 191. – *ḫꜣj*, wörtlich «messen/abmessen», in medizinischen Texten (abgekürzt) «untersuchen».

731 Admonitions 12, 6. – Die Zeichen  in *snm* stehen im hieratischen Original übereinander und sind wohl aus  verschrieben.

24.4.3 Enthält die Protasis in der Tiefenstruktur einen Satz mit nonverbalem Prädikat, so wird dieser mit der prospektiven *sḏm=f*-Form des Hilfsverbs *wnn* eingeleitet, und der Bedingungssatz ist in seiner Oberflächenstruktur ein Satz mit verbalem Prädikat. Beispiel:

341 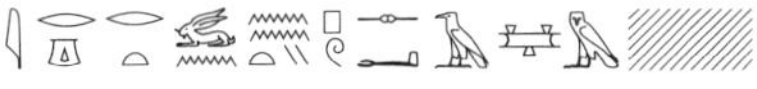 *jr grt wnn ntj pw ꜥꜣ m ////*, «Wenn es aber derjenige ist, der hier in //// ist, [(dann) ...]».[732] Der Satz, welcher der Protasis zugrundeliegt, ist ein Satz mit nominalem Prädikat des Schemas P – *pw*.

342  *jr wnn=k m sšmy (= sšmw) [...] ḥḥ(j) n=k sp nb mnḫ*, «Wenn du ein Leiter bist [...], (so) suche dir jegliches treffliche Mittel.»[733] Der Satz, welcher der Protasis zugrundeliegt, ist ein Satz mit adverbialem Prädikat: **jw=k m sšmy*.

Übung 24A

1.  734
2.  735
3. 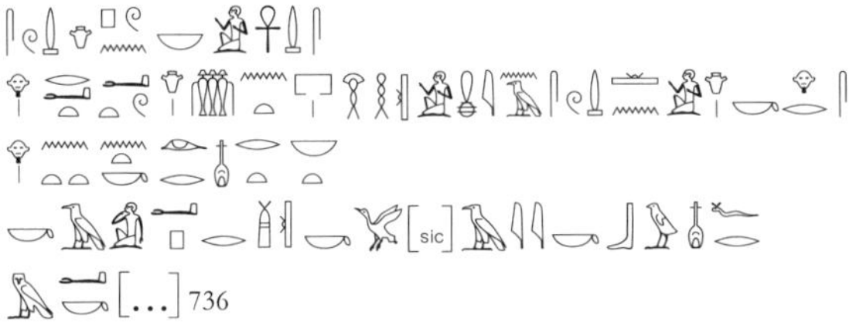 736

732 Pap. Berlin 10030 A, Z. 16: Luft, Illahun.

733 Ptahhotep 84–86 (P).

734 Himmelskuh, 19, Vers 215, T, Kol. 8.

735 Himmelskuh, 18, Vers 208, T, Kol. 4.

736 Pap. UC 32199 (lot II.2), Z. 5–9: Collier/Quirke, UCL Lahun Papyri: Letters, 96. – Zu *pꜣy=k* vgl. Kap. 6.5.4.

Übung 24B

Lob des Schreiberberufes:[737]

01  [738]

02 

03 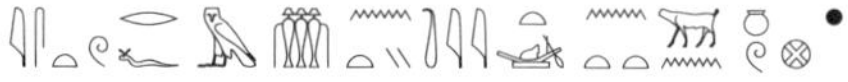 [739]

04  [740]

05  [741]

06 

07 

08  [742]

09 

10 

11  [743]

12  [744]

13  [745]

14  [746]

15  [747]

16 

737 Lehre des Cheti: Pap. Sallier II, III,9 – IV,4; IX,1–2; X,2: Stephan Jäger, Altägyptische Berufstypologien (LingAeg, Stud. monogr., Bd. 4), Göttingen 2004, Iff. Die Zeilenzählung entspricht nicht dem Original.

738 Das zweite ist überflüssig.

739  ist eine neuägyptische Schreibweise für *jst*. Andere Hss.: *sw* vor *m* und *r* statt *nt.t*.

740 Bei  handelt es sich um die neuägyptische Schreibweise des Infinitivs vor Suffixpronomen: *rḏ(j).t=f*.

741 Lies *m* statt *nn* und im zweiten Teil *jmj(.w) ḥꜣ.t n.t ḫnw*.

742 Der zweite Teil ist schwer verständlich.

743 Lies *m s.t=f nb.t*, andere Hss.: *n.t* statt *r*.

744  ist eine neuägyptische Schreibung für ; *šw* neuägyptisch für *šw.tj*, wonach *m* zu erwarten wäre.

745 Lies *wpw sš ntf ḫrpw*.

746 *sw* ist eine Partikel; andere Hss.: .

747 Lies im zweiten Teil *ḏd mj j.ḏd=f sw*. 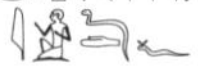 ist die neuägyptische Relativform von *ḏd*.

25 Zahlen und Daten

25.1 Kardinalzahlen

25.1.1 Das ägyptische Zahlensystem ist rein dezimal aufgebaut. Die **Zahlzeichen** der verschiedenen Einheiten und ihre Bezeichnungen sind die folgenden:

𓏤 *wꜥ* 1 In Daten zuweilen als waagrechter Strich (–), besonders im Hieratischen.

𓎆 *mḏ* 10

𓍢 *š.t* 100

𓆼 *ḫꜣ* 1000

𓂭 *ḏbꜥ* 10 000

𓆐 *ḥfn* 100 000

𓁨 *ḥḥ* 1 000 000

Die Schreibweise mit Zahlzeichen ist häufig, auch bei den Einern:

𓏤 1

𓏻 2

𓏼 3

𓁨𓆐𓆐𓆐𓂭𓂭𓆼𓆼𓆼𓆼𓍢𓍢𓎆𓎆𓏻, 1 324 222

Das Zahlzeichen steht *nach* dem Gezählten. Das Gezählte steht häufig im Singular. Die Zahl ist als Apposition zu verstehen: 𓇳𓏼 *hrw 3*, «(Tag[e], und zwar 3) 3 Tage»; 𓆳𓏏𓏤𓍢𓎆 *rnp.t 110*, «(Jahr[e], nämlich 110) 110 Jahre». Insbesondere Zahlen über 1000 stehen oft *vor* dem Gezählten und sind gefolgt vom Genetivadjektiv oder von der Präposition *m*. Beispiele:

343 𓍢𓍢𓍢𓎆𓎆𓎆𓈖𓀙𓀀𓏥 *330 n wr.w*, «330 Grosse».[748]

344 𓆼𓅓𓏏𓏊 *1000 m t ḥnq.t*, «1000 an Brot und Bier».

748 Urk. IV, 1234, 11.

25.1.2 Für Einer werden seltener auch **Zahlwörter** gebraucht. Das Zahlwort «eins» (*wꜥ*) ist ein im Genus mit dem Gezählten kongruierendes Adjektiv. Es steht entweder nach dem Gezählten oder vor dem Gezählten, in diesem Fall aber gefolgt vom Genetivadjektiv oder von der Präposition *m*. Beispiele:

345  *dmj wꜥ*, «eine Stadt».[749]

346  *wꜣ.t=f wꜥ.t*, «sein einer Weg».[750]

347  *wꜥ n mṯn*, «(einer von einem Weg) ein Weg».[751]

348  *wꜥ jm=ṯn nb*, «ein jeder (unter) von euch».[752]

Das Zahlwort zwei» (m. *sn.wj*, f. *sn.tj*, u.ä.) ist ein Adjektiv im Dual, dessen Genus mit dem Gezählten kongruiert.

Die Kardinalzahlen von «drei» bis «zehn» sind im Mittelägyptischen Substantive: «eine Dreizahl» usw. Sie sind teils maskulin, teils feminin; einige sind sowohl maskulin als auch feminin belegt. Diese Zahlabstrakta sind z. T. von anderen, damit zusammenhängenden Wörtern erschlossen. Die bekannten sind den Wörterbüchern zu entnehmen.

25.2 Ordinalzahlen

Die Ordinalzahl steht meist nach dem Gezählten, mit dem sie kongruiert. Die Ordinalzahl «erster» lautet , oder *tpj* resp. *tp(j)* (Nisbe zu *tp*). Die folgenden Ordinalzahlen «zweiter» bis «neunter» werden durch das Suffix *-.nw* (f. *-.nw.t*) gebildet, das in der Regel nach der Ziffer steht. Für «zweiter» sind mehrere Schreibweisen anzutreffen: , *2.nw* oder , , *sn.nw*. Beispiele:

349  *wḏy.t tp(j).t*, «die erste Expedition»[753]

350  *wḏy.t 6-nw.t*, «die 6. Expedition»[754]

749 Urk. IV, 1069, 5.

750 Oasenmann B1, 26.

751 Diese Konstruktion führt zum neuägyptischen unbestimmten Artikel. Urk. IV, 650, 9.

752 Grabinschrift: Griffith, Siūṭ and Dêr Rîfeh, Taf. 7 = Montet, in: Kêmi 3, 1930, 59, Kol. 288.

753 Urk. IV, 740, 7.

754 Urk. IV, 689, 5.

Die Ordinalzahlen ab «zehnter» werden mit *mḥ* bzw. *mḥ.t* («vollendend») gebildet. Beispiele:

351  *wḏy.t mḥ.t 10*, «die 10. Expedition»[755]

352  *wḏy.t mḥ.t 13*, «die 13. Expedition»[756]

25.3 Datumsangaben

25.3.1 Das ägyptische Kalenderjahr umfasste 365 Tage mit 12 Monaten zu je 30 Tagen plus 5 Zusatztage (sogenannte Epagomenen) nach dem 12. Monat. Je 4 Monate bildeten eine Jahreszeit, nämlich *Achet*, die Zeit der Überschwemmung, *Peret*, die Zeit des Wachstums («Winter»), und *Schemu*, die Zeit der Hitze («Sommer»). Wegen des Fehlens von Schalttagen stimmten das Kalender- und das natürliche Jahr jedoch nur alle 1'460 Jahre überein; das ägyptische Jahr war also ein Wandeljahr. Die Monate waren in 3 Dekaden (Einheit von 10) eingeteilt, die Tage in 12 Tages- und 12 Nachtstunden (ungleicher Dauer). (Z.B.  *wnw.t 5-nw.t n.t ḥrw*, «die 5. Stunde des Tages»,  *wnw.t mḥ.t 11 n.t grḥ*, «die 11. Stunde der Nacht»). Eine kleinere Zeiteinheit war nicht gebräuchlich.

25.3.2 Die Datumsangabe erfolgt von der grössten zur kleinsten Einheit, also vom Regierungsjahr über den Monat der Jahreszeit zum Tag. Das Wort für «Jahr» wird *ḥꜣ.t-sp* oder *rnp.t-sp* (oder *rnp.t-ḥsb*) gelesen[757] (nicht *rnp.t*), dasjenige für «Tag» *sw* (nicht *ḥrw*). Alle Elemente sind je gefolgt von der entsprechenden Ziffer. Eine Ausnahme dabei bilden in der Regel nur der erste Monat einer Jahreszeit, der als  *tpj* vor der betreffenden Jahreszeit steht, und der 30. Tag eines Monats, der als 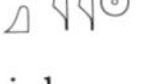 *ʿrqy*, «der vollendende», bezeichnet wird. Die Zahlen werden als Ziffern geschrieben, welche für Kardinalzahlen in der Funktion von Ordinalzahlen stehen:  *ḥꜣ.t-sp / rnp.t-sp 8 ꜣbd 3 ꜣḫ.t sw 14*, «Jahr 8, Monat 3 der Überschwemmungszeit, Tag 14» oder: «Jahr 8 des 3. Monats des Achet, (am) 14. Tag» o.ä.

755 Urk. IV, 709, 16.

756 Urk. IV, 716, 13.

757 Siehe Winfried Barta, Zur Bezeichnung des Jahres in Datumsangaben, in: ZÄS 113, 1986, 89–92, mit Literatur.

ḥꜣ.t-sp / rnp.t-sp 2 tp(j) n šmw sw 3, «Jahr 2 des ersten Monats der *šmw*-Jahreszeit, Tag 3»

ḥꜣ.t-sp / rnp.t-sp 3 ꜣbd 3 ꜣḫ.t ꜥrqy, «Jahr 3, 3. Monat der *ꜣḫ.t* -Jahreszeit, Monatsletzter»

Der regierende König kann nach dem Datum mit *ḫr ḥm n nswt-bjtj* N.N., «in der Zeit von/unter der Majestät des Königs von Ober- und Unterägypten», genannt werden.

25.4 Brüche

Nebst / *gs*, «Hälfte», wird / *rꜣ (r)*, «Teil», verwendet. Mit Ausnahme von 1/2 ( ), 2/3 ( ) und 3/4 ( ) werden nur Brüche mit 1 als Zähler gebraucht. So bedeutet *r-18* «1/18», etc.

Brüche mit einem Zähler höher als 1 mussten zerlegt wiedergegeben werden, z.B. 2/9 als 1/6 + 1/18: *r-6 r-18.*

Zur Bezeichnung der Teile des Hohlmasses / *ḥqꜣ.t* (ca. 4,5 Liter) wurden die einzelnen sechs Teile des Horusauges *wḏꜣ.t*, «des Heilen», verwendet, das nach dem Mythos von Seth zerstückelt und von Thot wieder geheilt wurde, und zwar für 1/2, für 1/4, für 1/8, für 1/16, für 1/32 und für 1/64. Beispiel:

353 *jr(j).n=j rnp.t gs jm*, «Ich verbrachte ein halbes Jahr / einein-halb Jahre dort.»[758]

758 Sinuhe B 29f. – Gustave Lefebvre, Grammaire de l'Égyptien Classique (BdÉ 12), 111, § 211: «un an et demi»; doch wäre «Jahr, ein halbes» auch möglich.

Übung 25A[759]

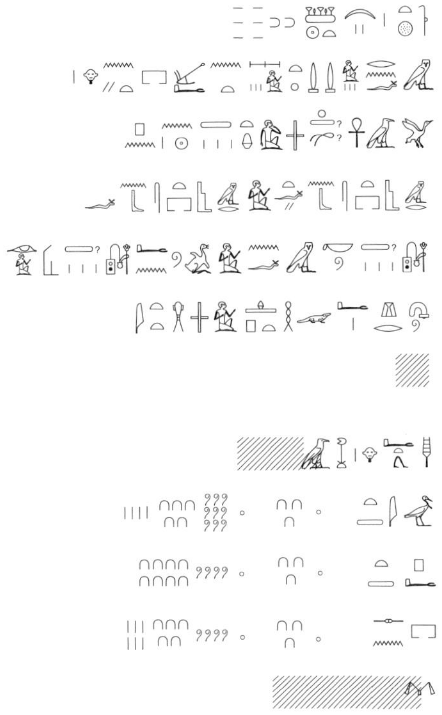

759 Pap. UC 32158 (lot VI.12): Collier/Quirke, UCL Lahun Papyri: Accounts, 36. – Z. 2: Lies *jmj* für *m*. Z. 5: Lies *sš ʿq.w*. Z. 8: Lies *bj.t*. Z. 10: Lies *psn*.

Übung 25B[760]

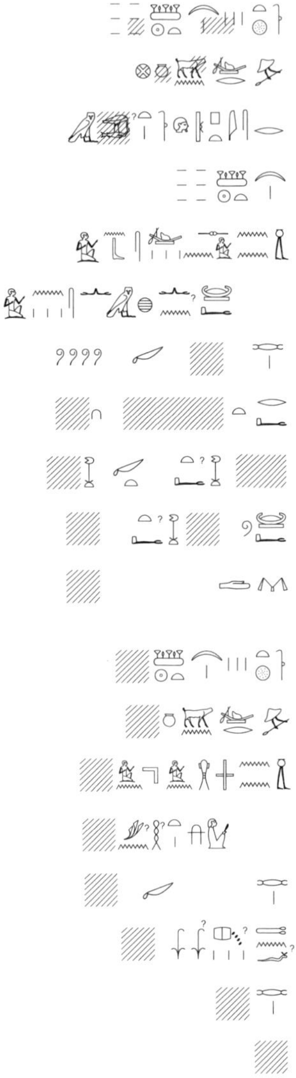

760 Pap. UC 32142B, recto: Collier/Quirke, UCL Lahun Papyri: Accounts, 172.

Anhang I

In diesem Anhang finden sich zwei Übersichten (ohne Absicht auf Vollständigkeit), die eine Hilfestellung sein mögen bei der Rekapitulation nach der Erlernung des in den Kapiteln 1 bis 25 gebotenen Stoffes. Nachdem Verbalformen und Satzarten nach den Paradigmata geordnet gelernt wurden, werden nun – umgekehrt – Formen und Sätze einem Paradigma zugeordnet. Diese Abschnitte können genutzt werden, um sich – *via meditationis* – über die Deutungsmöglichkeiten von Formen resp. das Baumuster von Sätzen Klarheit zu verschaffen – eine «Trockenübung» hinsichtlich der Textlektüre.

I.1 Rekapitulation von Verbalformen

Die folgenden Gebilde, die Verbalformen des dreiradikaligen Verbs enthalten, sind – je nach Kontext – mehrdeutig. Nicht berücksichtigt in der Liste, deren Reihenfolge beliebig ist, sind Partizipien mit Suffixpronomina, z.B.  *sḏm=k*, «ein dich Hörender», *sḏm(.w)=k*, «dein Gehörter», usw. sowie feminine Plurale von Partizipien.

	*sḏm*	Imperativ Sg. c.
	sḏm	Infinitiv
	sḏm	Partizip Aktiv
	sḏm – S	*sḏm=f*-Form + nom. S
	sḏm(=j)	*sḏm=f*-Form 1. Sg. c.
	sḏm(.w)	Imperativ Pl. c.
	sḏm(.w)	Negativ-Komplement
	sḏm(.w)	Partizip Passiv Sg./Pl. m.
	sḏm(.w) – S	*w*-Passiv + nom. S
	sḏm(.w) – S	*sḏm.w=f*-Relativform + nom. S, mit m. B
	(S –) sḏm(.w)	Pseudopartizip 3. Sg. m. (+ nom. S)
	(S –) sḏm(.w)	Pseudopartizip 3. Pl. c. (+ nom. S)

	*sḏm.w*	Imperativ Pl. c.
	sḏm.w	Partizip Aktiv Pl. m.
	sḏm.w	Partizip Passiv Pl. m.
	*sḏm=j*	*sḏm=f*-Form 1. Sg. m.
	sḏm=j	Infinitiv + Suffixpron. 1. Sg. m.
	sḏm	Partizip Aktiv Sg. m.
	sḏm(.w)	Partizip Passiv Sg. m.
	sḏm(.w)=j	*w*-Passiv 1. Sg. m.
	sḏm(.w)=j	*sḏm.w=f*-Relativform 1. Sg. m., mit m. B
	*sḏm.jn=f*	*sḏm.jn=f*-Form 3. Sg. m.
	sḏm=j n=f	*sḏm=f*-Form 1. Sg. c. + Präp. *n* mit Suffix-pron. 3. Sg. m. (selten! Altägyptisch)
	*sḏm.w.n – S*	*sḏm.w.n=f*-Relativform + nom. S, mit m. B
	sḏm.w(j)n	Pseudopartizip 1. Pers. Pl. c.
	*sḏm.w*	Partizip Passiv Sg. m.
	sḏm.w	Partizip Passiv Pl. m.
	sḏm.w	Partizip Aktiv Sg. m. (selten, vgl. Kap. 18.1.2)
	sḏm.w	Partizip Aktiv Pl. m.
	sḏm.w	Negativ-Komplement
	(S –) sḏm.w	Pseudopartizip 3. Sg. m. (+ nom. S)
	(S –) sḏm.w	Pseudopartizip 3. Pl. c. (+ nom. S)
	sḏm.w – S	*w*-Passiv + nom. S
	sḏm.w – S	*sḏm.w=f*-Relativform + nom. S, mit m. B
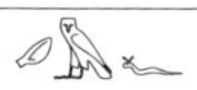	*sḏm=f*	*sḏm=f*-Form 3. Sg. m.
	sḏm=f	Infinitiv + Suffixpron. 3. Sg. m.
	sḏm(.w)=f	*w*-Passiv 3. Sg. m.
	sḏm(.w)=f	*sḏm.w=f*-Relativform 3. Sg. m., mit m. B
	*sḏm=n*	*sḏm=f*-Form 1. Pl. c.
	sḏm=n	Infinitiv + Suffixpron. 1. Pl. c.
	sḏm(.w)=n	*w*-Passiv 1. Pl. c.

	sḏm(.w)=n	*sḏm.w=f*-Relativform 1. Pl. c., mit m. B
	sḏm n – S	*sḏm=f*-Form + enklitisches Pron. 1. Pl. c. + nom. S
	*sḏm.n – S*	*sḏm.n=f*-Form + nom. S
	sḏm(.w).n – S	*sḏm.w.n=f*-Relativform + nom. S, mit m. B
	sḏm n=	Imperativ + Präposition *n*
	Selten wie .	
	*mꜣn – S*	subjunktive *sḏm=f*-Form + nom. S
	*sḏm=s*	*sḏm=f*-Form 3. Sg. f.
	sḏm=s	Infinitiv + Suffixpron. 3. Sg. f.
	sḏm(.w)=s	*w*-Passiv 3. Sg. f.
	sḏm(.w)=s	*sḏm.w=f*-Relativform 3. Sg. f., mit m. B
	sḏm s(j) – S	*sḏm=f*-Form + enklitisches Pron. 3. Sg. f. + nom. S
	*sḏm=sn*	*sḏm=f*-Form 3. Pl. c.
	sḏm sn – S	*sḏm=f*-Form + enklitisches Pron. 3. Pl. c. + nom. S
	sḏm=sn	Infinitiv + Suffixpron. 3. Pl. c.
	sḏm(.w)=sn	*w*-Passiv 3. Pl. c.
	sḏm(.w)=sn	*sḏm.w=f*-Relativform 3. Pl. c., mit m. B
	*sḏm=k*	*sḏm=f*-Form 2. Sg. m.
	sḏm=k	Infinitiv + Suffixpron. 2. Sg. m.
	sḏm(.w)=k	*w*-Passiv 2. Sg. m.
	sḏm(.w)=k	*sḏm.w=f*-Relativform 2. Sg. m., mit m. B
	sḏm.k(wj)	Pseudopartizip 1. Sg. c.
	*sḏm.n=k*	*sḏm.n=f*-Form 2. Sg. m.
	sḏm n=k – S	*sḏm=f*-Form + nom. S mit Präp. *n* + Suffixpron. 2. Sg. m.
	sḏm n=k	Imperativ Sg. m. + Präp. *n* + Suffixpron. 2. Sg. m.

	*sḏm.kwj*	Pseudopartizip 1. Sg. c.
	sḏm=k wj	*sḏm=f*-Form 2. Sg. m. + enklitisches Pron. 1. Sg. c.
	*sḏm=ṯ*	*sḏm=f*-Form 2. Sg. f.
	sḏm=ṯ	Infinitiv + Suffixpron. 2. Sg. f.
	sḏm(.w)=ṯ	*w*-Passiv 2. Sg. f.
	sḏm(.w)=ṯ	*sḏm.w=f*-Relativform 2. Sg. f., mit m. B
	*sḏm.t*	Partizip Aktiv Sg. f.
	sḏm.t	Partizip Passiv Sg. f.
	sḏm.t – S	*sḏm.t=f*-Form + nom. S
	(S –) sḏm.t(j)	Pseudopartizip 3. Sg. f. (+ nom. S)
	(S –) sḏm.t(j)	Pseudopartizip 2. Sg. c. (+ nom. S)
	sḏm.t(w) – S	*tw*-Passiv + nom. S
	sḏm=t(w)	*sḏm=f*-Form 3. Pers. unpersönlich
	Wie  .	
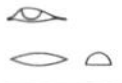	*jr(j).t*	Infinitiv
 , 	*jw(j)t – S* *jn(j)t – S*	subjunktive *sḏm=f*-Form + nom. S
	*sḏm=ṯn*	*sḏm=f*-Form 2. Pl. c.
	sḏm=ṯn	Infinitiv + Suffixpron. 2. Pl. c.
	sḏm(.w)=ṯn	*w*-Passiv 2. Pl. c.
	sḏm ṯn – S	*sḏm=f*-Form + enklitisches Pron. 2. Pl. c. + nom. S
	sḏm(.w) ṯn	Imperativ Pl. + enklitisches Pron. 2. Pl. c.
	*sḏm ṯn*	Imperativ Sg. f. + enklitisches Pron. 2. Sg. f.
	sḏm tn	Imperativ + Demonstrativpron. Sg. f. (als dir. O)
	sḏm=ṯ n=	*sḏm=f*-Form 2. Sg. f. + pron. Dativ
	sḏm(.w)=ṯ n=	*w*-Passiv 2. Sg. f. + pron. Dativ
	sḏm.t.n – S	*sḏm.w.n=f*-Relativform + nom. S, mit f. B

	sḏm.t n= – S	*sḏm.w=f*-Relativform + nom. S, mit f. B + pron. Dativ
	(S –) sḏm.t(j) n=	Pseudopartizip 3. Sg. f. (+ nom. S) + Präp. *n*
	(S –) sḏm.t(j) n=	Pseudopartizip 2. Sg. c. (+ nom. S) + Präp. *n*
	sḏm.t(j) n= – S	Prospektive *sḏm.w=f*-Relativform + nom. S, mit f. B + pron. Dativ
	sḏm.t(w) n= – S	*tw*-Passiv + nom. S + pron. Dativ
	Wie .	
	*(S –) sḏm.tj*	Pseudopartizip 3. Sg. f. (+ nom. S)
	(S –) sḏm.tj	Pseudopartizip 2. Sg. c. (+ nom. S)
	*sḏm.tj=f*	Prospektive *sḏm.w=f*-Relativform 3. Sg. m., mit f. B
	sḏm.tj=f(j)	Verbaladjektiv Sg. m.
	*sḏm.t=f*	*sḏm.t=f*-Form
	sḏm.t(j)=f(j)	Verbaladjektiv Sg. m.
	sḏm.t=f	*sḏm.w=f*-Relativform 3. Sg. m., mit f. B
	sḏm.t(w)=f	*tw*-Passiv 3. Sg. m.
	*jr(j).t=f*	Infinitiv + Suffixpron. 3. Sg. m.

I.2 Rekapitulation von Satzmustern

Nonverbale Konstruktionen:

	S = det. Nomen	P = det. Nomen
002	*Ptḥ*	*ṯsw=n*
003	*bw.t=f*	*grg*
001	*mk.t=ṯ*	*mk.t Rʿ*

	E	P = indet. Nomen	S = det. Nomen/Pron.	ADV
008		*wsḫ*	*s.t=j*	
009		*rš-wj*	*d̲d dp.t.n=f*	
010		*ḫsbd̲ mꜣʿ*	*šnw=s*	
245	*n(j)*	*ntf*	*pw*	*m mꜣʿ.t*
312	*wn.jn*	*nfr*	*st*	*ḥrjb=f*

	E	S = selbst. Pron. 1. Pers.	enkl. Part.	P = det./indet. Nomen
012		*jnk*		*sꜣ=f*
014		*jnk*		*d̲d nfr*
246	*n(j)*	*jnk*	*tr*	*smꜣ=f*

	S = selbst. Pron. 2./3. Pers.	P = det. Nomen
017	*ntk*	*jt n nmḥ*
019	*ntf*	*sꜣ Wsjr*

	P = indet. Nomen	S = abh. Pron. 2./3. Pers.	ADV
018	*nfr*	*t̲w*	*ḥnʿ=j*
021	*mḥ-w(j)*	*sw*	*m sp pn*

	E	P	enkl. Part.	S = Demonstrativum
024		*dp.t mwt*		*nn*
027		*jnk*		*pw*
247		*jrw=k*		*pw*
	n(j)	*jrw=j*	*js*	*pw*

	E	topikalisiertes S	P	S	ADV
041	*jr*	*nḫḫ*	*hrw*	*pw*	
092	*jr*	*rw(j).t n.t ḥꜣtj*	*rww=f sw*	*pw*	*ḥr mnd̲=f jꜣbj*

	P_{Anfang}	S = Demonstrativum	P_{Ende}
026	*ḥm.t wʿb*	*pw*	*n Rʿ*

	P = Interrogativum	S
030	*ptr*	*d̲d.t n=j nb=j*

	S = selbst. Pron.	**P = Fragewort**
033	*ṯwt*	*m*

	P	***pw***	**S**
036	*bw.t Wsjr*	*pw*	*nḥm*

	P_{Anfang}	***pw***	**P_{Ende}**	**S**
037	*p.t*	*pw*	*n.t s*	*jwn nfr*

	S	***pw***	**P**
044	*N.N. pn*	*pw*	*Šw*

	P	**S**
048	*n(j) mꜣꜥ.t*	*Rꜥ*
049	*n(j) ṯw*	*s(j)*
051	*n(j) (j)nk*	*ṯn*
053	*Ø ntk*	*ꜥnḫ*
056	*n=f jm(j)*	*kꜣ.w*
055	*n=k jm(j)*	*s(j) [...]*

	E	**S = Nomen**	**P = ADV**
058		*ẖr.t=k*	*m pr=k*
059	*jw*	*dꜣb.w*	*jm*
253	*nn*	*wḫꜣ*	*m-ḥr-jb=sn*

	E	**S_{Anfang}**	**P = ADV**	**S_{Ende}**
060		*bꜣk(.wt)*	*m ꜥ=k*	*n.t Tꜣ-mḥw*

	E	**S = (nichtselbst.) Pron.**	**P = ADV**
062	*jw*	*=n*	*m wꜣḏ-wr*
063	*m=k*	*wj*	*r-gs=k*
064	*sṯ*	*w(j)*	*m bꜣk=f*
254	*nn*	*s(j)*	*m jb=j*

	S = selbst. Pron.	P = ADV	ADV
061	*jnk*	*m tꜣ pn*	*ḏ.t*

	E	S	P = ADV
255	*nn*	*mꜣ ͑tj.w*	Ø
256	*nn*	*ẖn(j).t*	Ø
281	*nn*	*s.t nb.t tm.t.n(=j) jr(j.w) mn.w jm=s*	Ø

	E	S = Nomen	*m/r*	P koreferentiell mit S
066		*jb=j*	*m*	*snnw=j*
067	*jw ms*	*jtrw*	*m*	*snf*
279		*tm jr(j).t n=f ṯbt.(j)*	*m*	*nb ͑ḥ ͑.w*
282	*jw*	*rḫ st*	*m*	*Ø tm.w ͑bš ͑m(.w) bꜣ=f*

	E	S = Pronomen	*m/r*	P koreferentiell mit S	ADV
070	*jw*	*=f*	*r*	*smr*	*m-m sr.w*

Pseudoverbale Konstruktionen:

	E	S	P = Präp. + Inf. / P = Pseudoptz.	ADV
173	*jw*	*mš ͑ pn*	*ḥr mꜣꜣ*	
174	*jw*	*jb=k*	*r qbb*	*ẖr=s*
187	*m=k [...]*	*ḥꜣt.t*	*rḏ(j).t(j)*	*ḥr tꜣ*
276	*nn*	*sw*	*wn(.w)*	
314	*wn.jn*	*sḫtj pn*	*ḥr rm(j).t*	*͑ꜣ.w wrt*
317	*m=ṯ wn.n*	*=f*	*w ͑r(.w)*	

	V	S	dir. O [S]	P = Präp. + Inf. / P = Pseudoptz.	ADV
177	*gm(j).n*	*=f*	*sw*	*ḥr pr(j).t*	*m sbꜣ n pr=f*
189	*gm(j).n*	*=f*	*sw*	*sḏr(.w)*	*[...]*

Verbale Konstruktionen:

	E	V	S	dir. O V – S – ADV
093	*jw grt*	*wḏ.n*	*ḥm=f*	*prr(=j) r ḫꜣs[.t tn]*

	(E)	V	S	ADV Präp. – V – S
084		*jr(j)*	*ḥm=k*	*m mrr=f*

	E	V (*rḏj*) – S1	V (Subjunktiv) – S2	dir. O
111	*ḏd=j wr.t*	*(r)ḏ(j)=j* *(r)ḏ(j)=j*	*sḏm=ṯn* *rḫ=ṯn*	 *sḫr n nḥḥ*

	E	S in Prolepse	V	S in Anapher	indir. O	dir. O	ADV
099	*jw*	*rꜣ n s*	*nḥm*	*=f*		*sw*	
105	*jr*	*Ø jr(j).w n=f rꜣ pn*	*n(j) sk(j).n*	*=f*			*r nḥḥ*
106	*jn*	*Rꜥ-wsr*	*rḏ(j)*	*=f*	*n=sn*	*ḏbꜣ jrj*	
107		*sn*	*ḫtw*	*=sn*	*n Rꜥ*		

	E	O in Prolepse	V	S	O in Anapher
102		*tꜣ=n*	*pḥ*	*=n*	*sw*
104	*jr*	*nt.t nb.t m sš ḥr pꜣ šfdw*	*sḏm*		*st*

	E	nom. S im Fokus	P = invar. Ptz./ prosp. *sḏm=f*	pron. indir. O	pron. dir. O
200	*jn*	*wr n pꜣ ẖrd.w 3 […]*	*jn(j)=f*	*n=k*	*sj*

	pron. S im Fokus	P = invar. Ptz. /prosp. *sḏm=f*	dir. O
198	*nts*	*sšm*	*nṯr pn ꜥꜣ*
199	*ntsn*	*ẖnn*	*nṯr pn ꜥꜣ*

	V im Fokus	*pw*	V = *sḏm.w.n=f*-Relativform von *jrj*
216	*šꜣs*	*pw*	*jr(j.w).n=sn*

	[…] B	Ptz. Passiv	pron. R	dir. O
207	*Jnj-jt=f*	*ḏd.w*	*n=f*	*Jw-snb*

	[…] B	mark. *sḏm.w=f*-Rel.form	S mit pron. R	ADV
211	*nṯr pn mnḫ{t}*	*wnn.w*	*snḏ=f*	*ḫt ḫꜣsw.t*

	[…] B	*sdm.w.n=f*-Rel.form	pron. indir. O	S
209	*nḫt.w*	*rd(j.w).n*	*n=f*	*jt=f [Jmn]*

	[…] Ptz. Aktiv	dir. O B	mark. *sdm.w=f*-Rel.form	S	attrib. Adj.	ADV
210	*jrr*	Ø	*ḥss.t*	*=f*	*nb.t*	*m ḫr.t-hrw n.t rꜥ nb*

	V – S	Präp.	Nomen B	*sdm.w=f*-Rel.form	S
215	*sn(j).n=j*	*r*	Ø	*jr(j).t*	*jt.w=j*

	[…] Nomen B	Relativpronomen	S = B	P	dir. O
218	*ḫnt(j)=f*	*ntj*	Ø	*m ḥw.t-nṯr*	
220	*ꜥ.t nb.t (n.t) s*	*nt.t*	Ø	*mr.tj*	
221	*pꜣ ḫtmw kfꜣ jb*	*ntj*	Ø	*ḥr qd*	*nꜣ n wr.wt*

	[…] Nomen B	Relativpronomen	S ≠ B	P
219	*bw*	*ntj*	*nṯr.w*	*jm*

	V – S	dir. O B	Relativ-pronomen	P	S ≠ B	dir. O mit pron. R
226	*jn(j).n=sn*	Ø	*nt.t*	*n(j) jn(j)*	*=tw*	*mjtj.w=sn*

	[…] Konjunktion	Nomen B	Relativpro-nomen	S = B	attrib. Adj.	P
227	*ḥnꜥ*	Ø	*nt.t*	Ø	*nb.t*	*jm=f*

	Hilfsverb	enkl. Part.	V – S	dir. O	ADV
302	*ḫpr*	*js*	*jwd=k*	*ṯw*	*r s.t tn*

Anhang II

II.1 Abkürzungen

abh.	abhängig
ADV	adverbiale Bestimmung
attrib. Adj.	attributives Adjektiv
B	Bezugswort
c.	communis
det.	determiniert
dir.	direkt
Du.	Dual
E	einleitendes Element
enkl. Part.	enklitische Partikel
f.	femininum
Hss.	Handschriften
indet.	indeterminiert
indir.	indirekt
Inf.	Infinitiv
invar.	invariabel
Kap.	Kapitel
Kol.	Kolumne
m.	maskulinum
mark.	markiert
n.	neutrum
N.N.	nomen nominandum
nom.	nominal
O	Objekt
P	Prädikat
Pass.	Passiv
Pers.	Person
Pl.	Plural
Präp.	Präposition
pron.	pronominal/Pronomen
prosp.	prospektiv
Pseudoptz.	Pseudopartizip
Ptz.	Partizip
R	Rückverweis
Rel.form	Relativform
S	Subjekt
s.v.	sub voce
scil.	scilicet
selbst.	selbständig
Sg.	Singular
spez.	spezifisch
Spr.	Spruch
V	Verb
vgl.	vergleiche
vs.	versus
Z.	Zeile
[...]	Auslassung/kein vollständiger Satz
*	erschlossene, nicht belegte Form

II.2 Abgekürzt zitierte Literatur und Texte

Aufgeführt ist nur mehr als einmal erwähnte Literatur. Abkürzungen nach LÄ: Wolfgang Helck et al. (Hg.), Lexikon der Ägyptologie, 7 Bde., Wiesbaden 1975–1992. – LingAeg = Lingua Aegyptia, Göttingen; Stud. mon. = Studia monographica.

Admonitions	Roland Enmarch, The Dialogue of Ipuwer and the Lord of All, Oxford 2005
Baer, in: ZÄS 93, 1966	Klaus Baer, A Deed of Endowment in a Letter of the Time of Ppjj I?, in: ZÄS 93, 1966, 1–9
Beni Hasan	Percy E. Newberry, Beni Hasan, 4 Bde., London 1893–1900
Bolz/Münkel (Hg.), Was ist der Mensch?	Norbert Bolz/Andres Münkel (Hg.), Was ist der Mensch?, München 2003
CG	Catalogue Général, siehe LÄ VII, Seiten XXIIf.
Collier/Quirke, UCL Lahun Papyri: Accounts	Mark Collier/Stephen Quirke, The UCL Lahun Papyri: Accounts (BAR International Series, Bd. 1471), Oxford 2006
Collier/Quirke, UCL Lahun Papyri: Letters	Mark Collier/Stephen Quirke, The UCL Lahun Papyri: Letters (BAR International Series, Bd. 1083), Oxford 2002
Collier/Quirke, UCL Lahun Papyri: Religious	Mark Collier/Stephen Quirke, The UCL Lahun Papyri: Religious, Literary, Legal, Mathematical and Medical (BAR International Series, Bd. 1209), Oxford 2004
CT	Adriaan de Buck, The Egyptian Coffin Texts, 7 Bde., Chicago 1935–1961
DZA	Das digitalisierte Zettelarchiv: http://aaew.bbaw.de/dza/index.html
Edel, Altägyptische Grammatik	Elmar Edel, Altägyptische Grammatik, 2 Bde. (AnOr 34/39), Roma 1955–1964
El Bersheh	Percy E. Newberry, El Bersheh, 2 Bde., London [1894–1895]
Fischer, Reversals	Henry George Fischer, The Orientation of Hieroglyphs. Part 1: Reversals, New York 1977
Gardiner, EG	Alan Gardiner, Egyptian Grammar Being an Introduction to the Study of Hieroglyphs, 3., verbesserte Aufl., London 1957
Griffith, Siûṭ and Dêr Rîfeh	F. L. Griffith, The Inscriptions of Siûṭ and Dêr Rîfeh, London 1889
Grundriss der Medizin, Bd. 4/1	Hildegard von Deines et al., Grundriss der Medizin der alten Ägypter. Übersetzung der medizinischen Texte, Berlin 1958
Grundriss der Medizin, Bd. 5	Hermann Grapow, Grundriss der Medizin der alten Ägypter. Die medizinischen Texte in hieroglyphischer Umschrift autographiert, Berlin 1958
Hammamat	J. Couyat/P. Montet, Les inscriptions hiéroglyphiques et hiératiques du Ouâdi Hammâmât (MIFAO 34), Le Caire 1913
Hannig, Handwörterbuch	Rainer Hannig, Die Sprache der Pharaonen. Grosses Handwörterbuch Ägyptisch–Deutsch (2800–950 v.Chr.), Mainz 1995, ²1997
Hannig, Handwörterbuch, Marburger Edition	Rainer Hannig, Die Sprache der Pharaonen. Grosses Handwörterbuch Ägyptisch–Deutsch (2800–950 v.Chr.). Marburger Edition, Mainz ⁴2006
Hannig/Vomberg, Wortschatz	Rainer Hannig/Petra Vomberg, Wortschatz der Pharaonen nach Sachgruppen, Mainz 1999
Hatnub	Rudolph Anthes, Die Felsinschriften von Hatnub (UGAÄ 9), Hildesheim 1964

Heqanacht	T. G. H. James, The Hekanakhte Papers and Other Early Middle Kingdom Documents, New York 1962
Hieroglyphic Texts	T. G. H. James et al. (Hg.), Hieroglyphic Texts from Stelae, &c., in the British Museum, 12 Bde., London 1911–1993
Himmelskuh	Erik Hornung, Der ägyptische Mythos von der Himmelskuh. Eine Ätiologie des Unvollkommenen (OBO 46), Freiburg/Göttingen ³1982
Hintze, in: LingAeg 5, 1997	Fritz Hintze (†), Überlegungen zur ägyptischen Syntax, in: LingAeg 5, 1997, 43–56
Hornung, Buch von den Pforten	Erik Hornung, Das Buch von den Pforten des Jenseits. Nach den Versionen des Neuen Reiches (AH 7), Genève 1979
Hornung, Texte zum Amduat	Erik Hornung, Texte zum Amduat, 3 Bde. (AH 13–15), Genève 1987–1994
Jansen-Winkeln, in: GM 146, 1995	Karl Jansen-Winkeln, Finalsatz und Subjunktiv, in: GM 146, 1995, 37–60
Jansen-Winkeln, in: LingAeg 5, 1997	Karl Jansen-Winkeln, Intensivformen und «verbale Pluralität», in: LingAeg 5, 1997, 123–136
Jansen-Winkeln, in: OLP 24, 1993	Karl Jansen-Winkeln, Das ägyptische Pseudopartizip, in: OLP 24, 1993, 5–28
Jenni, in: LingAeg 12, 2004	Hanna Jenni, Sätze zum Ausdruck von Zugehörigkeit und Besitz im Ägyptischen, in: LingAeg 12, 2004, 123–131
Jenni, in: ZÄS 134, 2007	Hanna Jenni, Diathese und Modus des ägyptischen Pseudopartizips, in: ZÄS 134, 2007, 116–133
Junge [Hg.], Studien zu Sprache und Religion	Friedrich Junge [Hg.], Studien zu Sprache und Religion Ägyptens, 2 Bde., Göttingen 1984
Lebensmüder	R. O. Faulkner, The Man who was Tired of Life, in: JEA 42, 1956, 21–40
Lehre Amenemhats	Faried Adrom, Die Lehre des Amenemhet (BAe 19), Turnhout 2006
Lewandowski, Linguistisches Wörterbuch	Theodor Lewandowski, Linguistisches Wörterbuch, 3 Bde., Wiesbaden ⁶1995
Loprieno, Ancient Egyptian	Antonio Loprieno, Ancient Egyptian. A Linguistic Introduction, Cambridge 1995
Loprieno, in: Bolz/Münkel (Hg.), Was ist der Mensch?	Antonio Loprieno, Von der Stimme zur Schrift, in: Bolz/Münkel (Hg.), Was ist der Mensch?, 119–152
Loprieno, in: Mendel/Claudi (Hg.), Ägypten im afro-orientalischen Kontext	Antonio Loprieno, Topics in Egyptian Negations, in: Mendel/Claudi (Hg.), Ägypten im afro-orientalischen Kontext, 213–235
Loprieno, in: Schoske (Hg.), Akten	Antonio Loprieno, Der ägyptische Satz zwischen Semantik und Pragmatik: Die Rolle von JN, in: Schoske (Hg.), Akten, 89–91
Luft, Illahun	Ulrich Luft, Das Archiv von Illahun. Briefe, Bd. 1, Berlin 1991
Malaise/Winand, Grammaire	Grammaire raisonnée de l'égyptien classique (AeL 6), Liège 1999
Mendel/Claudi (Hg.), Ägypten im afro-orientalischen Kontext	Daniela Mendel/Ulrike Claudi (Hg.), Ägypten im afro-orientalischen Kontext. Aufsätze zur Archäologie, Geschichte und Sprache eines unbegrenzten Raumes. Gedenkschrift Peter Behrens, Köln 1991
Merikare	Joachim Friedrich Quack, Studien zur Lehre für Merikare (GOF IV/23), Wiesbaden 1992, 164–200
Montet, in: Kêmi …	Pierre Montet, Les tombeaux de Siout et de Deir Rifeh, in: Kêmi 1, 1928, 53–68; 3, 1930, 45–111; 6, 1936, 131–163
Neferti	Wolfgang Helck, Die Prophezeiung des Nfr.tj, Wiesbaden 1970
Oasenmann	R. B. Parkinson, The Tale of the Eloquent Peasant, Oxford 1991

Pap. Millingen	Jesus Lopez, Le papyrus Millingen, in: RdÉ 15, 1963, 29–33
Pap. Nebseni	Günther Lapp, The Papyrus of Nebseni (BM EA 9900), London 2004
Pap. Nu	Günther Lapp, The Papyrus of Nu (BM EA 10477), London 1997
Pap. Sallier II	Stephan Jäger, Altägyptische Berufstypologien (LingAeg, Stud. mon. 4), Göttingen 2004
Pap. UC	siehe Collier/Quirke
Pap. Westcar	A. M. Blackman, The Story of King Kheops and the Magicians. Transcribed from Papyrus Westcar (Berlin Papyrus 3033). Edited for publication by W. V. Davies, Reading 1988
Peust, Egyptian Phonology	Carsten Peust, Egyptian Phonology. An Introduction to the Phonology of a Dead Language (Monographien zur ägyptischen Sprache, Bd. 2), Göttingen 1999
Ptahhotep	Zbynek Zaba, Les maximes de Ptaḥḥotep, Prague 1956
Pyr.	Kurt Sethe, Die altägyptischen Pyramidentexte, 4 Bde., Leipzig 1908–1922
Ranke, PN I	Hermann Ranke, Die ägyptischen Personennamen, Bd. 1, Glückstadt 1935
Reintges, Passive Voice	Chris Reintges, Passive Voice in Older Egyptian. A Morpho-Syntactic Study, The Hague 1997
Ritter, Verbalsystem	Thomas Ritter, Das Verbalsystem der königlichen und privaten Inschriften (GOF IV/30), Wiesbaden 1995
Schenkel, in: Junge [Hg.], Studien zu Sprache und Religion	Wolfgang Schenkel, Fokussierung. Über die Reihenfolge von Subjekt und Prädikat im klassisch-ägyptischen Nominalsatz, in: Junge [Hg.], Studien zu Sprache und Religion, Bd. 1, 157–174
Schenkel, Tübinger Einführung	Wolfgang Schenkel, Tübinger Einführung in die klassisch-ägyptische Sprache und Schrift, Tübingen 2005
Schiffbrüchiger	A. M. Blackman, Middle Egyptian Stories (BAe 2), Bruxelles 1932, 41–48
Schoske (Hg.), Akten	Sylvia Schoske (Hg.), Akten des Vierten Internationalen Ägyptologenkongresses München 1985 (SAK, Beihefte, Bd. 3), Hamburg 1989
Sethe, Lesestücke	Kurt Sethe, Ägyptische Lesestücke zum Gebrauch im akademischen Unterricht. Texte des Mittleren Reiches, Leipzig ²1928
Sinai	Alan H. Gardiner/Eric Peet, The Inscriptions of Sinai, 2 Bde., London 1955
Sinuhe	Roland Koch, Die Erzählung des Sinuhe (BAe 17), Bruxelles 1990
Spiegelberg, Grabsteine	Wilhelm Spiegelberg, Aegyptische Grabsteine und Denksteine aus süddeutschen Sammlungen, Bd. 2, Strassburg 1904
Urk. I	Kurt Sethe, Urkunden des Alten Reiches, Leipzig 1933
Urk. IV	Kurt Sethe, Urkunden der 18. Dynastie, 2., verb. Aufl., Leipzig 1927–1930
Vernus, Future	Pascal Vernus, Future at Issue. Tense, Mood and Aspect in Middle Egyptian: Studies in Synatax and Semantics (YES 4), New Haven, Connecticut 1990
Wb	Adolf Erman/Hermann Grapow (Hg.), Wörterbuch der ägyptischen Sprache, 6 Bde., Berlin/Leipzig ²1957

II.3 Index der zitierten Textstellen

Mit Verweis auf die Seitenzahl.

Admonitions 2, 4 159
Admonitions 2, 4f. 243
Admonitions 2,10 119
Admonitions 3, 14 252
Admonitions 7, 1 156
Admonitions 7, 1f. 160
Admonitions 12, 6 264
Amduat, 6. Stunde, Einleitung: Hornung, Texte zum Amduat, Bd. 2, 456–458 (Th III) 131
Amduat, 7. Std., unteres Register: Hornung, Texte zum Amduat, Bd. 2, 579f. (Th I) 243
Amduat, 7. Stunde, mittleres Register: Hornung, Texte zum Amduat, Bd. 2, 548 (R IIIs) 109
Amduat, 8. Stunde, mittleres Register, zweite Szene: Hornung, Amduat, Bd. 2, 612 (Th III) 167
Chacheperraseneb (Pap. BM 5645), Recto, Z. 2: Alan H. Gardiner, The Admonitions of an Egyptian Sage from a Hieratic Papyrus in Leiden (Pap. Leiden 344, Recto), Leipzig 1909, 97 121
CT I, 33d (Spr. 10, B2Bo) 158
CT I, 55b (Spr. 19, B1P) 253
CT I, 73d–74b (Spr. 24, B1P) 160
CT I, 150d (Spr. 37, B2Bo) 108
CT I, 187e (Spr. 44, B10Cb) 241
CT I, 189b (Spr. 44, B10Cc; B10 Cb) 239
CT I, 207d (Spr. 47, B10Cb) 104
CT I, 254f (Spr. 60, B10Ca) 122
CT I, 277c–d (Spr. 65, T1C) 114
CT I, 395 (Spr. 75c, T3C; B1Bo) 75
CT II, 1g (Spr. 76, B2L) 104
CT II, 3d (Spr. 78, B1P) 110
CT II, 120g (Spr. 107, S1C) 102
CT II, 131d (Spr. 114, S1C) 242
CT II, 160b–c (Spr. 135, S1C) 235
CT II, 166c (Spr. 137, B2P) 112
CT II, 174j (Spr. 142, Sq3Sq) 155
CT II, 219e (Spr. 148, S1P) 153
CT III, 24a (Spr. 167, B1C) 135
CT III, 61f–g (Spr. 175, B1C) 136
CT III, 88i (Spr. 187, B1L) 121
CT III, 95g (Spr. 188, B1L) 107
CT III, 171j–l (Spr. 213, T1C) 248
CT III, 199a (Spr. 219, B2L) 173
CT III, 200g (Spr. 219, B1L) 173
CT III, 321c (Spr. 239, G1T) 104
CT III, 336f–g (Spr. 245, S1C) 236
CT III, 357a (Spr. 254, S1Ca) 173
CT III, 367c (Spr. 257, S1Ca) 112
CT IV, 2c (Spr. 268, B1Bo) 113
CT IV, 37f (Spr. 286, Sq6C) 104
CT IV, 93q (Spr. 313, B5C) 116
CT IV 104f (Spr. 316, S1C) 175
CT IV, 188b–c (Spr. 335, B9Ca) 114
CT IV, 203a–b (Spr. 335, BH1Br) 110
CT IV, 249a (Spr. 335, L1NY) 105
CT IV, 311c – 313a (Spr. 345, M4C) 232
CT IV, 328j (Spr. 336, B1L) 209
CT IV, 412 (Spr. 335, 164a, Sq7Sq) 104
CT V, 28c (Spr. 366, B1C) 138
CT V, 78c (Spr. 397, T1C) 196
CT V, 239c (Spr. 412, Y1C) 243
CT V, 247d (Spr. 414, B2Bo) 168
CT V, 279c (Spr. 431, B1Bob) 114
CT VI, 72h (Spr. 492, B9C) 114
CT VI, 155f (Spr. 554, B1Bo) 105
CT VI, 207o–p (Spr. 586, S1C) 246
CT VI, 278d (Spr. 656, Th.T.319) 263
CT VI, 295e–g (Spr. 667, B1Bo) 246
CT VI, 301j (Spr. 673, B1Bo) 209
CT VI, 332 k–l (Spr. 698, B2L) 235
CT VII, 157c (Spr. 943, Pap. Gard. III) 111
CT VII, 171d (Spr. 956, Pap. Gard. III) 102
CT VII, 178g (Spr. 959, Pap. Gard. III) 202

CT VII, 219f (Spr. 1002, Pap. Gard. II)	114
CT VII, 467b–c (Spr. 1130, B9C)	121
CT VII, 478i (Spr. 1134, B5C)	110
CT VII, 494c (Spr. 1145, B5C)	114
Dekret Antefs V.: W. M. Flinders Petrie, Koptos, London 1896, Taf. 8, Z. 9	70
Gedenkskarabäus Amenophis' III.: George Fraser, A Catalogue of the Scarabs Belonging to George Fraser, London 1900, Taf. 10, Nr. 262, Z. 6f.	101
Grab des Chnumhotep [II.]: Beni Hasan, Bd. 1, Taf. 24, Z. 3	174
Grab des Chnumhotep [II.]: Beni Hasan, Bd. 1, Taf. 29, 3. Register	173
Grab des Chnumhotep [II.]: Beni Hasan, Bd. 1, Taf. 32, Z. 1	78
Grab des Djehutihotep: El Bersheh, Bd. 1, Taf. 14, Kol. 1	79
Grab des Djehutihotep: El Bersheh, Bd. 1, Taf. 14, Kol. 1	220
Grab des Djehutihotep: El Bersheh, Bd. 1, Taf. 15, 4. Register	195
Grab des Uchhotep: Aylward A. Blackman, The Rock Tombs of Meir, London 1915, Bd. 3, Taf. 23, 2. Register	173
Grab des Wesirs Paser, TT 106: DZA 31.057.420	178
Grabinschrift: Griffith, Siūṭ and Dêr Rîfeh, Taf. 4 = Montet, in: Kêmi 3, 1930, 49, Kol. 229	243
Grabinschrift: Griffith, Siūṭ and Dêr Rîfeh, Taf. 6 = Montet, in: Kêmi 3, 1930, 55, Kol. 275	179
Grabinschrift: Griffith, Siūṭ and Dêr Rîfeh, Taf. 6 = Montet, in: Kêmi 3, 1930, 75, Kol. 280	220
Grabinschrift: Griffith, Siūṭ and Dêr Rîfeh, Taf. 7 = Montet, in: Kêmi 3, 1930, 59, Kol. 288	268
Grabinschrift: Griffith, Siūṭ and Dêr Rîfeh, Taf. 7 = Montet, in: Kêmi 3, 1930, 59, Kol. 290	224
Grabinschrift: Griffith, Siūṭ and Dêr Rîfeh, Taf. 7 = Montet, in: Kêmi 3, 1930, 60, Kol. 295	225
Grabinschrift: Griffith, Siūṭ and Dêr Rîfeh, Taf. 8 = Montet, in: Kêmi 3, 1930, 64, Kol. 307	174
Grabinschrift: Griffith, Siūṭ and Dêr Rîfeh, Taf. 15, Kol. 29 = Montet, in: Kêmi 3, 1930, Kol. 36	261
Grabinschrift: Griffith, Siūṭ and Dêr Rîfeh, Taf. 17 = Montet, in: Kêmi 6, 1936, 151, Kol. 56f.	210
Grabinschrift: Griffith, Siūṭ and Dêr Rîfeh, Taf. 19 = Montet, in: Kêmi 6, 1936, 161, Kol. 35	104
Grabinschrift: Henri Wild, Le tombeau de Ti, Bd. 2, Le Caire 1953, Taf. 111	104
Grabinschrift: Norman de Garis Davies, The Tomb of Rekh-mi-rēʿ at Thebes, New York 1943, Bd. 2, Taf. 15, Kol. 12	164
Grabinschrift: Norman de Garis Davies/Nina de Garis Davies, The Tombs of Two Officials, London 1923, Taf. 26	118
Graffito: Zbynek Zába, The Rock Inscriptions of Lower Nubia, Prague 1974, 99, Nr. 73, Z. 6	255
Hammamat, Nr. 110, Kol. 2f.	182
Hammamat, Nr. 110, Kol. 3	195
Hammamat, Nr. 110, Kol. 5	220
Hammamat, Nr. 110, Kol. 5f.	180
Hammamat, Nr. 110, Kol. 6	258
Hammamat, Nr. 110, Z. 11	216
Hammamat, Nr. 113, Z. 7f.	227
Hammamat, Nr. 113, Z. 10	138
Hatnub, Nr. 16, Kol. 7	76
Hatnub, Nr. 20, Kol. 19	200
Heqanacht, Taf. 28, Kol. 13	167
Heqanacht, Taf. 30, Kol. 29	70
Heqanacht, Taf. 30, Kol. 3f.	149
Himmelskuh, 1, Vers 1, S I, Kol. 1	86
Himmelskuh, 1, Vers 11, S I, Kol. 3	168
Himmelskuh, 18, Vers 208, T, Kol. 4	265
Himmelskuh, 19, Vers 215, T, Kol. 8	265
Himmelskuh, 25, Vers 266, S I, Kol. 81	149
Hirtengeschichte, Kol. 6: Alan H. Gardiner, Die Erzählung des Sinuhe und die Hirtengeschichte (Hieratische Papyrus Berlin, Bd. 5/Literarische Texte des Mittleren Reiches, Bd. 2), Leipzig 1909, Taf. 16	239
Israelstele, Z. 10: W.M.Flinders Petrie, Six Temples at Thebes, London 1897, Taf. 13f.	250
Kagemni 2, 4f.: Alan H. Gardiner, The Instruction Addressed to Kagemni and his Brethren, in: JEA 32, 1946, 71–74	147

Kapelle Louvre C 10: http://cartelen.louvre.fr/cartelen/visite?srv=car_not_frame&idNotice=18943 262

Lebensmüder 3f. 220

Lebensmüder 41f. 230

Lebensmüder 46f. 230

Lebensmüder 63 84

Lebensmüder 121f. 237

Lebensmüder 126 209

Lebensmüder 126f. 242

Lehre Amenemhats, § 1d: DM 1020, Z. 4 220

Lehre Amenemhats, § 5b: Pap. Millingen, I, Z. 9 169

Lehre des Cheti: Pap. Sallier II, III,9 – IV,4; IX,1–2; X,2: Stephan Jäger, Altägyptische Berufstypologien (LingAeg, Studia monographica, Bd. 4), Göttingen 2004, Iff. 266

Lehre eines Mannes, § 19, 6: DeM 1399, Z. 3: Hans-W. Fischer-Elfert, Die Lehre eines Mannes für seinen Sohn (ÄA 60), Wiesbaden 1999 169

Loyalistische Lehre: Georges Posener, L'enseignement loyaliste. Sagesse du Moyen Empire, Genève 1976, 66, § 2: St, Z. 12 208

Merikare C, V, 4f. 97

Merikare E 31/P III, 7 108

Merikare E 39 120

Merikare E 43/P IV, 7f. 108

Merikare E 48 241

Merikare E 50 228

Merikare E 53 243

Merikare E 53f. 74

Merikare E 54 120

Merikare E 55, korrigiert nach M IV, 10 140

Merikare E 63/P VI, 6 108

Merikare E 78f. 195

Merikare E 87f. 116

Merikare E 127–129 169

Merikare E 132–134 140

Merikare M II, 6 117

Neferti, § 8e: Pap. Petersburg 1116 B, Z. 38. 149

Neferti, § 8f: Pap. Petersburg 1116 B, Z. 39 182

Neferti, § 15e: Tafel Kairo CG 25224, ergänzt nach Pap. Petersburg B 1116 B, Z. 68f. 190

Oasenmann B1, 26 268

Oasenmann B1, 53; 88 78

Oasenmann B1, 55f. 255

Oasenmann B1, 60f. 153

Oasenmann B1, 65f. 181

Oasenmann B1, 76 220

Oasenmann B1, 78f. 70

Oasenmann B1, 79 76

Oasenmann B1, 83 163

Oasenmann B1, 93–95 104

Oasenmann B1, 99f. 202

Oasenmann B1, 101 190

Oasenmann B1, 114 258

Oasenmann B1, 115f. 258

Oasenmann B1, 116 134

Oasenmann B1, 116f. 197

Oasenmann B1, 124 115

Oasenmann B1, 126 122

Oasenmann B1, 155f. 188

Oasenmann B1, 162 246

Oasenmann B1, 173 114

Oasenmann B1, 208 122

Oasenmann B1, 211 244

Oasenmann B1, 214 248

Oasenmann B1, 217f. 258

Oasenmann B1, 218f. 162

Oasenmann B1, 245f. 244

Oasenmann B1, 253 245

Oasenmann B1, 281f. 119

Oasenmann B1, 339f. 160

Oasenmann B1, 356 238

Oasenmann B2, 131 254

Oasenmann B2, 133 167

Oasenmann Bt, 34f. 256

Oasenmann R1, 2f. 181

Pap. Berlin 10030 B, recto, Z. 6f.: Luft, Illahun, Taf. P 10030 B 224

Pap. Berlin 10030 A, Z. 16: Luft, Illahun, Taf. P 10030 B 265

Pap. Berlin 3027: Naoko Yamazaki, Zaubersprüche für Mutter und Kind. Papyrus Berlin 3027 (Achet. Schriften zur Ägyptologie B2), Berlin 2003, Taf. 14, Z. 7. 101

Pap. Berlin 3029, I, Z. 15: A. de Buck, The Building Inscription of the Berlin Leather Roll, in: Studia Aegyptiaca, Bd. 1 (Analecta Orientalia, Bd. 17), Roma 1938, 50 151

Pap. BM 10059, 12, 1: Grundriss der Medizin, Bd. 5, 85, L 34 258

Pap. BM 10567: T.G.H. James, The Hekanakhte Papers and Other Early Middle Kingdom Documents, New York 1962, Taf. 28, Kol. 7 79

Pap. Boulaq 8 (= Kairo JdE 58043), Kol. 8: Baer, in: ZÄS 93, 1966, 2 146

Pap. Boulaq 8 (= Kairo JdE 58043), Kol. 10: Baer, in: ZÄS 93, 1966, 2 110

Pap. Chester Beatty I, Verso, C 1, 4: Alan H. Gardiner, The Chester Beatty Papyri, No. I, London 1931, Taf. 22 103

Pap. Ebers 1, 11: Grundriss der Medizin, Bd. 5, 532, Eb 11 224

Pap. Ebers 14, 6: Grundriss der Medizin, Bd. 5, 180, Eb 42 225

Pap. Ebers 30, 7: Grundriss der Medizin, Bd. 5, 24, Eb 131 226

Pap. Ebers 37, 10–12: Grundriss der Medizin, Bd. 5, 153f., Eb 191 264

Pap. Ebers 39, 17: Grundriss der Medizin, Bd. 5, 158, Eb 198 160

Pap. Ebers 51, 18: Grundriss der Medizin, Bd. 5, 244, Eb 294 258

Pap. Ebers 51, 19f.: Grundriss der Medizin, Bd. 5, 117, Eb 295 231

Pap. Ebers 54, 21f.: Grundriss der Medizin, Bd. 5, 291, Eb 325 228

Pap. Ebers 65, 10f.: Grundriss der Medizin, Bd. 5, 511, Eb 453 242

Pap. Ebers 75, 12: Grundriss der Medizin, Bd. 5, 408, Eb 588 114

Pap. Ebers 91, 2: Grundriss der Medizin, Bd. 5, 104, Eb 764 232

Pap. Ebers 91, 3: Grundriss der Medizin, Bd. 5, 104, Eb 765 230

Pap. Ebers 91, 3: Grundriss der Medizin, Bd. 5, 104, Eb 765 227

Pap. Ebers 101, 11f.: Grundriss der Medizin, Bd. 5, 10, Eb 855n 138

Pap. Ebers 102, 2: Grundriss der Medizin, Bd. 5, 5, Eb 855t 232

Pap. Ebers 110, 3: Grundriss der Medizin, Bd. 5, 398, Eb 877 246

Pap. Hearst 2, 9: Grundriss der Medizin, Bd. 5, 282, H 25 163

Pap. Hearst 15, 15f.: Grundriss der Medizin, Bd. 5, 400f., H 235 62

Pap. UC 32036 (lot LV.2), Kol. 20f.: Collier/Quirke, UCL Lahun Papyri: Religious, 54 162

Pap. UC 32037 (lot VII.1), Recto, Z. 3: Collier/Quirke, UCL Lahun Papyri: Religious, 100 208

Pap. UC 32037 (lot VII.1), Recto, Z. 7–9: Collier/Quirke, UCL Lahun Papyri: Religious, 100 226

Pap. UC 32057 (lot VI.1), Fall 27, Kol. 3, Z. 17: Collier/Quirke, UCL Lahun Papyri: Religious, 63 248

Pap. UC 32112, Fragment 1, Z. 1: Collier/Quirke, UCL Lahun Papyri: Letters, 22 187

Pap. UC 32142B, recto: Collier/Quirke, UCL Lahun Papyri: Accounts, 172 272

Pap. UC 32158 (lot VI.12): Collier/Quirke, UCL Lahun Papyri: Accounts, 36 271

Pap. UC 32193 (lot IX.1), Recto, Z. 2: Collier/Quirke, UCL Lahun Papyri: Accounts, 70 172

Pap. UC 32199 (lot II.2), Z. 5–9: Collier/Quirke, UCL Lahun Papyri: Letters, 96 265

Pap. UC 32200 (lot XV.1), Recto, Z. 10–12: Collier/Quirke, UCL Lahun Papyri: Letters, 100 241

Pap. UC 32203 (lot III.3), Verso, Kol. 2: Collier/Quirke, UCL Lahun Papyri: Letters, 116 255

Pap. UC 32209 (lot XII.1), Recto, 5f.: Collier/Quirke, UCL Lahun Papyri: Letters, 128 255

Pap. Westcar 2, 3 190

Pap. Westcar 2, 6 152

Pap. Westcar 3, 9 218

Pap. Westcar 3, 11 220

Pap. Westcar 4, 13f. 178

Pap. Westcar 4, 22f. 238

Pap. Westcar 4, 24 156

Pap. Westcar 5, 1f. 187
Pap. Westcar 5, 3f. 167
Pap. Westcar 5, 6f. 181
Pap. Westcar 5, 7f. 200
Pap. Westcar 5, 9–12 182
Pap. Westcar 5, 17 237
Pap. Westcar 5, 19 238
Pap. Westcar 6, 9f. 190
Pap. Westcar 6, 14f. 251
Pap. Westcar 6, 24 149
Pap. Westcar 6, 26 252
Pap. Westcar 6, 26 – 7, 1 228
Pap. Westcar 7, 1 101
Pap. Westcar 7, 4 190
Pap. Westcar 7, 14f. 189
Pap. Westcar 7, 16 182
Pap. Westcar 7, 24 153
Pap. Westcar 8, 2 178
Pap. Westcar 8, 3 169
Pap. Westcar 8, 8 149
Pap. Westcar 8, 17 238
Pap. Westcar 9, 2f. 190
Pap. Westcar 9, 6–8 236
Pap. Westcar 9, 7f. 197
Pap. Westcar 9, 7ff. 162
Pap. Westcar 9, 8f. 114
Pap. Westcar 9, 9 105
Pap. Westcar 11, 5f. 160
Pap. Westcar 11, 10f. 225
Pap. Westcar 11, 14 70
Pap. Westcar 11, 20f. 237
Pap. Westcar 11, 24 122
Pap. Westcar 11, 25f. 148
Pap. Westcar 12, 3 209
Pfortenbuch, 3. Stunde, unteres Register, 14. Szene: Hornung, Buch von den Pforten, 84 (Haremhab) 148
Pfortenbuch, 11. Stunde, mittleres Register, 74. Szene: Hornung, Buch von den Pforten, 365 (Osireion) 197
Pfortenbuch, 11. Stunde, mittleres Register, 79. Szene: Hornung, Buch von den Pforten, 368 (Osireion) 197
Ptahhotep 37 (L2) 169
Ptahhotep 54 (P) 168
Ptahhotep 74f. (P) 236
Ptahhotep 84–86 (P) 265
Ptahhotep 99 (P) 248
Ptahhotep 154 (L2) 186
Ptahhotep 164 (L2) 230
Ptahhotep 186 (P) 135
Ptahhotep 233 (P) 167
Ptahhotep 235 (L2) 226
Ptahhotep 279 (P) 70
Ptahhotep 374 (P) 260
Ptahhotep 507f. (P) 264
Ptahhotep 550f. (P) 248
Ptahhotep 581 (P) 208
Ptahhotep 612 (P) 168
Pyr. 94a (Spr. 155) 157
Pyr. 179a (Spr. 219, W) 159
Pyr. 262b (Spr. 248, W) 160
Pyr. 276c (Spr. 254, W) 207
Pyr. 277b (Spr. 254, W) 244
Pyr. 434d–e (Spr. 293, W) 260
Pyr. 475b–c (Spr. 305, W) 240
Pyr. 675b (Spr. 385, T) 244
Pyr. 681a (Spr. 388, T) 106
Pyr. 703b (Spr. 405, T/M) 111
Pyr. 716c (Spr. 408) 158
Pyr. 833a (Spr. 449, P) 240
Pyr. 957c (Spr. 477, W) 139
Pyr. 1223a (Spr. 529, P) 135
Pyr. 1233b (Spr. 524, P) 235
Pyr. 1253d (Spr. 530, M) 156
Pyr. 1295a (Spr. 536, P) 152
Pyr. 1424a (Spr. 565, P) 83
Pyr. 1466c (Spr. 571, P) 240
Pyr. 1683b (Spr. 606, N) 106
Pyr. 2033 (Spr. 680, N) 112
Ranke, PN I, 28, 14 122
Ranke, PN I, 38, 20 112
Ranke, PN I, 142, 2 101
Ranke, PN I, 176,14 114

Sarg Kairo JdE 37564b: Pierre Lacau, Note sur les textes religieux contenus dans les sarcophages de M. Garstang, in: ASAE 5, 1905, 235, Z. 17f. 232

Schiffbrüchiger 2–5 188

Schiffbrüchiger 8–11 147

Schiffbrüchiger 17f. 145

Schiffbrüchiger 20f. 182

Schiffbrüchiger 33 116

Schiffbrüchiger 33f. 261

Schiffbrüchiger 38f. 147

Schiffbrüchiger 41 189

Schiffbrüchiger 42 117

Schiffbrüchiger 45f. 220

Schiffbrüchiger 47f. 70

Schiffbrüchiger 57f. 186

Schiffbrüchiger 62f. 113

Schiffbrüchiger 67f. 122

Schiffbrüchiger 74f. 241

Schiffbrüchiger 76f. 258

Schiffbrüchiger 78f. 175

Schiffbrüchiger 86f. 149

Schiffbrüchiger 87 83

Schiffbrüchiger 99f. 146

Schiffbrüchiger 100f. 237

Schiffbrüchiger 108 116

Schiffbrüchiger 111 245

Schiffbrüchiger 117f. 182

Schiffbrüchiger 124 102

Schiffbrüchiger 125f. 253

Schiffbrüchiger 136–138 252

Schiffbrüchiger 148 227

Schiffbrüchiger 149 258

Schiffbrüchiger 150 132

Schiffbrüchiger 151 113

Schiffbrüchiger 153 251

Schiffbrüchiger 166f. 251

Schiffbrüchiger 169 156

Semnah despatch Nr. 1: Paul C. Smither, The Semnah Despatches, in: JEA 31, 1945, Taf. 2, Z. 13 160

Sinai, Nr. 90, Z. 8 256

Sinai, Nr. 90, Z. 13 256

Sinai, Nr. 141, Z. 6f. 216

Sinai, Nr. 141, Z. 10f. 250

Sinuhe AOS 60 239

Sinuhe B 1f. 181

Sinuhe B 16 83

Sinuhe B 20 97

Sinuhe B 23 105

Sinuhe B 27f. 149

Sinuhe B 28f. 75

Sinuhe B 29f. 270

Sinuhe B 31 104

Sinuhe B 43 140

Sinuhe B 44f. 215

Sinuhe B 56 202

Sinuhe B 68 122

Sinuhe B 77 122

Sinuhe B 77 216

Sinuhe B 78 142

Sinuhe B 81 114

Sinuhe B 81f. 115

Sinuhe B 93f. 122

Sinuhe B 94f. 195

Sinuhe B 114 186

Sinuhe B 114 235

Sinuhe B 127 251

Sinuhe B 155 102

Sinuhe B 157 153

Sinuhe B 159f. 106

Sinuhe B 159f. 231

Sinuhe B 165 140

Sinuhe B 173f. 232

Sinuhe B 174f. 256

Sinuhe B 181 131

Sinuhe B 183 132

Sinuhe B 188 169

Sinuhe B 190 167

Sinuhe B 199f. 160

Sinuhe B 199f. 189

Sinuhe B 222f. 113

Sinuhe B 223f. 237

Sinuhe B 226f. 248

Sinuhe B 236 218
Sinuhe B 252f. 252
Sinuhe B 257 142
Sinuhe B 261 106
Sinuhe B 263 112
Sinuhe B 263 134
Sinuhe B 267 235
Sinuhe B 268 106
Sinuhe B 279 239
Sinuhe B 280f. 120
Sinuhe B 308 202
Sinuhe B 309f. 122
Sinuhe R 2 104
Sinuhe R 22f. 160
Sinuhe R 58 141
Sonnenlitanei: Erik Hornung, Das Buch der Anbetung des Re im Westen, Bd. 1, Genève 1975 (AH 2), 15ff. 85
Statue des Wersu: F. Ll. Griffith, A New Monument from Coptos, in: JEA 2, 1915, 5–7, Taf. 2 253
Stele Berlin 1204: Rudolf Anthes, Die Berichte des Neferhotep und des Ichernofret über das Osirisfest in Abydos, in: Wolfgang Müller [Hg.], Festschrift zum 150jährigen Bestehen des Berliner Ägyptischen Museums, Berlin 1974, 19, Z. 31 176
Stele Chicago, Oriental Institute Nr. 16.956, Z. 6f.: Dows Dunham, Naga-ed-Dêr Stelae of the First Intermediate Period, Oxford/London 1937, Nr. 84; Taf. 32 158
Stele des Sarenput: Detlef Franke, Das Heiligtum des Heqaib auf Elephantine (SAGA 9), Heidelberg 1994, 177–189; Taf. 3, Z. 17f. 158
Stele des Tscheniaa: T. Eric Peet, The Cemeteries of Abydos, Bd. 2 (EEF 34), London 1914, Taf. 23, Abb. 5, Z. 5 121
Stele Genève, Musée d'Art et d'Histoire D 50: Hermann Schlögl (Hg.), Geschenk des Nils. Ägyptische Kunstwerke aus Schweizer Besitz, Basel 1978, Taf. 154, Z. 2–4 202
Stele Kairo, CG 20359, Z. 4f. 209
Stele Kairo, CG 20541, Z. 5f. 215
Stele Kairo, CG 20486, Kol. 4 224
Stele Kairo, CG 20538, I c, Z. 10 210
Stele Kairo, CG 20538, II, Z. 9 153
Stele Kairo, CG 20538, II, Z. 12 201
Stele Leiden V, 103: DZA 22.704.220 232
Stele Leiden V, 4: F. Borghouts, Egyptisch. Een inleiding in schrift en taal van het Middenrijk, Leiden 1993, Bd. 1, 174, Z. 6 216
Stele Leiden V, 88: DZA 26.328.500 210
Stele London, BM 159: Hieroglyphic Texts, Bd. 1, Taf. 47, Z. 11 228
Stele London, BM 175: Hieroglyphic Texts, Bd. 2, Taf. 2, Z. 4 140
Stele London, BM 614: Hieroglyphic Texts, Bd. 1, Taf. 49, Z. 4 116
Stele München, Glyptothek WAF Nr. 35 (alt Nr. 40): Spiegelberg, Grabsteine, Taf. 2, Nr. 3, Z. 16 186
Stele München, Glyptothek WAF Nr. 35 (alt Nr. 40): Spiegelberg, Grabsteine, Taf. 2, Nr. 3, Z. 17 137
Stele Paris, Bibliothèque nationale: DZA 25.356.000 232
Stele Paris, Louvre C 12: Sethe, Lesestücke, 76, Z. 7 153
Stele Paris, Louvre C 15: Charles Boreux, Département des antiquités égyptiennes. Guide-catalogue sommaire, Bd. 1, Paris, 1932, Taf. 17, Z. 3 243
Stele Paris, Louvre C 30: DZA 25.162.810 220
Stele Turin 1447: Miriam Lichtheim, Ancient Egyptian Autobiographies Chiefly of the Middle Kingdom (OBO 84), Freiburg Schweiz/Göttingen 1988, Taf. 3, Z. 7 175
Tb 17: Pap. Nebseni, Taf. 38, Spr. 17/3, Kol. 9 231
Tb 35: Pap. Nu, Taf. 15, Spr. 35, Kol. 1 244
Tb 40: Pap. Nu, Taf. 21, Spr. 40, Kol. 2 107
Tb 65: Suzanne Ratié, Le papyrus de Neferoubenef (Louvre III 93) (BdÉ 43), Le Caire 1968, Taf. 12, 290f. 163
Tb 90: Pap. Nu, Taf. 22, Spr. 108, Kol. 1 244
Tb 113: Kurt Sethe, Die Sprüche für das Kennen der Seelen der heiligen Orte (Totb. Kap. 107–109. 111–116), in: ZÄS 58, 1923, Taf. 29*, VI, 38, S 1 263
Tb 122: Pap. Nu, Taf. 25, Spr. 122/1, Kol. 2 107

Tb 125: Pap. Nebseni, Taf. 93, Spr. 125, Kol. 96f. 241
Tb 125: Pap. Nebseni, Taf. 93, Spr. 125, Kol. 94 169
Tb 125: Pap. Nu, Taf. 68, Spr. 125, Kol. 64f. 232
Tb 125: Pap. Nu, Taf. 69, Spr. 125, Kol. 103 106
Tb 137A: Pap. Nu, Taf. 77, Spr. 137A, Kol. 29f. 148
Tb 148: Édouard Naville, Das ägyptische Todtenbuch der XVIII. bis XX. Dynastie, Bd. 1, Berlin 1886, Taf. 167, Pc, Kol. 22 262
Tb 160: Pap. Nebseni, Taf. 30, Spr. 160, Überschrift in der Vignette 182
Tempel der Hatschepsut: Édouard Naville, The Temple of Deir el-Bahari, Bd. 4, London [1901], Taf. 114, 18. Kol. von rechts 134
Tempel der Hatschepsut: Pierre Lacau/Henri Chevrier, Une chapelle d'Hatshepsout à Karnak, Bd. 1, Le Caire 1977, 126. 254
Urk. I, 21, 2 135
Urk. I, 71, 3–6 109
Urk. I, 90, 12 104
Urk. I, 104f. 157
Urk. I, 105, 4 76
Urk. I, 106, 3 158
Urk. I, 106, 3 239
Urk. I, 126, 2 190
Urk. I, 128, 14f. 263
Urk. I, 184, 1 209
Urk. I, 218, 13 172
Urk. I, 220, 7 (Boston MFA 134431: Dows Dunham, The Biographical Inscriptions of Nekhebu in Boston and Cairo, in: JEA 24, 1938, 1–8) 159
Urk. I, 254, 10 159
Urk. IV, 2, 10 122
Urk. IV, 6, 2 176
Urk. IV, 7, 6 225
Urk. IV, 7, 16 258
Urk. IV, 17, 15 136
Urk. IV, 19, 6 156
Urk. IV, 57, 3 174
Urk. IV, 62, 5f. 255
Urk. IV, 80, 8f. 263
Urk. IV, 115, 2 83
Urk. IV, 117, 4 239
Urk. IV, 157, 1 104
Urk. IV, 174, 13 201
Urk. IV, 213, 1 57
Urk. IV, 223, 14 182
Urk. IV, 245, 16f. 163
Urk. IV, 257, 11 85
Urk. IV, 271, 9 175
Urk. IV, 330, 3 226
Urk. IV, 343, 7–9 195
Urk. IV, 345, 6 149
Urk. IV, 346, 16 163
Urk. IV, 361, 5–7 201
Urk. IV, 361, 9 220
Urk. IV, 363, 6 140
Urk. IV, 365, 1f. 231
Urk. IV, 365, 11 156
Urk. IV, 396, 16 187
Urk. IV, 405, 8 240
Urk. IV, 410, 11 78
Urk. IV, 490, 14 101
Urk. IV, 509, 4 153
Urk. IV, 535, 8 228
Urk. IV, 561, 15 140
Urk. IV, 567, 5 140
Urk. IV, 569, 10f. 131
Urk. IV, 571, 8 140
Urk. IV, 611, 15 186
Urk. IV, 613, 4 140
Urk. IV, 618, 16 260
Urk. IV, 649, 4 178
Urk. IV, 650, 9 268
Urk. IV, 651, 1 202
Urk. IV, 655, 5 – 656, 6 179
Urk. IV, 658, 4ff. 177
Urk. IV, 658, 13f. 178
Urk. IV, 660, 5 167
Urk. IV, 684, 9 215

Urk. IV, 689, 4 122
Urk. IV, 689, 5 268
Urk. IV, 693, 8 78
Urk. IV, 709, 16 269
Urk. IV, 716, 13 269
Urk. IV, 740, 7 268
Urk. IV, 743, 15 73
Urk. IV, 767, 15 78
Urk. IV, 772, 4f. 160
Urk. IV, 892, 8f. 240
Urk. IV, 895, 1 197
Urk. IV, 1069, 5 268
Urk. IV, 1088, 14 174
Urk. IV, 1090, 7f. 164
Urk. IV, 1107, 4f. 164
Urk. IV, 1211, 15 79
Urk. IV, 1234, 11 267
Urk. IV, 1547, 9 122
Urk. IV, 1673, 4 62
Urk. V, 8, 16 110
Urk. VII, 30, 3 254

II.4 Sachindex

Die Verweise auf die Stichwörter erfolgen selektiv auf relevante Abschnitte; Vollständigkeit ist nicht angestrebt.

Abhängiges Pronomen, s. Enklitisches Pronomen
Absolut gebrauchtes Nomen 74
Adjektiv 65f., 69, 72f., 75–79
Adjunct, s. Adverbialangabe
Admirativpartikel, s. Exklamativpartikel
Adverb 74
Adverbialangabe 74
Adverbiale Bestimmung 73f.
Adverbialergänzung 74
Adverbialsatz, s. Satz mit adverbialem Prädikat
Agenslose Konstruktion mit passivem Partizip 203–208
Aktionsart 126–128
Akkusativ, s. Direktes/indirektes Objekt
Apposition 69
Artikel, s. Determination/Indetermination
Aspekt 126

Asyndetischer Relativsatz 227–232
Ausdruck von Zugehörigkeit und Besitz 111–114, 121f.
Bruch 270
Cleft sentence, s. *jn*-Konstruktion
Dativ, s. Direktes/indirektes Objekt
Datum 269f.
Demonstrativum 87f., 105f.
Determination/Indetermination 68f., 93f., 99–103, 211, 219, 222, 225, 227, 229–232
Determinativ 22f., 34, 38, 66, 75, 82f., 130, 141, 156, 168, 171, 217
Diathese, s. Passiv
Direkte Rede 178
Direkter Genetiv, s. Genetivverbindung
Direktes/indirektes Objekt 71, 95, 143f., 175f.
Disjunktion 70
ḏs, «selbst» 86
Dual 67f., 82f.
Durativ, s. Aktionsart
Einbettung 98
Enklitisches Pronomen 85f., 103f., 106, 112f., 116, 148, 166, 180, 237
Entzifferung 27
Ersatzzeichen 38
Exklamativpartikel 102
Exozentrische Komposita, s. Possessivkomposita
Farbgebung 48f.
Folgetempus 161–163
Fragewort, s. Interrogativum
Futur, s. Tempus
Genetivadjektiv 72f.
Genetivverbindung 71–73
Hauptsatz/Nebensatz 97f., 115f., 259f.

Hilfsverb	217, 249–258, 265
Hypotaxe	97f., 259f.
Identifizierender Satz mit nominalem Prädikat	99–103, 117–119
Ideogramm	15f.
Imperativ	165–169, 245
Imperfektiv, s. Aspekt	
Infinitiv	168f., 171–181, 187, 217f., 237, 242, 250, 260
Infinitiv – *pw* – Relativform/passives Partizip	217f.
Ingressiv, s. Aktionsart	
Initialer/nichtinitialer Satz	115–117
Interrogativum	88f., 106f., 198
Iterativ, s. Aktionsart	
jn (Agensmarker)	56, 158, 173, 196–198
jn (Interrogativum)	56, 88
jn-Konstruktion	196–198
jr (nichtenklitische Partikel)	56, 147, 262, 264f.
jrj, «zugehörig»	83f.
jrr=f, s. Markierte *sḏm=f*-Form	
Jussiv	152, 161f.
Juxtaposition	70
jw (nichtenklitische Partikel)	55, 82, 115–117, 145
Kasus	71
Kausativ	124, 153
Klassifizierender Satz mit nominalem Prädikat	100, 102
Kollektivbegriff	67f.
Komparativ	78
Komplement, s. Adverbialergänzung	
Konjunktion	62, 176f., 260–265
Konjunktiv (*ḥnʿ* + Infinitiv)	177
Konsonantenzeichen, s. Phonogramm	

Koordination 70
Kryptographie 22
Lautverschiebung 19f.
m der Identität/Äquivalenz 117
*m-*ʿ (Agensmarker beim Passiv) 158
Markierte *sḏm=f*-Form (*jrr=f*) 132–140
Metathesis, s. Zeichenumstellung
Modus 129f.
Narrativer Infinitiv 179
Negation 55, 226f., 233–248
nfr-sw-Satz 103
Nisbe 76f.
Nomen 65–79
Nominalisierung 133–139, 228, 242–244, 259f., 263
Nominalsatz, s. Satz mit nonverbalem Prädikat
Objektssatz 133, 138, 152, 243, 259
Opferformel 92, 218f.
Parataxe 97, 115, 133, 243, 259
Partikel (s. auch *jn, jr, jw, wj*) 55–57, 86, 89, 97, 115f., 121, 131, 143f., 168, 180, 187, 259f.
Partizip 191–201, 203–208, 211, 217, 242f.
Passiv 155–160, 184f., 191f., 203–208, 211, 217f.
Perfektiv/Perfektisch, s. Aspekt
Phonetisches Determinativ 23
Phonetisches Komplement 22
Phonogramm 16–22
Possessivkomposita 199f.
Possessivsuffix, s. Pronominalsuffix
Präposition 57–62, 170–181, 260–262
Präpositionalausdruck 74
Präsens, s. Tempus
Prolepse 145–148

Pronomen 81–86, 103f., 145, 207, 213
Pronominalsuffix 81–84, 86, 116, 144, 163, 166f., 174f., 204, 225, 246, 257, 262
Prospektiv, s. Aspekt
Prospektive *sḏm=f*-Form 151
Pseudopartizip 183–189, 199–201, 241, 257
Pseudoverbale Konstruktion I 180f., 241
Pseudoverbale Konstruktion II 187f., 241
pw-Satz, dreigliedriger 107–110
pw-Satz, zweigliedriger 105f., 109
rḏj + Subjunktiv (Kausativ) 153
(r)ḏ(j).n(=j) n=k … («Hiermit gebe ich dir …») 142f.
(r)ḏ(j.w) *ʿnḫ* () 208
Reflexiv 86, 128, 166
Relativadjektiv, s. Relativpronomen
Relativform 211–219, 243
Relativpronomen 222–226
Relativsatz 221–231
Retrograde (rückläufige) Schrift 36f.
Rezitationsvermerk 79, 92
Rubrum 48
Satz mit adverbialem Prädikat 93f., 115–121, 236f.
Satz mit nominalem Prädikat 93f., 99–114, 198f., 235f.
Satz mit nonverbalem Prädikat 92–94, 99–121, 235–237
Satz mit verbalem Prädikat 94–97, 123ff., 237–241
Satzarten 91–98
Schrift 45–49
Schriftentstehung 49f.
Schriftrichtung 33–37
sḏm=f-Form 130f., 139f., 257
sḏm.ḫr=f-Form 161–163, 257
sḏm.jn=f-Form 161–163
sḏm.kꜣ=f-Form 161–163

sḏm.n=f-Form	141–143, 257
sḏm.t=f-Form	239f.
sḏm.tw=f-Passive	155f.
sḏm.w=f-Passiv	155f., 257
Selbständiges Pronomen	84f., 100, 103, 107, 112, 116, 148, 173, 196–199, 225
sp 2, «zwei Mal»	79
Spaltsatz, s. *jn*-Konstruktion	
Spezifikation, s. Determination	
Sprachstufe	44f.
Sprachverwandtschaft	43f.
st, «es»	86
Stativ, s. Pseudopartizip	
Steigerung	78f.
Subjektssatz	133, 243
Subjunktive *sḏm=f*-Form	151–153, 245f., 260, 264
Substantiv, s. Nomen	
Substantivierung, s. Nominalisierung	
Suffixpronomen, s. Pronominalsuffix	
Superlativ	78f.
Syllabische Schrift	22
Tempus	125f.
Topikalisierung	56, 109, 147f.
Transkription	20f., 23f.
Umstandssatz	131, 187–189
Umstandssatzerweiterung (Pseudopartizip)	188f.
Unabhängiges Pronomen, s. Selbständiges Pronomen	
Unvollständiger Satz	91f.
Verbaladjektiv	192f.
Verbalsatz, s. Satz mit verbalem Prädikat	
Verbklasse	123–125

Virtueller Relativsatz, s. Asyndetischer Relativsatz
wj (Exklamativpartikel) 102
Wortstellung 100, 143–148
Zahl 267–269
Zeichenanordnung 33–38
Zeichenliste 24f.
Zeichenumstellung 37f.

AEGYPTIACA HELVETICA

Herausgegeben von
Antonio Loprieno und Michel Vallogia
ISSN 1017-5474

Band 16
Jenni, Hanna (Hg.)
Das Grab Ramses' X. (KV 18).
Mit Beiträgen von Andreas Dorn, Hanna Jenni, Barbara Lüscher,
Elina Paulin-Grothe, Thomas Schneider.
2000. 133 Seiten, 76 Abbildungen und 7 Tafeln, davon 1 farbig.
Gebunden.
ISBN 978-3-7965-1717-4

Band 17
Bickel, Susanne / Loprieno, Antonio (Eds)
Basel Egyptology Prize 1
Junior Research in Egyptian History, Archaeology, and Philology.
2003. 430 Seiten mit zahlreichen Abbildungen. Gebunden.
ISBN 978-3-7965-1993-8

Band 18
Hofmann, Tobias
Zur sozialen Bedeutung zweier Begriffe für
‹Diener›: bꜣk und ḥm .
2005. 352 Seiten mit 21 Abbildungen. Gebunden.
ISBN 978-3-7965-2083-9

Schwabe Verlag Basel

AEGYPTIACA HELVETICA

Herausgegeben von
Antonio Loprieno und Michel Vallogia
ISSN 1017-5474

Band 19
Dorn, Andreas / Hofmann, Tobias (Eds)
Living and Writing in Deir el-Medine.
Socio-historical Embodiment of Deir el-Medine Texts.
2006. 204 Seiten mit 58 Abbildungen und 24 Tabellen. Gebunden.
ISBN 978-3-7965-2213-0

Band 20
Hornung, Erik / Staehelin, Elisabeth
Neue Studien zum Sedfest.
2006. 106 Seiten mit 19 Abbildungen. Gebunden.
ISBN 978-3-7965-2287-1

Band 21
Stauder-Porchet, Julie
La préposition en égyptien de la première phase.
Approche sémantique.
2009. 259 Seiten. Gebunden.
ISBN 978-3-7965-2642-8

Schwabe Verlag Basel

Das Signet des 1488 gegründeten
Druck- und Verlagshauses Schwabe
reicht zurück in die Anfänge der
Buchdruckerkunst und stammt aus
dem Umkreis von Hans Holbein.
Es ist die Druckermarke der Petri;
sie illustriert die Bibelstelle
Jeremia 23,29: «Ist nicht mein Wort
wie Feuer, spricht der Herr,
und wie ein Hammer, der Felsen
zerschmettert?»